Himbeeren für die Seele

Damit das Leben wieder schmeckt

Himbeeren für die Seele

Damit das Leben wieder schmeckt

Matthias Könning

Impressum

Jahr: 2020

ISBN: 9789403601045

Covergestaltung: Astrid Adloff

Verlagsportal: Selfpublishing
Gedruckt in Deutschland

Die Deutsche Nationalbibliothek verzeichnet diese Publikation in der Deutschen Nationalbibliografie

1 Vorwort

Wie wunderbar kann sich dein Leben anfühlen, wenn du atmen kannst. Wenn du Menschen um dich hast, die du magst die dich mögen. Tage, die du wie ein Geschenk erlebst und gerne in deinem Smartphone dokumentierst und mit allen teilen möchtest. Dir ist leicht ums Herz und keine negativen Nachrichten können dich im Innersten erschüttern. Du bist immun gegen Intrigen und feindliche Gedanken wagen sich gar nicht an dich heran. Du umgibst dich mit einer königlichen Aura von Selbstfreundlichkeit und Wohlwollen. Alle möchten mit dir zusammen sein, weil du von deiner Fülle so viel abgeben kannst, dass für dich immer noch Überfluss übrig bleibt. Du kommst dir vor wie ein wandelndes Wunder. Wenn du dich so erlebst dann wirst du in meinem Buch Hinweise finden, warum das so ist. Zugleich kannst du deine Stärken noch mehr entwickeln und in deine innere Tiefe von Verbundenheit und Liebe eintauchen. Ich möchte deine Fülle gerne bestätigen.

Manchmal jedoch kann es eng werden. Du bist überfordert. Das Schicksal meint es nicht gut mit dir. Du kannst die Worte von Selbstoptimierung und Perfektionsideen nicht mehr ertragen. Alle anderen baden im Glück und du sitzt in der trockenen Wüste abgeschnitten von deinen Quellen. Gerade dann, wenn es dir grottenschlecht geht wünschst du dir das absolute Paradies. Du sehnst dich nach dem Wunder und dem großen Los, das du verdient hast. Dabei fängt das große Wunder oft mit einem kleinen Schritt an. Ein kleiner erhellender Gedanke! Eine winzige Bewegung im Raum des Herzens! Ein kleiner Schritt in die Sonne! Wenn es eng wird in deiner Seele dann tut ein wenig Freiraum einfach gut. Freiräume sind wie Himbeeren für die Seele. Mal kurz und tief durchatmen. Neue Hoffnung schöpfen. Sich erinnern an bessere Zeiten. Die unerträgliche Last abschütteln und wieder etwas mehr Leben atmen. Vielleicht nur

einen kleinen Hauch, den aber spürbar. Auch in diesem Buch lade ich dich zum Spaziergang mit mir ein. Stell dir vor, dass ich jetzt an deiner Seite bin und eine kleine Wegstrecke mit dir laufe. Wir entdecken am Weg reife, rote und betörend duftende Himbeeren. Du darfst sie genießen, diese köstlichen Früchte mit einer Mischung aus Süße, Säure und sommerlicher Frische. Vitamine für dein Immunsystem, B-Vitamine für deinen Stoffwechsel, kaum Kalorien also leicht und gesund. So darf es auch deiner Seele gehen, oder?
Ich erinnere dich an Phasen deines Lebens wo du dich noch als Königin oder König wahrgenommen hast. Und ich bleibe bei dir, bis du diese Spur wieder aufnehmen magst. Im Roman „Gottes Werk und Teufels Beitrag" von John Irving schickt Dr. Larch in seinem Waisenhaus die Kinder in den Schlaf mit den Worten: „Gute Nacht ihr Prinzen von Maine, ihr Könige von Neuengland!" Dieser Satz hatte mich damals sehr berührt und tut es noch heute. Dr. Larch sieht in den verwaisten Kindern keine verlassenen Seelen, sondern königliche Wesen. So sehe ich mich auch. Und so sehe ich dich. Wie mag dein Leben sich anfühlen, wenn niemand mehr etwas von dir will. Wenn die Liebe sich einfach in dir ausbreitet und du dich selber wunderbar bejahst, genau so, wie du jetzt bist.
Wenn es also eng ums Herz und in deiner Seele wird, dann braucht es einen kleinen Freiraum. Diesen zu entdecken und mit süßen Früchten zu versorgen, lade ich dich ein!

2 Entdecke deine Signaturstärken!

Wenn ich berufliche Mails verschicke fügt mein Programm automatisch meine Signatur hinzu. Name, Anschrift, Firma und Kontaktdaten. So weiß mein Gegenüber wer ich bin und kann sich entscheiden, die Mail zu öffnen oder sie zu löschen. Eine Unterschrift ist auch eine Signatur. „Hiermit bestätige ich, dass ich das aufgeschrieben habe und auch so meine und dafür die Verantwortung übernehme." Oder: „Ich stehe dafür mit meinem guten Namen." Eine Bestätigung hat etwas Kräftiges und Bejahendes. Das bin ich. Das gehört zu mir. Dazu stehe ich!

Martin Seligmann prägt in seinem Buch über positive Psychologie das Wort „Signaturstärke". Mir gefällt dieses Wort und der dazugehörige Gedanke und das möchte ich in diesen Gedanken gerne mit dir teilen. Signaturstärken, die ein Mensch verwirklicht nach Seligmann, müssen bestimmte Kriterien erfüllen. Ich muss spüren, dass das wirklich ich bin und zu meiner Persönlichkeit gehört. Dass ich beim Ausüben ein Gefühl von Freude und Stärke entwickle. Und dass es nicht von außen kommt sondern aus meinem Inneren erwächst. Im Kontext geht es darum, wie Glück funktioniert. Ich kann mein Belohnungssystem aktivieren, indem ich etwas konsumiere. Das verschafft leider nur ein kurzweiliges Glück. Nach dem Essen der Schokolade gibt es bald den nächsten Wunsch nach Befriedigung. Oder ich kann eben meine Signaturstärken entwickeln und habe damit ein tieferes und dauerhafteres Glücksgefühl.

Kennst du deine persönlichen Signaturstärken? Etwas, was zu dir gehört, was du mit großer Freude machst und ganz aus deinem Inneren kommt? Je mehr Signaturstärken du bei dir findest, desto stabiler entwickelt sich deine Zufriedenheit mit dir und mit deinem Leben.

Wie könnte das im Alltag aussehen? Wie kannst du dir das Leben mit deinen Signaturstärken vorstellen? Ich glaube zum Beispiel, dass ich ein passabler Fahrradfahrer bin. Ich halte das Gleichgewicht, ich kann treten, die Spur halten und schaffe ein Tagespensum von 60 Kilometern. Ich kann die Gangschaltung bedienen, das Licht an und ausmachen und bremsen. Aber Radfahren ist nicht meine Signaturstärke. Aber vielleicht bei dir!

Ich habe einen Freund, der geht nahezu ehrfürchtig mit seinen Fahrrädern um. Er besitzt Räder für unterschiedliche Zwecke. Er pflegt sie und kann alles reparieren. Zu jedem Rad kann er eine Geschichte erzählen. Und wenn er leidenschaftlich erzählt bekomme ich die Vorstellung davon, als ob er über seine Kinder spricht. Man merkt: Er liebt seine Räder und hat eine tiefe Freude daran.

Du kannst also Radfahrer sehen, die einfach nur Rad fahren, oder welche, die das als ihre Signaturstärke herausgefunden haben. Dabei geht es nicht darum, ob das auch eine objektiv messbare Qualität oder Stärke ist. Es geht nicht um Perfektionismus. Es geht um die persönliche Signatur.

Eine meiner Signaturstärken besteht in der Zubereitung von Bratkartoffeln. Sei es aus rohen oder gekochten, in Scheiben oder in Würfeln geschnitten oder auch gerieben. Wenn ich die Kartoffeln schäle fühlt sich das schon wie eine Andacht an. Jedes Detail bekommt eine besondere Aufmerksamkeit. Wie viel Fett in der Pfanne? Welches und mit welcher Temperatur? Wie lange müssen sie braten? Wie bekomme ich die für mich richtige Bräune und wie verhindere ich das Kleben am Pfannenboden? Ich stehe im Bratkartoffelduft und die Küche und Kleidung werden immer mehr zu einem Meer von Bratkartoffelgerüchen. Stehen und zuschauen, Zeit zum rösten lassen und zum richtigen Zeitpunkt wenden. Den Inhalt ab und zu hochwirbeln lassen und wieder auffangen. Und während der ganzen Zeit nichts anderes nebenbei machen. Keine Ablenkungen! Einfach da stehen und Bratkartoffeln produzieren. Und sich dabei tief entspannen!

Es gibt viele Menschen, die ordentliche und gute Bratkartoffeln hinbekommen, sogar restauranttauglich. Die es aber nicht als Signaturstärke erleben. Von außen ist diese Qualität also nicht so leicht erkennbar. Jemand kann auch eine Signaturstärke in etwas haben, das von außen betrachtet eher nur so ungefähr klappt. Es geht um den Ausdruck und das Ausleben von Lebensqualität und Freude.

Die Frage nach dem Verwirklichen der eigenen Signaturstärken spiegelt zwei uralte Fragen wieder, die mir aus der Theologie vertraut sind. Es handelt sich dabei um lebenswichtige Grundfragen, die jeder Mensch für sich beantworten sollte. Die erste Frage heißt: „Wer darf ich sein?“ Und die zweite Lebensfrage lautet: „Was muss ich tun?“ Und es gibt eine Rangfolge der Wichtigkeit.

„Wer darf ich sein?“ Da geht es darum herauszubekommen, wer ich als Mensch bin aufgrund meiner Existenz. Ich darf ein Mensch sein. Ich bin äußerst liebenswert. Ich bin ein Geschenk auf dieser Welt. Ich darf lieben und werde geliebt. Dafür muss ich überhaupt nichts machen. Wer einen guten Zugang zu dieser Frage hat und darum im Sein ist, lebt auf der Sonnenseite des Lebens – ein paradiesischer Zustand.

„Was muss ich tun?“ Da geht es um die Fragen der Moral. Was muss ich tun, um richtig zu sein. Wie hätten mich gerne die Menschen. So, wie ich bin, bin ich erst einmal nicht so richtig in Ordnung. Ich muss etwas Bestimmtes tun um liebenswert zu sein, also bescheiden, zurückhaltend oder fleißig. Ich soll oder muss immer irgendetwas, um vor mir und meinen Menschen bestehen zu können.

Dabei leben wir als Menschen ja durchaus in diesen zwei Dimensionen. Ich bin da und es ist gut, dass ich mich in meinem Dasein einfach annehmen und lieben kann. Zugleich bin ich in die Welt gestellt und darf mich in meinem Tun verwirklichen. Ich bin so etwas wie ein Schöpfer und eine Schöpferin. Schwierig wird es nur, wenn ich an dem „Tun" eine Bewertung klebe. Wenn ich höflich bin, dann werde ich geliebt. Wenn ich fleißig bin, finden mich meine Eltern in Ordnung. Wenn ich mich vierundzwanzig Stunden am Tag um meine Kinder kümmere, werde ich als Mutter oder Vater bestehen können.

Der erlösende und auflösende Satz könnte heißen: So, wie ich bin, bin ich total in Ordnung. Völlig richtig und sehr liebenswert. Zugleich darf ich mein Leben anpacken und etwas ins Leben bringen. Aus purer Freude am Dasein. Die Entwicklung der Signaturstärken geht in diese Richtung, diese beiden Dimensionen miteinander zu verbinden. Ich mache etwas, bei dem ich ganz im Sein bin. Ganz in Übereinstimmung mit mir und mit meiner Persönlichkeit.

In diesem Sinne kann sich Radfahren oder Bratkartoffeln letztlich wie ein heiliges Spiel entfalten. Möglichkeiten zur Entwicklung der eigenen Signaturstärken gibt es unendlich viele. Du kannst etwas wissen über einen bestimmten Vogel. Du kannst tolle Gedichte schreiben. Oder unglaublich intensiv lachen oder mit dem Kaffeelöffel einen Wirbel im Kaffee erzeugen oder küssen oder leidenschaftlich Eiscafés weltweit ausprobieren, oder... oder...

Für irgendetwas bist du wichtig auf dieser Welt. Irgendetwas kannst du, was dich unterscheidet von allen anderen Menschen. Und es reicht aus, wenn du es nur für dich selber machst. Auch wenn es Ähnlichkeiten gibt zu anderen Menschen so bist du in deinem Eigenen dennoch einmalig und unverwechselbar.

Du bist kein Mauerblümchen und kein vergessenes und vernachlässigtes und unglückliches Wesen auf diesem Planeten. Wie jede Blume und jeder Baum bist du da und bereicherst diese Schöpfung. Im Entwickeln deiner Signaturstärken wirst du dir dessen mehr und mehr bewusst. „Ah, das gehört zu mir! Das zeichnet mich aus! Da bin ich ganz ich und das mache ich aus mir heraus mit tiefer Freude und Zufriedenheit!"

Leider sind wir als Kinder ja oft anders geprägt worden. Unsere Eltern haben uns gesagt, was wir machen müssen, um richtig zu sein. Sie hatten vielleicht selber nicht genügend Entwicklungsmöglichkeiten, und wir sollten so werden, wie sie gerne geworden wären. Wir führen darum heute noch manchmal das Leben unserer Eltern und nicht unser eigenes. Oder wir machen das gleiche wieder mit unseren eigenen Kindern und denken, sie müssten unser Leben weiterleben. Beobachte einmal, wo du Dinge machst, die eigentlich zu deinem Vater oder zu deiner Mutter gehören. Wo du erkennst: „Das bin ja gar nicht ich! Das ist ja mein Vater!"

Oder es bleibt als „Erbe" so etwas wie „Großartigkeitsberufung" in uns. Eltern sehen durchaus berechtigt etwas Großartiges in ihren Kindern und auf der Seins-Ebene ist das sehr förderlich und schwer in Ordnung. Manchmal sehen sie das Großartige jedoch in dem Potential, was die Kinder tun müssten. Unsere Eltern sehen in uns z.B. einen großartigen Ingenieur und dann werden wir Elektriker mit dem Anspruch, eigentlich Ingenieur sein zu müssen. So klebt an uns die elterliche „Großartigkeitsberufung", was bewirkt, dass wir uns immer wie im Mangel fühlen. Aus uns ist nicht das geworden, was wir hätten sein können.

Bei den Signaturstärken geht es um eine andere Qualität. Um das, was unmittelbar zu dir gehört. Es kann groß, aber auch sehr klein sein. Hauptsache, du bist darin glücklich und befindest dich im Flow. Mach doch mal eine Liste all der kleinen Dinge, die diese Kriterien erfüllen: Es ist ein authentischer Ausdruck deiner Persönlichkeit. Es bereitet dir Freude und es kommt von innen. In diesem Sinne wünsche ich dir frohmachendes Forschen. Ich sehe schon, wie du wächst.

3 Was wirklich zählt

Hast du auch manchmal das Gefühl und den Eindruck, dass du dich wie in einem Dschungel befindest? Was meine ich damit? Ständig bin ich umgeben von vielen Menschen. Ich werde konfrontiert mit tausenden von Produkten im Supermarkt und ich muss mich jeden Tag und immer wieder für irgendetwas entscheiden. Ich werde gefragt, ob ich mitmache bei Facebook, WhatsApp oder sonst einer Plattform und stündlich soll ich etwas hoch Wichtiges oder Interessantes lesen oder bewerten. Im beruflichen Alltag sprechen alle vom Wandel und von Veränderungen und von der Bedeutung der digitalen Welt und der Aufforderung, entweder dabei zu sein oder gleich in Rente zu gehen.

Es bleibt immer weniger Zeit für Muße, für das stille Nachdenken und für die Langeweile. Ständig möchte jemand etwas von dir und darum fühlst du dich wie in einem Dschungel. Du stehst da mit deinen „Waffen“ und bist umgeben von einem unübersichtlichen und undurchdringlichen Wald von Einladungen, Verführungen, Manipulationen, Aufforderungen und Appellen. Es gibt keine Nische oder Höhle mehr, wo du dich zurückziehen kannst. Durch das ständige Beschallen verlierst du mehr und mehr den Kontakt zu dir selbst. Wer bist du jenseits des Dschungels? Was zählt wirklich? Was zählt vor allem für dich! Wenn du so etwas hättest wie einen inneren Leitfaden oder Wegweiser, wie sähe dein Leben dann aus? Was würde sich dann verändern.
Vielleicht könntest du dich im Dschungel heiter und gelassen bewegen, weil du einen besseren Zugang hast zu deinen Ressourcen. Dass alle Einladungen und Verführungen dich gar nicht mehr tangieren oder in Unruhe versetzen. Du bist nicht gemeint. Oder du schaffst es sogar, wie auf einer Welle zu surfen. Der Ozean kann dich nicht mehr verschlingen. Schleichst du angespannt und ängstlich durch die Dschungelwelt oder bist du Tarzan oder Jane? Wenn du für dich definieren kannst, was

wirklich zählt, kannst du alles andere Überflüssige hinter dir lassen.
Mir sind ein paar Aspekte eingefallen, dir mir selber helfen, im Meer der Möglichkeiten nicht unterzugehen, sondern darauf zu surfen. Ich lade dich ein, diesen Gedanken zu folgen und zu überprüfen, ob das auch für dich hilfreich ist. Möchtest du einen Rettungsring oder lieber ein Surfbrett? Der Rettungsring ist das Werkzeug der Angst vor dem Untergang. Das Surfbrett das Werkzeug, sich in das Abenteuer Leben zu stürzen.

Wenn dein Leben als kleines Kind sehr bedroht war, wirst du dich eher für Rettungsringe interessieren. Es sei denn, du hast einen Teil der Ängste schon bewältigt. Oder du bist als Kind auf die Welt gekommen mit einem absoluten Willkommen. Dann interessierst du dich vielleicht eher für das Surfbrett. Für mich kommt es nicht darauf an, ob du schon ein Meister bist. Es reicht aus, wenn du dich entscheidest, dich weiterzuentwickeln. Zu wachsen und dein Leben zu entfalten mit allem, was in dir ist. Du bist ja nicht nur ein sterbliches und abhängiges Geschöpf sondern zugleich göttliche Schöpferin und Schöpfer. Verlasse für einen Moment den Dschungel oder das tosende Meer und suche dir einen sicheren und neutralen Platz, an dem du dich zurückziehen kannst. Wenn du deine Augen schließt bist du schon bei dir. Dann verschwindet die Welt um dich herum und so nach und nach wird es auch still in deinem Verstand. In der Dunkelheit hat er erst einmal nichts zu tun.
Vorher liest du die Überschrift des Kapitels und dann schließt du deine Augen. Welche Resonanz löst die Überschrift in dir aus? Welche Gedanken tauchen auf? Was fühlst und spürst du? Verweile eine Zeit mit dir selbst und dann öffnest du die Augen wieder und liest. Vielleicht wirst du überrascht sein, dass du zu ähnlichen Ergebnissen kommst. Vielleicht entsteht aber aus deinen ursprünglichen Gedanken und meinen Überlegungen ein innerer Dialog. Dein innerer Dialog ist die eigentliche Basis deiner Entwicklung. Nur das, was du durchdenkst, durchfühlst oder durchkaust kann zur Nahrung für dich werden. Sonst liest

du nur einen Gedanken und er wirkt wie ein Duft. Ein intensiver Moment, der sich schnell verflüchtigt und es bleibt nur eine Erinnerung ob es angenehm oder unangenehm war.

Verbinde dich lieber anstatt zu trennen

Du lebst in einer Welt in der alles voneinander getrennt ist. Zumindest kann ein solcher Eindruck entstehen. Du trennst Arbeit von Freizeit und hast für jeden Bereich unterschiedliche Ansprüche. Du möchtest in deiner Freizeit nicht gestört werden und in deiner Arbeit achtet dein Arbeitgeber darauf, dass du nichts Privates machst. Kinder werden von Erwachsenen getrennt. Die Welt von Kita und Schule für die Kinder, die Arbeitswelt für die Erwachsenen. Wir trennen die Grundstücke und errichten Grenzen. Hier wohne ich und dort wohnst du.
Deine Freundin macht dir einen Vorwurf, dass du ihr nicht zuhörst und du fühlst dich abgetrennt. Manche trennen sich von ihren Gefühlen und bleiben lieber im Kopf. Mit dem Kopf kannst du planen und kontrollieren. Deine Gefühle machen, was sie wollen. Sogar in deinem Verstand gibt es Trennung. Ein Teil von dir möchte sich ausruhen und ein anderer Teil möchte etwas erleben. Wieder ein anderer Teil möchte anerkannt werden und fühlt sich dennoch verurteilt.
Neben dir im Zug sitzt ein Mensch aus einem fremden Kulturkreis und du findest nichts, was dich mit ihm verbindet. Du kannst eine Brille aufsetzen mit der du alles was du siehst, trennst. Sogar bei einer Tasse mit Blumenmuster siehst du die Farben und Formen und denkst, dass rot ganz anders wirkt als blau. Beim Betrachten von Blau bekommst du andere Gefühle als beim Betrachten von Rot. Die Tasse gefällt dir nicht und schon bist du von der Tasse getrennt. Außerdem besteht ihr Material aus Steingut und du bist aus Fleisch und Blut.
Du sitzt mit anderen Menschen zusammen und denkst, wie verschieden sie von dir sind. Deinen Nachbarn findest du zu leise, den nächsten zu laut, wieder jemand ist vom anderen

Geschlecht, das du sowieso nie richtig verstehst. Einer hat die Macht und andere sind ohnmächtig.

Wenn du die Brille der Trennung aufsetzt kannst du dich in Trennungsgedanken hineinsteigern. Der Abstand zwischen dir und den Anderen wird immer größer und größer und plötzlich fühlst du dich allein. Du bist wie unter einer Glasglocke und du hast mit allem, was du siehst, nichts mehr zu tun. Wenn du es aushältst gibt es nichts zu tun. Es ist ja ein Teil der Wirklichkeit. Oder? Da bist du und da ist das Fremde gegenüber und du bist nicht das Fremde und das Fremde ist nicht du. Wahrscheinlich kannst du dich nicht mehr daran erinnern, wie du als Baby geschrien hast und niemand gekommen ist. Du warst allein mit deinem Bedürfnis und mit deinem Schmerz. Dabei lebte in dir noch die glasklare Gewissheit, dass du tief mit der Mutter verbunden bist. Du kamst doch aus ihrem Bauch. Du warst ein Teil von ihr. Nichts deutete darauf hin, dass du allein bist in dieser Welt. Du lagst dort in deinem Bettchen und konntest dir nicht helfen. Du konntest ja noch nicht aufstehen und deine Mutter suchen. Du musstest es aushalten und schreien und warten. Diese Erfahrung hat sich in dir eingebrannt. Die Mutter ist nicht zuverlässig da. Sie mutet dir den Schmerz der Trennung zu.

Wie mag sich das auf dich ausgewirkt haben. Hast du alles dafür getan, dass das nie wieder passierte? Hast du so lange geschrien, bis deine Mutter verstand, dass du immer bei ihr sein wolltest? Und heute klammerst du immer noch? An Menschen oder Dingen? Dein Klammern diente ja nur dem Ziel, bloß nicht getrennt zu werden. Aber eigentlich warst du da gefühlt schon getrennt. Verbunden mit der Mutter, aber in tiefer Angst vor Trennung.

Oder du hast schicksalsergeben geschwiegen und resigniert. Du schreist und niemand kommt und du musst das Schicksal annehmen. Ja, du bist getrennt und niemals wieder wird jemand kommen und dir etwas vormachen können. Wenn deine Mutter jetzt kommt wirst du denken, dass sie sowieso gleich wieder geht. Freude und Wohlbefinden lohnen sich nicht. Halte dich zurück, damit du nicht gleich wieder enttäuscht wirst. Und so

wächst du auf mit der Idee, dass eigentlich alles von dir getrennt ist. Die andere Wirklichkeit der Verbundenheit möchtest du nicht mehr sehen und wahrnehmen.
Entscheide dich neu! Die andere Wirklichkeit darfst du wieder entdecken. Die Wirklichkeit, dass du mit allem was ist, verbunden bist. Im Bettchen als kleines Baby musstest du das Unerträgliche ertragen. Aber jetzt als Erwachsener kannst du laufen. Du kannst dich bewegen. Mit deinem Körper, mit deinen Gedanken und mit deinem Herzen. Du kannst dich zu jedem Zeitpunkt deines Lebens dafür entscheiden, dich wieder zu verbinden. Der Verbindungsfaden ist vorhanden. Du kannst im Kreis deiner Menschen sitzen und das Verbindende sehen. Da sitzen lauter Menschen so wie du. Da schaut dich jemand an und du schaust zurück und im Augenblick gibt es eine Verbindung über den Blick. Ist dir schon einmal bewusst geworden, welche Energie im gegenseitigen Anschauen liegt.
Du schaust jemanden an und dieser Mensch schaut zurück und ihr trefft euch mit den Augen. In diesem „Augenblick" steht die Welt still und es gibt keine belastete Vergangenheit und keine beängstigende Zukunft. Nur du bist da und dein Gegenüber. Du kannst mit vielen Menschen zusammensitzen und lauter überflüssiges Zeug sprechen. Allein dieser „Augenblick" löscht alles Widrige aus. Du lebst im Geschenk. Und davon gibt es unendlich viel. Jemand berührt dich mit der Hand. Ganz sanft, nur so eben und scheinbar so nebenbei. Spürst du die Elektrizität, die durch deinen Körper geht? Du bist gemeint! Da nimmt dich jemand wahr. Über diesen Hautkontakt gibt es eine Verbindung. Ganz kurz flammt im Unterbewusstsein die Erinnerung auf, dass es eine Nabelschnur gab. Darüber wurdest du versorgt. Neun Monate und ohne Unterbrechung. Dann berührt dich jemand und das ganze Programm der Versorgung wird wieder aktiv. Wow, du bist verbunden!
Im Mutterleib gab es zwar eine Verbindung ohne Unterbrechung. Aber es hatte auch ein „aber". Aber du konntest nicht unabhängig dein Eigenes machen. Um dein Eigenes machen zu können, was ja sehr befriedigend ist, musst du dich kurzfristig

trennen. Du trennst dich und verbindest dich mit etwas anderem. So ist das Spiel: sich trennen und verbinden. Um sich wieder zu trennen und wieder zu verbinden. Du wanderst quasi von Verbindung zu Verbindung und bist eigentlich nie wirklich getrennt. Es sei denn, du nimmst es so wahr. Trennung über Trennung! Niemand mag dich und bei niemandem hältst du es aus.

In deinem Geist und in deiner Seele kannst du eine bewusste Entscheidung treffen. Du spielst mit allen Menschen ein schöpferisches Spiel. Die ständig sich wiederholende Freude, in immer wieder neue Verbindungen zu gehen. Oder du bewegst dich in der ständigen Angst, alles zu verlieren. Dann lebst du in dieser Angst wie in einem Dauerzustand. Mal gefühlt, oft aber auch verdrängt. Im Bewusstsein der Trennung bist du auch abgeschnitten von allen Quellen, die dich speisen können. Umgekehrt leidest du keinen Mangel, wenn du Teil eines wundererfüllten Netzwerkes bist. Du empfängst und du gibst weiter.

Stell dir die Beziehung zu einem guten Freund oder einer guten Freundin vor. Es beglückt dich, dass jemand für dich da ist und auch umgekehrt. Jetzt sagt dieser Mensch etwas zu dir, das dich kränkt. Für einen Moment fühlst du dich verraten und zurückgestoßen. Wie kann dieser Mensch diese Freundschaft so verraten und mit Füßen treten. Du steigerst dich hinein und deine Phantasie geht mit dir durch. Dein Freund war immer schon unehrlich und du hast dich ausnutzen lassen. Du wurdest belogen und betrogen und dieser Mensch hat deine Freundschaft nicht verdient. Du selbst merkst nicht, wie du immer mehr in einen abgetrennten Zustand gerätst. Du kannst gar nicht mehr überprüfen, ob deine Gedanken wirklich wahr sind oder nur Produkte deiner Phantasie. In dieser Abtrennung fühlst du dich verraten und zugleich immer trauriger, wütender und ängstlicher. Du bestrafst dich damit selbst, indem du dich in diesen schrecklichen Zustand hineinversetzt. Du erlebst den Kern dessen, was die christliche Höllenvorstellung ausmacht. Scheinbar angestoßen durch den Verrat des Freundes katapultierst du

dich in deinen inneren Höllenzustand. Je öfter du das erlebst, desto schneller funktioniert dieser Mechanismus.
Was setzt du dieser zerstörerischen Energie entgegen? Wir Menschen haben einen starken Geist. Du kannst diese Gedanken stoppen und dich daran erinnern, dass es diese wunderbare Freundschaft gab. Du kannst die Frage in dir zulassen, ob es möglich ist, dass diese Freundschaft auch jetzt noch besteht. Vielleicht nur im Pausenmodus, aber dennoch latent vorhanden. Du könntest dich an alle vergangenen freundschaftlichen Begegnungen und Ereignisse erinnern und diesen tiefe Bedeutung und Kraft geben. Du kannst die Augen schließen, dich in dein Herz hineinbewegen und das Gefühl der Trennung fühlen und zugleich zulassen, dass dieser Zustand gefüllt wird mit Erinnerungen an diese Liebe. Je mehr dieses Bewusstsein von Liebe in dein Herz strömt, desto mehr besänftigt sich der innere Aufruhr. Ja, du spürst die Kränkung und ja, du spürst auch die Liebe. Indem du dich dafür entscheidest, die Verbundenheitsgefühle und Gedanken zuzulassen verändert sich deine innere Landschaft. Und du kannst dich dafür entscheiden, das fortlaufend zu trainieren. Die Welt mit all den Trennungsmöglichkeiten ist dein Sparringspartner deiner persönlichen Entwicklung. Jedes Auto, das dir entgegenkommt, jeder Regentropfen und jede Begegnung mit einem Menschen können in dir Höllenzustände oder himmlische Gefühle auslösen. Du selbst sitzt in deinem Herzen an der Weichenstellung und entscheidest, wohin es geht.
Ohne Zweifel magst du denken, dass es Menschen gibt, die es leichter haben. Sie haben mehr Verbundenheitsanteile geschenkt bekommen als Trennungsmöglichkeiten. Sie sind schein-bar vom Glück geküsst worden. Das ist bestimmt so. Aber du hast dein eigenes Leben und deine eigenen Herausforderungen. Und wenn du dich mit anderen Menschen vergleichst, bist du gleich wieder in der Hölle. „Die anderen haben Glück und ich? Ich muss im Elend aushalten.“ Nicht das Glück der anderen macht dich elendig, sondern der Vergleich, den du anstellst und bewertest.

Bleibe lieber bei deiner inneren Herzensweiche und entscheide dich für dein eigenes Leben. Du kannst die Hölle verstärken oder den Himmel. Es gibt keinen Tag, wo du nicht diese Herausforderung hast. Darin liegt zugleich das Geschenk. Du hast jeden Tag die Möglichkeiten zu wählen. Verbindest du dich oder trennst du?

Nimm wahr, dass du äußerst liebenswert bist

Du kannst es nicht leugnen. Du bist da auf dieser Welt. Du kannst es befühlen und du kannst dich im Spiegel anschauen. Du existierst! Und du bist dir dessen bewusst. Doch wie bist du dir deiner selbst bewusst?
Du warst einmal ein wunderbar süßes kleines Baby. Deine Mutter und dein Vater haben dich angestrahlt und ihr Herz für dich geöffnet. Und wenn der Vater fehlte und die Mutter nicht so herzlich war, dann gab es einen anderen Menschen. Am Anfang stand ein großes Willkommen über deinem Leben. Du hast als ein äußerst liebenswertes Wesen das Licht der Welt erblickt. Niemand hat etwas von dir erwartet. Du musstest nichts dafür leisten und du konntest es nicht bezahlen. „Sei bitte freundlich zu mir Mama, dann bekommst du einen Euro von mir.“ Allein eine solche Vorstellung wäre völlig absurd. Ohne dein Zutun wurdest du geliebt.
Irgendwann gab es den Augenblick, wo du nicht mehr ganz so hilflos warst. Du konntest etwas. Greifen, dich umdrehen, krabbeln, lächeln. Deine Eltern sahen, dass du dich entwickelst und freuten sich mit dir. Und sie freuten sich, dass sie nicht mehr alles für dich tun mussten. Dass wieder etwas Energie und Zeit für sie selber blieb. Nur ein paar Minuten zwar, aber immerhin. Etwas später, als du sprechen konntest, und deine Eltern etwas für dich tun wollten, hast du so einen Wiederstand entwickelt. Mit allem Zorn hast du deutlich gemacht: „Alleine!“ Ah, du wolltest es alleine machen. Ohne fremde Hilfe! Da wurde in dir das Bedürfnis nach Freiheit und Autonomie wach. Die befriedigende

Erfahrung, nicht abhängig zu sein. Nicht warten zu müssen. Nicht mehr diese entwürdigende und hilflose Erfahrung machen zu müssen, auf jemanden angewiesen zu sein.
Und deine Eltern? Sie erlebten vielleicht so eine ambivalente Mischung von Stolz und Furcht. „Ich werde nicht mehr gebraucht? Ich bin überflüssig? Ich werde zurückgestoßen?" Die erste echte Kränkung deiner Eltern. Und diese Geschichte wird sich fortsetzen. „Kind, können wir etwas für dich tun?" „Nein, vielen Dank, das schaffe ich selbst." Auch deine Reaktion war ambivalent. „Darf ich das alleine? Kränke ich nicht jetzt meine Eltern?" Und schon sehr früh in der Interaktion zwischen dir und deinen Eltern taucht irgendwann der Gedanke auf, dass du nicht in Ordnung bist. Du kannst immer noch nicht laufen, nicht richtig sprechen, haust andere Kinder, quengelst, willst Sachen, die aus der Sicht des Erwachsenen völlig daneben sind, und, und, und...
Diese Erfahrungen kannst du sammeln und zu einem erschreckenden Ergebnis kommen. Du bist überhaupt nicht in Ordnung. Du bist ein Monster! Du machst viel falsch und nur wenig richtig und du nimmst es sehr persönlich. Du kommst nicht nur zu dem Ergebnis, dass du etwas falsch machst, sondern dass du völlig falsch bist in deinem Wesen.
Du wirst älter und älter und vergisst den Anfang deiner Lebensgeschichte: Dass du ein äußerst liebenswerter Mensch bist. Du triffst andere Menschen und wirst vorsichtig. Werden sie dich mögen? Wenn ja, unter welchen Bedingungen und Voraussetzungen? Wird sich das Drama im Elternhaus fortsetzen? Der Kampf um Anerkennung und Liebe?
Bitte keinen Vorwurf an deine Eltern! Sie sind wie sie sind und sie tragen nur einen kleinen Teil zu deiner Misere bei. Selbst, wenn sie dir alle ihre Liebe schenken, wirst du dahin kommen, wo alle Menschen heute sind. Im Zweifel, wirklich liebenswert zu sein. Einfacher ist es natürlich, wenn du einen Schuldigen findest. Weil meine Mutter mich nicht genug gestreichelt hat, bin ich jetzt so kühl. Weil mein Vater mir nichts zugetraut hat, habe ich jetzt kein Selbstvertrauen. Ich kenne solche Schuldzuweisungen und sie stimmen auch. Aber es nutzt dir nichts. Du

bist jetzt auf dieser Welt und darfst mit dem Erbe deiner Eltern leben. Ich kenne keinen Menschen, bei dem nicht ab und zu die Frage auftaucht, ob er liebenswert genug ist. Vielleicht war Jesus davon befreit oder der Dalai Lama. Aber sicher bin ich mir da nicht.

Fühlst du dich als ohnmächtiges Produkt deiner Lebensgeschichte? Nicht genug geliebt und unfähig zu lieben? Du bist äußerst liebenswert, weißt du das? Du bist so was von wunderbar und es ist toll, dass du mit mir auf dieser Welt bist. Ich meine das so und ich fühle das mit allen Fasern meines Körpers. Selbst, wenn ich dich gar nicht persönlich kenne. Ich schließe meine Augen und stelle mir vor, dass du da bist. Mein Herz geht auf und ich spüre die Liebe zu dir. Wow, welch ein wunderbares Wesen du bist!

Jetzt könnte ich von dir schwärmen und viele Worte für meine Freude finden. Aber was ist, wenn du mir nicht glaubst? Wenn du mich abweist. Wenn meine Worte dein Herz nicht erreichen können.

Viel entscheidender wäre es, wenn du selbst auf diese Idee kämest. Wenn du die Augen schließt und in dein Herz gehst und anfängst, über dich zu staunen. Wenn du sagen könntest: „Ja, ich bin total liebenswert! Wie wunderbar, dass ich da bin. Und dass ich da bin, genauso wie ich da bin!“ Dass du das zu dir selber sagst. Du könntest gedanklich zurückgehen zu deiner Geburt und noch weiter zurück zu deinem Dasein in der Höhle deiner Mutter, noch weiter zurückgehen zu dem Zeitpunkt, wo du gezeugt wurdest und noch weiter zurück, wo die Bausteine von Same und Zelle entstanden und noch weiter zurück zum Ursprung deines Bewusstseins. So weit zurück, bis du dich deiner göttlichen Quelle erinnerst und sie wieder verinnerlichst. Werde dir deines göttlichen Ursprunges bewusst. Trage es wie ein Siegel auf deinem Herzen. „Ich bin äußerst liebenswert.“

Dieses Bewusstsein will gepflegt werden, weil die Gefahr besteht, dass du es schnell wieder verlierst. Da nimmt dir jemand die Vorfahrt. Da übersieht dich jemand bei einer Begrüßung. Da bricht jemand den Kontakt zu dir ab. Mehrmals am Tag kannst du die Erfahrung machen, die dich abrutschen lässt in eine tiefe Verlorenheit. Erinnerst du dich daran? „Du bist äußerst liebenswert!“ Mach doch mal die Übung und zähle auf, was genau du an dir liebenswert findest. Insgesamt bist du liebenswert. Ja? Aber du kannst auch ins Detail gehen. Du bist ja eine Komposition aus vielen Elementen, ein buntes Mosaik von Liebenswertigkeit. Niemand kennt diese Zusammensetzung so wie du.

Ist dir schon einmal aufgefallen, dass Menschen von außen dich ganz anders wahrnehmen als du dich selbst. Ich bin manchmal total erstaunt, was Menschen an mir liebenswert finden. So genau habe ich für mich noch gar nicht hingeschaut. Ich schaue, was andere Menschen als liebenswerte Wesen ausmacht und kann das schnell herausfinden. Warum gelingt mir das nicht mit mir selbst?

Fühlt sich das dann sofort an wie Eigenlob? Eigenlob stinkt? Bin ich ein Narzisst, wenn ich so denke und verführe ich dich zu einer sehr unchristlichen Haltung? Im Laufe des Lebens haben wir ja das Bewusstsein dafür verloren, wie kostbar und wertvoll wir sind. Wir haben uns daran gewöhnt, wie mangelhafte Wesen herumzulaufen. Ständig bewertet und kritisiert. Wir sind unser größter Feind und Kritiker. Wir erkennen unsere Fehler und Schwächen und schämen uns dafür und sind damit beschäftigt, sie zu vermeiden, unsichtbar zu machen, auszumerzen. Immer mit der Absicht, dadurch liebenswerter zu sein. Dabei wächst der Schmerz, weil es uns eigentlich gar nicht gelingt. Jedes Scheitern bestätigt unser chronisches Versagen.

Wie würde sich dein Leben anfühlen, wenn du diesen ablehnenden Teil deines Lebens einmal ruhen lassen würdest. Und stattdessen dich so anschaust, wie andere liebevolle Menschen dich anschauen. Sieh dich an mit dem Blick deiner Eltern und wenn du gläubig bist mit dem Blick Gottes. Erinnerst du dich daran? Du bist äußerst liebenswert! Ich erinnere dich und mich ständig daran. Sobald ich dich frage, was dich in deiner Kindheit traumatisiert, dich eingeschränkt oder gekränkt hat, werden die entsprechenden Bilder, Gefühle und Bewertungen wach. Schon

hast du wieder vergessen, dass du äußerst liebenswert bist. Kränkungsbilder sind unglaublich mächtig. Du glaubst ihnen lieber als der anderen Wirklichkeit. Das geht sehr schnell: „Ach, ich bin ja doch nicht liebenswert. Ich habe es immer schon gewusst. Mein Gefühl täuscht mich nicht.“ Du musst um diese Wirkmechanismen wissen. Die Wirkmächtigkeit deiner lebenslangen Glaubenssätze.
Als kluger Mensch wirst du vielleicht denken, dass es stimmt, dass du äußerst liebenswert bist. Aber dieser Gedanke ist oft nicht stark genug. Da sagt dir ein Mensch: „Du hast mich total enttäuscht!“ Und schon fällt deine Selbstliebe wie ein Kartenhaus zusammen. Kannst du dir vorstellen, dass die Vorstellung, dass du äußerst liebenswert bist, zu einem neuen Leitwert in deinem Leben wird. Du kannst dich dafür entscheiden. Du gibst immer wieder dein Ja dort hinein. Wenn dieser Mensch dir sagt, wie sehr er enttäuscht ist, wirst du vielleicht für einen kurzen Moment diese Trauer oder den Ärger spüren und zugleich den Lichtschalter anmachen: „Auch wenn ich jetzt diesen Kloß im Hals habe, bin ich total liebenswert.“ Du trainierst es und die „böse Welt“ und die „ablehnenden Menschen“ werden zu deinen effektivsten Sparringspartnern. Übe an deinen „Feinden“, dass du ein äußerst liebenswerter Mensch bist. Jetzt schließ die Augen und lass in dir das Bild entstehen wie du selber als Baby in der Wiege lagst. Was für ein liebenswertes Wesen!

Du darfst dich angstfrei weiterentwickeln

„Ich tue das nie, nie wieder!“ In mir entsteht das Bild von mir als ich ein kleiner Junge war. Ich möchte einmal diese wunderbare bunte chinesische Tasse in der Hand halten und befühlen. Dabei werde ich erwischt und lasse vor Schreck die Tasse fallen. Mutter steht zornig und enttäuscht vor mir. Ich bekomme ihre ganze Wut und den Ärger ab. Die schöne chinesische Tasse von meiner Tante liegt nun in tausend Scherben da.

Ich bin ein Verbrecher. Man wird mich von meinen Eltern entfernen und ich lande im Heim. Unter lauter fremden Kindern. Ich werde alles verlieren. Meine Mutter wird mich nie wieder lieben und bei Vater werde ich auch keinen Trost finden. Ich bin schuldig. Die Scherben liegen da. Das Bild prägt sich ein wie das Brandmal bei einem Kalb. Die zerbrochene Tasse, die wütende und aufgelöste Mutter und ich hilflos und voller Angst. Nichts kann mich trösten oder beruhigen. Unauslöschlich gräbt sich das Erlebnis ein in jede Zelle meiner Haut.

Ich übertreibe? Ja, aus der Perspektive eines Erwachsenen. Du würdest es nivellieren. Es war schlimm und so schlimm auch wieder nicht. War ja nur ein Tasse. Die kann man ersetzen. In der Erwachsenenhaut gibt es das Erschrecken und das Beruhigen. Die Einsicht, dass ein Schaden entstanden ist. Ich entschuldige mich und bezahle die Rechnung. Ich vergewissere mich, dass die Beziehung nicht gelitten hat und dass wir uns wieder gut sind. Das Ganze dauert zehn Minuten.

Aber aus der Perspektive eines Kindes? Du hast keine Vorstellungen von Zeit, Kosten, Folgen oder Bewertungen. Du erschrickst, erstarrst und fühlst dich dem Tode nahe. Du bist nicht in der Lage, damit umzugehen. Du musst es erst noch lernen. Wenn du als Kind so hilflos und ohnmächtig dastehst wirst du alles dafür tun, dass dir das nie wieder geschieht.

„Ich tu das nie, nie wieder!“ So schnell wirst du keine Porzellantasse mehr in die Hand nehmen. Die Angst wird dich hindern. „Lass es stehen! Sonst lässt du es fallen und du weißt genau, was passieren wird. Willst du, dass die Welt zusammenbricht und alle geliebten Menschen sich von dir entfernen?“ Das willst du nicht, weil du ja alleingelassen sterben müsstest. Du bist angewiesen auf deine Eltern und auf ihr Wohlwollen!

Dabei fing alles so verheißungsvoll an. Du kommst als Schöpfer, als Erfinder und Entdecker auf die Welt. Voller Lust und positiver Energie drückst du dich aus. Das Wort Angst kennst du nicht im Zusammenhang mit Menschen. Höchstens mit normalen Abläufen des Alltags wie bei den Tieren. Da kommt plötzlich und unerwartet etwas auf dich zu, das dich erschreckt. Die Nacht bricht

herein und du siehst nichts mehr. Geräusche dringen an dein Ohr, die du nicht deuten kannst.
Direkt in deiner Nähe jedoch spürst du den Kontakt zu deinen Eltern. Dort fühlst du dich sicher und geborgen. So lernst du eine gesunde Mischung aus Vertrauen und den Umgang mit unbekannten Situationen. Die Nähe deiner Eltern verleiht dir den Mut, deine Komfortzone zu verlassen und Neues zu wagen.
Wie jedoch entwickelst du dich, wenn deine Eltern unsicher sind? Wenn Vater und Mutter in einer angespannten Beziehung leben? Wenn deine Mutter Angst um dich hat und dir nichts zutraut? Wenn sie dich permanent beschimpft und überfordert? Wenn du in einem Umfeld von Angst aufwachsen musst? Die ersten Jahre deines Lebens prägen dich. Und als Erwachsener musst du mit deiner Prägung das Leben bestehen.
Vielleicht erinnerst du dich gar nicht mehr an die einzelnen Ereignisse aus deiner Kindheit. Aber du wirst ein Grundgefühl entwickelt haben. Du wirst eher vertrauen und dir kraftvoll das Leben erobern oder dich zögerlich zurückhalten und dich eher verweigern.
Wenn du angstvoll aufgewachsen bist bleibt dir nichts anderes übrig, als damit zu leben. Du wirst in der Regel sehr vorsichtig sein. Du wirst dazu neigen, viele Versicherungen abzuschließen, Türen und Fenster in deiner Wohnung zu verriegeln und ständig zu überprüfen. Dir unbekannte Menschen werden erst einmal beweisen müssen, dass sie vertrauenswürdig sind. Dein Immunsystem wird stark herausgefordert sein und du wirst stärker zu Allergien neigen als andere. Du wirst oft das Für und Wider abwägen und dich nicht gut entscheiden können. Du wirst dazu neigen, die Schuld auf dich zu nehmen und lieber kein Nein zu riskieren. Du wirst Lebensmittel nicht essen wenn sie nicht absolut sicher sind. Du wirst das Gefühl haben als ob um dich herum eine Mauer aufgebaut ist, die du nur angestrengt überwinden kannst. Je größer die Angst, desto höher und dicker die Mauern und das Bemühen, dir Sicherheit zu verschaffen.
Und du machst die Erfahrung, dass es nie genug ist. Noch eine Versicherung zusätzlich, noch vorsichtiger sein, noch weniger

wagen. Die Angst und die Angst vor der Angst lauern dir ständig auf.
Wenn du dich weiterentwickeln möchtest bleibt dir nichts anderes übrig, als zu lernen, mit der Angst umzugehen. Menschen, die relativ angstfrei aufwachsen, können sich da nicht wirklich gut einfühlen. Welche Möglichkeiten hast du? Du kannst weitermachen und alles, was Angst macht, vermeiden. Du flüchtest! Oder du stellst dich mutig den Herausforderungen. Du durchlebst die Angst. Du lässt dich von ihr überfluten. Du setzt dich daneben. Du lernst, trotzdem zu atmen. Du entschließt dich dazu, der Angst nicht mehr so viel Raum zu geben, dass sie dein Leben verhindert. Du entschließt dich zu einer neuen Lebensphilosophie: „Ich habe Angst davor, also mache ich es." Mach dir keine Sorgen. Es wird noch genug Angst übrig bleiben. Aber du wirst dich weiterentwickeln.
Stell dir aber vor, dass es den großen Tag geben wird, wo du dich weiterentwickelst jenseits der Angst. Einfach nur weil du Freude hast. Tiefe Freude an dir, an den Menschen um dich herum und an den Dingen. Du kehrst zum Anfang deines Daseins zurück. Du erinnerst dich daran, dass du mit voller Energie und grenzenlosem Vertrauen ausprobieren und gestalten darfst. Du darfst wie ein Baby die Welt erobern und machst das mit einer Bewusstheit von absoluter Sicherheit.
Du kannst es lernen, den Raum der Angst zu überwinden und zu ersetzen durch das Wissen, dass du Teil eines göttlichen Ursprunges bist. Deine Angst verzerrt dir den Blick auf die Wirklichkeit. Mit deiner Angst wirst du in vielen Menschen einen Feind sehen, der dich ausbeuten, betrügen und übervorteilen wird. Jenseits der Angst jedoch wirst du in jedem Menschen einen Bruder oder eine Schwester sehen. Einen Spielkameraden, mit dem du die Welt erkunden darfst.
Wo befindest du dich gerade in deiner persönlichen Entwicklung? Hast du schon alle Urängste kennengelernt und überwunden? Lebst du schon in der Freiheit der Kinder Gottes? Ich merke immer wieder, dass meine Vergangenheit ihren Schatten über mich legt, aber die Macht verschwindet mehr und mehr und

das fühlt sich gut an. Stell dir vor, dass du dich angstfrei weiterentwickelst. Stell dir vor, dass du das kannst und dass das ganz selbstverständlich ist. Lerne solche Menschen kennen und lass dich von ihnen anstecken. Spüre den Unterschied, der einen Unterschied macht. Du kannst lustvoll und neugierig die neuen Räume betreten oder vorsichtig und zurückhaltend. Sterben musst du sowieso. Aber es reicht, dass am letzten Tag deines Lebens zu machen. Sonst stirbst du jeden Tag und hast gar nicht gelebt.

Rufe in den richtigen Wald hinein!

Ich traf einmal eine Frau, die sehr unglücklich war. Sie erzählte mir, dass sie zu ihren Arbeitskollegen immer nett und freundlich sei. Sie würde alle am Morgen grüßen und sich am Abend verabschieden. Aber niemand würde höflich zurückgrüßen. Und wenn diese Kollegen nicht mehr mit ihr reden, dann würde sie auch nicht mehr mit ihnen sprechen wollen. Der Satz würde nicht stimmen: „So, wie du in den Wald hineinrufst, so kommt es auch zu dir zurück." Sie würde sich immer bemühen, aber es würde nichts nutzen. Sie könne sich anstrengen so sehr sie wolle.

Dann fragte ich sie, in welchen Wald sie denn hineinrufe? In den Wald der Kolleginnen und Kollegen oder in den eigenen inneren Wald. Da stutzte sie einen Moment. Ihr wurde klar, dass sie gar nicht nach außen rief. Die Kolleginnen nahm sie gar nicht richtig wahr. Sie blickte in ihren eigenen einsamen, verlassenen und unfreundlichen Wald. Wie kann ein verdorrter Wald im eigenen Inneren einen blühenden Wald in der Außenwelt grüßen und glauben, da käme freundlich etwas zurück.

Die Frau erzählte mir, dass sie über die Jahre hin einsam geworden sei. Sie glaubte nicht mehr an das Glück an ihrem Arbeitsplatz und überhaupt. Irgendwann resignierte sie und gab innerlich auf. Ihr wurde klar, dass sie erst einmal ihren eigenen

inneren Wald wiederbeleben muss. Noch war nicht alles verloren. Wurzeln graben sich tief ein und können längere Zeiten überstehen. Was braucht der innere Wald, damit er sich lebendig anfühlt und damit er freudig in andere Wälder hineinrufen kann? Eine gute Portion Selbstliebe! Selbstvertrauen und Glaube. Ein inneres Wissen, selber die Schöpferin und der Schöpfer des Waldes zu sein. Der innere Wald lebt oder vertrocknet in der Weise, wie ich ihn pflege und gestalte. Zu meinem inneren Wald hat niemand sonst einen Zutritt und niemand trägt die Verantwortung dafür außer mir selbst.
Seitdem beobachte ich mich verstärkt, wie es denn so ist mit meiner Außenwirkung. Wenn ich voller Freude durch die Welt gehe rufe ich viel lebendiger und liebevoller. Es kommt unweigerlich Liebe und Freude zurück. Und wenn mal nichts zurückkommt macht das nichts. Ich bin ja nicht darauf angewiesen. Um meinen inneren Wald kann ich mich immer kümmern.
Lebst und denkst du wie ein Surfer oder wie ein Ertrinkender? Ein Ertrinkender wird zum Bettler, der schreit, ob ihn jemand rettet. So wie es Ertrinkende tun müssen. Wenn du surfst muss dich niemand retten. Du nimmst die Wellen wie sie kommen und gleitest durch das Auf und Ab hindurch. Dein inneres freies Kind erwacht und lacht und jauchzt. Du brauchst ein gutes Körpergefühl, ein gesundes Selbstvertrauen und die klare Vorstellung, dass du das kannst.
So wie du in deinen inneren Wald hineinrufst, so verlässt es dienen Körper und erreicht die Welt. Was andere tun kannst du nicht steuern und beeinflussen. Du bist davon auch nicht abhängig. Du bist nur der Hüter deines eigenen inneren Waldes. Da kannst du flüstern und rufen. Schmeicheln und flirten. Spaß machen und trösten.

Nicht ohne deine Lieblingsmenschen!

Glücksforscher haben schon lange herausgefunden, dass ein Mensch nicht allein leben kann. Er braucht gute soziale Kontakte um sich wohlzufühlen. Du brauchst ein Gegenüber und schon Martin Buber hat gesagt. Der Mensch wird am Du zum Ich.
Denke an deine wirklichen Lieblingsmenschen. Verbinde dich jetzt in diesem Augenblick mit ihnen. Lächle innen und außen und winke diesen Menschen zu. Vielleicht gehören welche dieser Lieblingsmenschen zu deiner Familie. Vielleicht auch eher zu deinen Freunden und Freundinnen. Sind männlich und/oder weiblich. Vielleicht hast du aber auch einen Lieblingsmenschen, der dich gar nicht kennt. Ein verstorbener Dichter oder eine Schriftstellerin, ein Mensch aus der fernen Vergangenheit. Oder ein Mensch in deiner Fantasie!
Stell dir einen Kreis von Menschen vor und du bist ein Teil dieses Kreises. In diesem Kreis stehen jetzt deine Lieblingsmenschen. Sie alle bekommen jetzt in diesem Augenblick mit, dass sie deine Lieblingsmenschen sind. Vorher waren sie es auch schon, aber jetzt sagst du es ihnen. „Hallo mein Lieblingsmensch! Schön, dass du mit mir in diesem Kreis bist!“ Schau dabei nach und nach jeden einzeln an. Wenn du diese Menschen gedanklich und gefühlt in deinen Kreis stellst, was glaubst du, wie du dich fühlen wirst? Einsam? Auf keinen Fall! Es macht dir deutlich, dass du zu einer Familie gehörst, blutsmäßig oder per Wahl.
Jederzeit kannst du deine Lieblingsmenschen zu dir einladen oder sie besuchen. Du kannst das physisch nicht immer, aber gedanklich auf jeden Fall. Du kannst dir dessen bewusst werden, dass du Lieblingsmenschen hast. Du bist nicht allein. Wenn du an deine Lieblingsmenschen denkst und dich mit ihnen verbindest wächst dir Kraft und Freude zu. In der Bibel wird erzählt, dass Gott die ersten Menschen erschuf. Auch er fühlte sich dann nicht mehr allein sondern hatte ein Gegenüber. Er konnte so kommunizieren und musste nicht mehr Selbstgespräche führen. Wer nur mit sich spricht wird wahrscheinlich

zum Eigenbrötler. Vielleicht musste Gott den Menschen erschaffen damit er nicht zu eigenbrötlerisch wird. Auch er schuf sich Lieblingsmenschen. Wusstest du schon, dass du zu seinem Kreis dazugehörst? Im Kreis deiner Lieblingsmenschen kannst du dich satt hineinsetzen und dich ausgefüllt und wohlig fühlen.
Und dann gibt es noch die ganz große Herausforderung. Ich meine die Gruppe der Menschen, die nicht zu deinen Lieblingsmenschen zählen. Die Gruppe, mit der du nicht kuschelst. Die aber dennoch wichtig sind für dich. Ich spreche von den „Entwicklungsmenschen“. Die Menschen, die dich herausfordern. Die dich ärgern. Die du nicht magst. Die dir fremd sind. Mit denen du Konflikte hast. Um die du einen großen Bogen machst. Die du auf keinen Fall in den Kreis der Lieblingsmenschen holst. Alle diese Menschen sind sehr wertvoll für dich. An denen kannst du wachsen und reifen. Sie sind dein kostbarstes Geschenk. Ohne sie würdest du einschlafen und dahindümpeln. Du würdest in deiner Kuschelgruppe ersticken. Du wünschst dir diese Menschen weit weg von dir. Und vielleicht hast du inzwischen festgestellt, dass dir das nicht gelingt. In der Familie hast du ein schwarzes Schaf, in der Nachbarschaft diesen penetranten Ordnungsfanatiker. Am Arbeitsplatz die faule Socke, die sich um jede Arbeit drückt. Manchmal erscheint dir die Welt voll mit „Entwicklungsmenschen“ und du freust dich auf den Himmel, weil du dann endlich von ihnen befreit bist.
Irrtum! Du triffst sie wieder. Alle! Sie sind einfach da. In dieser Welt und in der jenseitigen auch. Und es wird Menschen geben für die du selbst ein „Entwicklungsmensch“ bist. Die auch hoffen, dich so selten wie möglich zu sehen. Und? Musst du deshalb weichen? Auf keinen Fall! Du bist ja wichtig für die Weiterentwicklung dieses dir fremden Menschen.
So wichtig deine Lieblingsmenschen sind für deinen Kuschelfaktor so wichtig sind auch deine „Entwicklungsmenschen“.
Falls du feststellst, dass dir noch ein paar Lieblingsmenschen fehlen und du zu viele „Entwicklungsmenschen“ an deiner Seite hast – herzlichen Glückwunsch! Du nimmst die Herausforderungen des Lebens ernst. Du willst dich wirklich weiterent-

wickeln! Und zugleich genieße es, dass du Lieblingsmenschen haben darfst. Mindestens einen!

Du gehörst dazu kraft deines Willens und deiner Entscheidung

Hattest du in deinem Leben auch die Phase, wo du das Gefühl hattest, nicht zu deiner Familie dazuzugehören? Dir war völlig klar, dass deine Eltern dich irgendwann einmal adoptiert und es dir verschwiegen hatten. Du kamst dich so verschieden vor von deinen Eltern und fühltest dich sehr fremd.
Kennst du das heute auch noch, dass du dich in deinem Verein umschaust und eine gewisse Distanz bemerkst? Da sind die anderen und da bist du. Alle lachen über eine komische Situation und nur du findest es nicht witzig. Du machst dir Sorgen über irgendein Thema und alle anderen schauen dich befremdlich an. Du bist der einzige Mensch, der noch raucht oder nicht Vegetarier ist. Du sitzt im Zug und denkst, dass alle Menschen sich dort fremd sind und niemand mit niemandem verbunden ist.
Du gehörst nicht dazu. Die Vorstellung kann sich in deinem Inneren so ausbreiten, dass es dich völlig isoliert. Oder die Sehnsucht in dich wachruft zu der Welt zurückzukehren, wo du eigentlich hingehörst. Denn wahrscheinlich bist du ein verlorener Engel oder bist das Wesen von einem fremden Planeten. Du bist auf der Erde nur zu Besuch und wirst gleich wieder verschwinden.
Dieses Gefühl der „Nichtdazugehörigkeit“ ist für mich ein ganz natürlicher Bestandteil des Erdendaseins. Wir sind ja alle irgendwie nur Gast auf dieser Erde. Wir sind einmal gekommen und gehen wieder. Wir leben für ein paar Jahre in und mit unserer Herkunftsfamilie und gehen wieder auseinander. Entweder haben wir eine gute und erfüllte Zeit miteinander oder auch nicht. Aber wir werden uns auf jeden Fall eines Tages wieder trennen und neue Menschen finden.

Ich gehöre zu Tausenden von Welten nicht dazu. Ich fahre mit dem Zug von Hamm nach Berlin und komme an viele Städte vorbei mit vielen Menschen, zu denen ich nicht gehöre. Es ist normal, nicht dazuzugehören. Ich gehöre nur manchmal zu etwas ein wenig dazu. Zu meiner Familie, zu den Menschen in der Nachbarschaft, zu meinem Freundeskreis, zu meinen Arbeitskollegen. Ein Teil in mir wird immer auch die Fremdheit spüren können.

Schwierig wird es, wenn sich die „Nichtdazugehörigkeit" vertieft bis hin zu Isolation, Entfremdung, Depression und Abgetrennt sein. Wenn es dazu kommt dann bist du zu weit in diesen Pol hineingerutscht. Das tut niemandem gut. Und es stimmt auch nicht. Denn du gehörst ja dazu.

Und das ist ganz einfach. Du bist auf dieser Welt und darum gehörst du dazu. Du musst dich nicht extra anstrengen. So nach dem Motto: „Ach, ich gehöre nicht dazu. Was müsste ich denn leisten, damit ich es mir verdiene? Soll ich besonders nett sein? Besonders angepasst oder auffallend humorvoll? Soll ich ein paar Bücher lesen und schlau werden? Oder mehr aus meinem Äußeren machen?" Nein, das alles musst du nicht. Du gehörst dazu, weil du existierst.

Zugleich darfst du aber auch eine Entscheidung treffen. Auch das macht einen Unterschied. Du kannst am Tisch sitzen mit deiner Familie und das Gefühl von Fremdheit hochkommen lassen oder du kannst dich satt hineinsetzen. Du kannst dich einfach entscheiden dazuzugehören. Wenigstens für diesen einen Augenblick. „Jetzt gehöre ich dazu." Du schaust dich um und dir wird bewusst, dass du mit jedem in der Runde etwas erlebt hast. Mit jedem in deiner Familie hast du eine Geschichte. Vielleicht nicht immer eine glückliche, aber trotzdem eine gemeinsame. Ohne dich hätte das Ereignis nicht stattgefunden oder ganz anders. Du hast diese Begegnung einmalig gemacht. Deine Schwester und du, ihr habt euch einmal in die Augen geschaut und euch gegenseitig wahrgenommen. Und schon gibt es diese Zugehörigkeit. Du kannst deine Schwester oder deinen Bruder jetzt wieder anschauen und dich erinnern, dass ihr einen

kleinen Abschnitt miteinander unterwegs wart. Ihr habt einen winzigen Ausschnitt der Weltgeschichte miteinander geschrieben. Einen winzig kleinen, aber dennoch einen sichtbaren. Zumindest für euch. Dann gehörst du zu dieser Geschichte dazu.
Du kannst dich auch in den Zug setzen und an einem ganz bestimmten Tag nach Köln fahren. Dann gehörst du zu diesem Ereignis der Menschen dazu, die mit dir nach Köln gefahren sind.
Je länger du über deine „Nichtzugehörigkeiten" nachdenkst und dir dessen bewusst wirst, desto mehr sorgst du dafür, dass ein dazugehöriges Gefühl sich in dir ausbreitet. Du erschaffst dir mehr und mehr ein schweres und leeres Dasein. Je mehr du dir deiner „Dazugehörigkeit" bewusst wirst, desto mehr vergrößerst du das Feld der Daseinsberechtigung. Du entscheidest also ob du verhungerst oder ob du satt wirst.

Lebe den Raum zwischen allen Polen

Manche mögen es eindeutig. Ein klares Nein oder ein klares Ja. Entweder/oder. Schwarz oder weiß. Ich kann es oder ich kann es nicht. Ich liebe oder ich liebe nicht. Beliebt ist dann das Bild von der Schwangerschaft, dass ein bisschen schwanger sein auch nicht geht.
Stell dir ein Pendel vor. Es schlägt nach beiden Seiten hin aus und erreicht jeweils für einen Augenblick in voller Höhe die andere Seite bevor es wieder in die andere Richtung geht. Den größten Teil der Zeit bewegt sich das Pendel jedoch zwischen beiden Polen.
Es gibt immer so etwas wie einen Höhepunkt oder einen Gipfel. Das Ziel der Reise. Das Ja-Wort bei der Trauung. Den Höhepunkt der Show. Den Augenblick wo jemand ein Geschenk auspackt. Der Tag, an dem das Geld auf meinem Konto landet. Ich kann mir angewöhnen diesen Moment besonders zu schätzen.

Ich kann aber auch dahin kommen, nur noch solche Augenblicke wahrzunehmen und wertzuschätzen.
Was ist jedoch, wenn das Geschenk mir nicht gefallen wird? Wenn das Ziel sich als völlig unattraktiv entpuppt? Wenn das Geld auf dem Konto mich nicht so befriedigt, wie ich es erhoffte? Es kann passieren, dass ich nur auf wenige Momente im Leben hin lebe. Immer auf den Moment, wo das Pendel den Wendepunkt erreicht. Ich müsste ständig jagen nach dem teuersten Auto, nach der schönsten Frau oder dem reichsten Mann. Nach dem besten Restaurant und nach dem günstigsten Supermarktangebot. Ich käme mir vor wie ein Jäger, der nie zur Ruhe kommt.
Ich erinnere mich an Exerzitien mit einem Jesuitenpater, der uns instruierte, mit welcher Entscheidung wir Priester werden sollten. So ähnlich klangen seine Worte: „Geben Sie sich ganz hin! Machen Sie keine halben Sachen. Gott spuckt auf Menschen, die ihr Herz nicht ganz öffnen." Seine Sprache wurde immer deftiger. Ich wurde innerlich immer stiller.
Wenn ich ehrlich bin, dann sehe ich mein Leben eher als eine Ansammlung von Alltag. Ein wenig Hingabe und viel Routine. Treue zu den alltäglichen Dingen wie Brot essen und Zähne putzen. Jeden Tag freundlich sein und das Wetter so annehmen wie es gerade ist. Die völlige Hingabe an das Leben oder an die Liebe gibt es und es ist auch schön. Aber es findet nicht 24 Stunden lang statt an jedem Tag. Das Leben ist alltäglich. Sehr alltäglich! Und noch alltäglicher! Aber – ich kann es wertschätzen. Ich kann es mögen. Ich kann es erforschen und ich kann darauf neugierig sind. 99 Prozent der Menschen sind Könige und Königinnen des Alltags, bewegen sich zwischen den Polen. Sind ein kleiner, aber wichtiger Punkt im Gitternetzwerk aller Menschen weltweit. Wenn du den Raum zwischen den Polen lebst wird dir kein Augenblick wertlos erscheinen. Dein Pendel bewegt sich und bewegt sich. Es verändert ständig ein wenig die Position und du bekommst einen neuen Blickwinkel. Das Geschenk der kleinen Dinge. Heute trägt deine Rose eine kleine Knospe, die vorgestern noch nicht da war. Du kannst dich so

sehr über diese kleine Entwicklung freuen, dass dir die völlig entfaltete Rose gar nicht so wichtig erscheint. Du erlebst das Wunder des Alltags. Das alltägliche Wunder! Und du kannst dich wiederum dafür entscheiden. Du kannst dich entscheiden, die Peaks im Leben für nicht mehr so wichtig zu nehmen, sondern dich zu konzentrieren auf die wundervollen Zwischenräume. Stell dir vor, dass du dich ausdehnst. Langsam und beständig. So wie das ganze Weltall. Du konzentrierst dich auf das Ausdehnen und bewohnst mehr und mehr deinen ganzen Raum. Du lässt dich nicht davon ablenken dass du irgendeinen Pol oder ein Ziel erreichen müsstest. Du konzentrierst dich auf den Prozess. Auf das Wahrnehmen dessen, was jetzt gerade ist.
Von der Position des Beobachters aus kannst du beides zugleich machen. Du bist ausgerichtet auf den Gipfel und den Höhepunkt. Und zugleich bist du mit aller Kraft im Erleben des Hier und Jetzt zwischen den Polen.
Zu Beginn dieses Kapitels habe ich gefragt, was wirklich zählt. Vielen Dank, dass du meine Gedanken gelesen hast. Was jedoch zählt für dich? Was habe ich vergessen? Was wirklich zählt ist ja zugleich eine sehr persönliche Frage und braucht deine eigene Antwort. Wenn du dir jetzt die Frage stellst und danach handelst, kannst du dir deine Lebenszeit besser einteilen. Du verzichtest vielleicht auf Überflüssiges und konzentrierst dich auf das Wesentliche. Manche Menschen können es auf einen einzigen Satz zusammenfassen. Ich kann die Idee von Augustinus gut teilen wenn er sagte: „Liebe und tue, was du willst.“

4 Die Magie des Wimpernschlags

Ich erzähle einem Freund etwas, was ich mit einem Kunden erlebt habe und was mich immer noch beschäftigte. Kaum habe ich meinen Satz beendet bekomme ich die Antwort: „Das kenne ich. Da kann ich dir auch etwas zu sagen.“ Und dann erzählt er sofort seine Geschichte. Dabei bin ich noch bei meinen eigenen Gedanken und bei meinen Gefühlen. Mein Freund hatte bestimmt eine ganz gute Absicht. Sich mit mir solidarisch zu zeigen oder mir einen Tipp zu geben mit der Intention: „Ich fühle mit dir. Das kenne ich auch.“ Aber wenn jemand sofort mit seiner eigenen Geschichte kommt, dann fühle ich mich verlassen und nicht gehört. Es gibt keinen Moment der Pause, etwas nachwirken zu lassen. Es fehlt der Teil, für einen Augenblick miteinander in Verbindung zu gehen. Ein Nicken, dass mich jemand verstanden hat. Eine kurze Rückfrage oder einen Ausdruck der Anteilnahme. Die Gelegenheit, bei mir zu verweilen.

So erlebe ich das auch oft in Gruppen. Jeder versucht, seine Geschichte loszuwerden und es wirkt wie ein Kampf, wer am besten dazwischenkommt. Jeder erzählt seine Erlebnisse und niemand geht in Resonanz mit dem jeweiligen Erzähler. Hinterher kannst du verteilen, wer die meisten Redeanteile hatte. Manche kommen nie dazwischen und versinken irgendwann resigniert ins Schweigen. Ich kenne auch Menschen, die irgendwann völlig aufgeben und still werden. Ich schaue schon lange keine Talkshows mehr. Selten kommt es vor, dass alle sich gegenseitig ein Feedback geben. Jeder will sein Zeug loswerden und Recht haben.

Ich möchte mich dabei durchaus selbst kritisch betrachten. Ich rede auch oft zu lange und zu viel. Ich nutze die Gelegenheit, jemanden ins Wort zu fallen, wenn mich die Leidenschaft oder der Widerspruch treibt. Aber es gefällt mir auch nicht, wenn ich das so mache. Später in der Stille mit mir werde ich dann traurig, dass ich nur von mir erzählt habe und nichts vom anderen weiß. Das ist auf die Dauer unbefriedigend.

Seit einiger Zeit übe ich mich darin, bewusster in eine Begegnung hineinzugehen. Dabei hilft mir die „Magie des Wimpernschlages“. Wenn mir jemand etwas erzählt, nehme ich mir fest vor, zuzuhören und mich für einen bewussten klaren Wimpernschlag zu entscheiden. Ich dehne es auf eine Sekunde aus und ich verbinde es mit meinem Atem. Wenn ich für einen Moment die Augen schließe rede ich nicht automatisch zurück. Habe nicht sofort meine eigene Geschichte auf der Zunge.
Da entsteht ein kostbarer Moment der Stille. Ich schließe meine Augen so, dass es kurz dunkel wird. Dass in diesem winzigen Augenblick der Dunkelheit eine Anfangsreaktion geschieht. Möchte ich dem Erzähler zunicken oder freundlich anschauen? Möchte ich eine Frage der Vertiefung stellen oder nur ein wenig verweilen und das Gesagte nachwirken lassen. Wenn ich für einen verlängerten Wimpernschlag meine Augen schließe, gibt es eine kleine Verzögerung, in der etwas bewusst entstehen kann. Jenseits des Automatismus, sofort etwas erwidern zu wollen. Dann sinkt das Gesprochene in mein Herz und ich bewege es hin und her.
Die Fokussierung auf den Wimpernschlag wirkt wie ein Anker. Der Wimpernschlag im übertragenen Sinne meint ja eigentlich die Kürze eines Zeitraumes angesichts der Ewigkeit. Die Existenz der Menschen ist nur ein Wimpernschlag im Gesamt der Existenz der Welt. Aber der Wimpernschlag bekommt seine Bedeutung im Umkehrpunkt. In diesem kleinen Zwischenraum kann ich meine Weichen stellen. Und darin liegt die Magie.
Viele unserer Prozesse laufen automatisch ab. Was ja auch Sinn macht. Ich möchte nicht an jedem Tag so Auto fahren wie an meinem ersten. Alle automatisierten Prozesse erleichtern mein Leben und geben mir Energie für die übrigbleibenden Herausforderungen. Ich muss am Tag so viele neue Aufgaben anpacken und bestehen, dass ich dafür Einiges an Energie benötige.
Es gibt aber auch Automatisierungen, die vielleicht nicht so hilfreich sind. In der Begegnung mit Menschen laufen da oft Programme, die ich verändern könnte. Da spricht jemand zu mir

mit lauter Stimme und ich ducke mich sofort. Da fragt jemand: „Wer war das?“ Und schon bekomme ich Schuldgefühle. Da sagt der Marktverkäufer, dass er keinen Salat mehr hat und schon gerade ich in einen panikartigen Zustand. Da plappere ich ein Gebet herunter und habe keine Bewusstheit dafür, dass ich mich mit der göttlichen Quelle verbinde. Dabei könnte ich doch die Qualität meines Lebens verbessern. Für einen Wimpernschlag höre oder sehe ich bewusst und drücke nicht meinen Automatikknopf. Ich bleibe für einen Moment bei mir und spüre in mich hinein. Was löst das gerade in mir aus? Welcher Gedanke taucht auf? Wie fühlt sich das an? Was möchte ich jetzt gerne tun? Dabei bleibe ich dabei, für den Moment nichts zu tun.

Der Wimpernschlag öffnet den Raum der Leere. Den Raum, in dem sich die Geschichte neu schreiben lässt. Da kann schon ein Gefühl der Unsicherheit entstehen. Ich höre jemandem zu und mache eine kleine Pause, bevor ich reagiere.

Ich spüre vielleicht auch, dass da etwas in mir Fahrt aufnimmt und mich antreibt. Unbedingt muss ich jetzt sofort etwas sagen. Sofort muss ich meine Geschichte loswerden bevor ich sie vergesse oder sie nicht mehr passt. Sofort muss ich deutlich machen, dass ich auch wichtig bin und interessante Geschichten erlebt habe.

Während des Wimpernschlages kann ich mich fragen: Was ist das gerade in mir, das mich da so antreibt. Das mich förmlich zwingt, sofort meine eigenen Gedanken in den Raum werfen zu müssen. Wenn ich mich an meine Kindheit zurückerinnere dann hatten wir als Kinder nichts zu sagen. Die Erwachsenen haben sich unterhalten und wir waren nicht interessant. Es gab nur die ständigen Erwachsenenfragen wie: „Wie alt bist du denn jetzt? In welche Klasse gehst du?“ Fragen mit einer kurzen Antwort. Dann wirst du größer und denkst, dass du auch mal dazwischen kommen möchtest. Die Zeit des langweiligen Zuhörens beenden und auch durch das Erzählen deutlich machen, dass du der Erwachsenenwelt angehörst.

Der Wimpernschlag hilft mir, kurz auszusteigen und bei mir zu sein und dann wieder einzusteigen um beim anderen zu sein.

Dieser kleine Moment fühlt sich an wie eine Weichenstellung. Je nach dem, wie ich reagiere, dahin bewegt sich mein Zug.
Wenn mir jemand etwas erzählt und ich komme sofort mit meiner Geschichte, dann hänge ich den anderen ab, oder er wartet darauf, dass er noch eine bessere Geschichte hat. Dann werden die nächsten Minuten zu einer Kampfarena der interessantesten oder klügsten Beiträge. Oder ich setze eine ganze Gruppe schachmatt, die nur noch darauf wartet, das Territorium verlassen zu dürfen.
Ich kann aber mein Gegenüber auch anschauen und fragen, wie es ihm damit ergangen ist und ob das Ganze immer noch wirkt. Und was an dem Erzählten ihn besonders beeindruckt hat oder welche Fragen geblieben sind. Dann werde ich spüren, wie der andere aufblüht und sich gemeint fühlt.

Schon während der andere spricht kannst du eine Entscheidung treffen. Du trittst für einen Moment zurück und verzögerst deine Reaktion mit dem Wimpernschlag. Du reagierst nicht automatisch.
Im Wimpernschlag wird dir zugleich bewusst, dass es in dir ein steuerndes Ich gibt. Das „automatisierte“ Ich will ständig etwas. Möchte beachtet werden. Spielt sich auf. Sucht Bestätigung. Befürchtet, nicht beachtet zu werden. Reagiert ganz schnell in der Angst, sonst zu kurz zu kommen.
Das steuernde Ich im Hintergrund kann sich zurückhalten und Raum schenken. Es ist nicht angewiesen auf Bestätigung. Es ruht wohlwollend in sich und genießt es, einfach da zu sein. Manchmal werden wir angetriggert, quasi wie angestochen. Wir geraten in einen Aufruhr, eine Art Anspannung. Wir wollen einen Gedanken loswerden. Uns wichtig machen. Dann verschwindet das steuernde Ich in den Hintergrund und wir werden unbewusst.
Der Wimpernschlag kann so etwas werden wie ein Signal bei der Ausfahrt des Zuges aus dem Bahnhof. Wo möchte ich hin mit meinem Geist, mit meinen Gefühlen und mit meinem Körper. Oder wie Viktor Frankl sagt: „Zwischen Reiz und Reaktion liegt

ein Raum. In diesem Raum liegt unsere Macht zur Wahl unserer Reaktion. In unserer Reaktion liegen unsere Entwicklung und unsere Freiheit."

Ich trete für einen Augenblick zurück und dann begebe ich mich wieder hinein in das Geschehen. Wenn du das probierst wirst du feststellen, dass dich das mit großer Freude erfüllen kann. Du nimmst dein Gegenüber besser wahr mit einer höheren Wertschätzung und du nimmst dich selbst besser wahr in deinen Bedürfnissen und Wünschen.

Bei der Erschaffung der Welt hielt Gott nach jedem Schöpfungstag inne und besah sich sein Werk. Und siehe da, es gefiel ihm sehr gut. Und das ist mein Wunsch für dich. Du betrachtest dich selbst und kommst zu der gleichen Einschätzung. Du gefällst dir sehr gut!

5 Wenn die Möglichkeiten sich verkleiden!

Ich mag es sehr, bei einer Aufgabe, die ich erfüllen muss, Lösungen zu finden. Menschen kommen zu mir in die Beratung, damit sie eine Lösung finden. Und eigentlich besteht der ganze Tag darin, für irgendetwas eine Lösung zu finden. Bei den automatisierten Prozessen fällt dir das gar nicht auf. Du stehst morgens auf und springst unter die Dusche, kochst dir deinen Kaffee und frühstückst. Ständig „findest" du Lösungen für etwas, was du bewältigen möchtest. Erst jenseits der automatisierten Aufgaben wird dir das bewusst. Wann kaufst du im Supermarkt die Sonderangebote? Nimmst du heute einen Schirm mit oder vertraust darauf, dass es trocken bleibt. Nimmst du die Einladung an oder lehnst du eher ab? Wenn du dich gut entscheiden kannst fühlt sich das an wie eine Lösung. Du löst etwas und es geht weiter. Ich mag es nicht so, wenn etwas stockt über einen längeren Zeitraum. Ich mag es, wenn es weiter geht. Wenn nicht, fühlt es sich an, als ob du zugleich bremst und den Fuß aufs Gas setzt. Du kommst nicht voran, verbrauchst aber viel Energie. Schwierig wird das Leben, wenn es gar nicht mehr vorangeht, aber du darunter leidest. Dann empfindest du die Sackgasse als Problem. Dann fängt die Herausforderung an. Wie weiter? Du kannst deine Aufgaben liegen lassen. Sie ignorieren. Unter der Ausweglosigkeit leiden und in die Depression abrutschen. Oder?

Henry Ford plädiert für eine andere Sichtweise. „Probleme sind verkleidete Möglichkeiten." Mir gefällt die Vorstellung, dass Probleme nicht einfach Probleme sind. Ich stelle mir vor, dass jemand zu mir in die Beratung kommt mit dem Auftrag, dass er an Möglichkeiten glaubt angesichts seines Problems. Dass er sie im Augenblick nur nicht erkennen kann. Die meisten Menschen sind ja klug genug, das eine oder andere Problem zu lösen. Seit frühester Kindheit gehört es zum Lebensprogramm, dass wir Aufgaben gestellt bekommen und sie in der Regel auch gut lösen. Wir lernen, wie wir wieder aufstehen können nachdem wir hingefallen sind. Wir lernen, wie wir mit einem Löffel den Brei von der Schüssel in den Mund bewegen ohne zu schlabbern. Wir weiten unsere Fähigkeiten aus je nach Anforderung. Wir bauen auf dem Wissen auf, das wir in uns tragen. Wenn ich mal eine Schraube gelöst habe werde ich andere Schrauben von anderen Gegenständen auch lösen können. Erst, wenn ich meine Aufgaben nicht lösen kann und darunter leide, wird es zu einem Problem.

Ich habe mich mit meinem Verstand angestrengt. Ich habe alles probiert und es lässt sich nicht lösen. Dann wird es für mich zu einem Problem. Ich bin überzeugt davon, dass ich es nicht lösen kann. Weil ich es nicht kann! Ich habe ja alles probiert! Aber was verändert sich, wenn mein Problem nur aus verkleideten Mögl-ichkeiten besteht? Dann würde es ja bedeuten, dass ich es grundsätzlich lösen könnte. Wenn ich die Kleider ablege. Ich kann meine Möglichkeiten im Moment nur nicht sehen, weil sie unter den Kleidern verborgen sind.

Kann ich die Kleider selber ablegen oder brauche ich dafür Unterstützung? Vielleicht kann ich es gar nicht erkennen, dass ich gerade verkleidet bin. Es sieht nur ein Außenstehender. Der von außen sieht mehr als ich selber. Wie bei des Kaisers neuen Kleidern. Ich bin manchmal blind für meine Möglichkeiten.

Es könnte doch hilfreich sein für mein nächstes Problem, dass ich mir einfach vorstelle, dass ich gerade verkleidet bin. Benebelt! Kurzsichtig! Ich könnte einen Schritt zurücktreten und mich von außen wahrnehmen. Ich könnte mein eigener Coach sein und mich von außen mal ganz neutral betrachten. Auch wenn ich von dort mein Problem nicht lösen kann könnte ich mich dadurch von meinem Problem lösen. Ich könnte zu meinem Problem sagen: "Du bist jetzt da. Aber ich entscheide mich dafür, dich nicht zu lösen. Kann ja jemand anders machen.

Kannst mich ja einfach mal in Ruhe lassen. Mir die Ruhe geben, damit da ein Impuls kommt. Nicht aus dem Kopf, vielleicht aus dem Bauch oder aus dem Herzen."

Wenn Probleme verkleidete Möglichkeiten sind, lässt sich dann vom Kleid auf die Möglichkeiten schließen. Könnte ich mir das "Kleid" anschauen und eine Idee bekommen, welche Möglichkeit sich dahinter versteckt? Ich glaube, ja! Nicht jede Möglichkeit trägt das gleiche Kleid. Bevor ich da aber weiter spekuliere müsste ich das mal ausprobieren. Bei meinem nächsten Problem achte ich auf mögliche Verkleidungen. Eine Verkleidung kann ich vielleicht schneller entdecken als die dahinter liegende Möglichkeit. Die Möglichkeit sehe ich also nicht, aber immerhin schon das Kleid. Im Wort Kleid höre ich das Wort Leid. Vielleicht ist mein Leid ein Hinweis auf diese Möglichkeit. Ich leide wenn ich ein Problem habe. Dann schaue ich mir doch mal mein Leid an. Was lässt mich genau leiden? Welches Bedürfnis kann ich im Moment nicht erfüllen? Kann ich mein Problem besser lösen, wenn ich das „verk-leid-ete“ Bedürfnis kenne?

Ich sollte einmal einen Vortrag halten und bekam das Thema einfach vorgegeben. Mir gefiel die Überschrift nicht und auch den vorgesetzten Inhalten konnte ich nicht zustimmen. Ich fühlte mich wie in einer Sackgasse. Da gab es meine Verpflichtung im Rahmen meiner Aufgaben und zugleich diesen starken Widerwillen. Das hat mich so blockiert, dass ich Tage darüber nachdenken musste, nicht schlafen konnte, mein Magen sich verkrampfte und ich eine starke Wut im Bauch spürte. Du erinnerst dich: „Probleme sind verkleidete Möglichkeiten.“ Wie finde ich hier einen Weg? Worin bestand bei mir die „verkleidete Möglichkeit“?

Mir wurde klar, dass ich ein starkes Grundbedürfnis nach Freiheit und Autonomie habe. Wenn mir das jemand wegnehmen möchte, dann gehe ich in den Widerstand. Freiwillig, also mit der Freiheit, nein sagen zu können, lasse ich mich gerne ein. Aber bei autoritärem Druck versagt mein System. Die verkleidete Möglichkeit bestand also darin, diese Wirklichkeit zu entdecken. Wie konnte ich meine Autonomie zurückgewinnen? Ich nahm die Überschrift und wählte eine eigene „Unterüberschrift". Den vorgegebenen Inhalt ignorierte ich völlig, weil es eh nicht überprüft wurde, was ich im Vortrag sagte. Damit ging es mir dann gleich viel besser.

Welche deiner Bedürfnisse werden manchmal auf die Probe gestellt? Du wirst herausfinden, dass es oft nur um drei Bereiche geht: Deine Bedürfnisse nach Sicherheit, Autonomie oder Verbundenheit. Finde dein Bedürfnis heraus und entdecke, wie du es anders, aber auch wirksam erfüllen kannst. Ich wünsche dir viele Möglichkeiten beim entk-leid-en deiner Probleme!

6 Die Macht der Gewohnheit

In meinem „früheren“ Leben konnte ich es mir leisten, jeden Tag einen Mittagschlaf zu halten. Meine „Heilige Stunde“. Als Seelsorger hatte ich keinen festen acht Stunden Arbeitstag, sondern es verteilte sich von 08.00 Uhr bis 22.00 Uhr. Meine Idee war, wenn ich jeden Mittag eine Pause mache von einer Stunde, kann ich den Tag gut bewältigen. Irgendwann war ich der festen Überzeugung, dass mein Körper diese Zeit dringend braucht. Regelmäßig nach dem Mittagessen fuhr mein System herunter und schaltete auf Standby.

Als ich meine Tätigkeit wechselte verschwanden dieser Glaubenssatz und diese Körpererfahrung über Nacht. Der Mittagschlaf war ein Teil meiner Identität. Das gehörte zu meinem Leben dazu. Eine Gewohnheit mit viel Macht. Mich zog etwas in die Horizontale. Im späteren Alltag war es nicht mehr möglich und ehrlicherweise auch gar nicht nötig.

Es macht Sinn, diesem Phänomen ein wenig neugierig auf die Spur zu kommen. Nichts ist sofort eine Gewohnheit. Es gibt immer ein erstes Mal. Ich kaufe am Samstag auf dem Markt ein. Dafür fahre ich zuerst zur Tanke und kaufe die Tageszeitung. Dann geht es weiter zum Brotstand und zu den Eiern. Ich schließe mit einem kleinen Blumenstrauß für 3,50 Euro. Mit dem Bauernbrot fing alles an. Später kamen dann die Eier dazu und noch später die Tageszeitung. Ich absolviere an jedem Samstag diese Tour fast zur gleichen Zeit und treffe auch ganz bestimmte Menschen immer wieder. Die Frau am Käsestand greift schon zum Gouda und der Eierhändler wartet schon auf meine leere Eierschachtel. Je länger ich das mache, desto gewohnter wird für mich dieser Gang.

Das, was zu Beginn neu und „ungewohnt“ ist wird im Laufe der Zeit zu einer „Gewohnheit.“ Da steckt das Wort „wohnen“ drin. Ich möchte also so leben, dass es sich wohnlich anfühlt. Dass ich den Tag stressfrei leben kann. Dass es sicher ist und dass ich mich darauf verlassen kann. Die Gewohnheit steigert mein Wohlbefinden. Die Erde kreist um die Sonne und der Tag hat vierundzwanzig Stunden und mein Schlüssel passt zu meiner Haustür.

Je mehr Gewohnheiten ich sammeln kann, desto sicherer fühle ich mich. Alles geht seinen gewohnten Gang vom frühen Morgen bis zum späten Abend. Ich richte mir mein Leben wohnlich ein. Und? Bekommst du so wie ich in diesem Moment eine leichte Beklemmung? Oder denkst du: Ich mach das auch so ähnlich?

Wie! Wo bleibt die Spontaneität. Das Leben! Das Abenteuer! Die neuen Möglichkeiten! Na ja, das ist halt der Preis. Möchtest du Sicherheit oder lieber Autonomie? Viele Gewohnheiten garantieren dir ein dauerhaft sicheres Lebensgefühl. Wenige Gewohnheiten geben dir Platz und Zeit für viele Abenteuer. Du könntest also in dich gehen und überprüfen, wo deine genauen Bedürfnisse liegen. Du machst dir dann eine bunte Tüte von strukturierenden Gewohnheiten und Freiräumen für deine Abenteuer. Der gewohnte Gang am Samstag zum Markt und anschließend einen Ausflug.

Das würde aber voraussetzen, dass da jemand ist, der das jeweils neu entscheidet. Es muss jemanden geben, der eine Gewohnheit ablegt oder verändert. Es müsste dir also bewusst werden, dass du dir etwas angewöhnt hast und dass du dir es wieder abgewöhnen kannst. Coaches und Trainer sind ja für solche Veränderungsprozesse spezialisiert.

Wenn ich mich und meine Gewohnheiten durchdenke komme ich allerdings zu einem erschreckenden Ergebnis. Ein Teil der Gewohnheiten hat sich selbständig gemacht. Manche Gewohnheiten stoßen mich regelmäßig an und erinnern mich daran, dass ich jetzt gefälligst etwas zu tun habe. Sie verlangen von mir den Gang auf den Markt. Wenn ich eine Andeutung mache, dass ich darauf auch einmal verzichten könnte, taucht da eine innere Stimme auf. „Willst du das wirklich? Möchtest du den freien Samstag wirklich beginnen mit trockenem Brot und ohne Eier und Tageszeitung! Weißt du, wie es dir gehen wird, wenn du es nicht machst? Muss ich dich an deine schlechte Laune erinnern, die du unweigerlich bekommen wirst? Warum willst du dir selbst den Samstag verderben? Fahr los und dann hast du es hinter dir. Es ist doch so schön mit all diesen wunderbaren Dingen am Frühstückstisch zu sitzen. Du kannst doch da so unglaublich entspannen! Das fühlt sich doch so wohnlich an! Brauchen wir das nicht alle so ab und zu?“ Die Stimme hört nicht auf und ich ergebe mich.

Wenn das so ist – habe ich dann die Gewohnheit oder hat die Gewohnheit mich? Die Antwort ist eindeutig. Und darin liegt die Macht der Gewohnheit. Sie ködert sich bei dir ein für ein erstes Mal und verschafft dir Befriedigung. Dann säuselt sie dir vor, dass du es immer haben kannst. Und dass es ganz leicht ist. Und schon wird aus dem ersten ein zweites Mal und ein drittes Mal... und dann zeigt sich die Gewohnheit in ihrer größten Ausdehnung und geht nicht wieder weg. Die Verwandtschaft von Gewohnheit und Sucht liegen eng beieinander. Der Unterschied zeigt sich nur noch in den gesundheitlichen Folgen. Die Gewohnheit hat so viel Macht über uns, weil wir das Gewohnte als wohnlich empfinden. Wir mögen Wohlbefinden und Sicherheit. Und wenn du dich auf dem Sofa eingerichtet hast kommst du so leicht nicht wieder hoch. Das würde Energie und Anstrengung bedeuten.

Viele Gewohnheiten pflegen wir, die uns überhaupt nicht mehr bewusst sind. Wir machen es einfach. Wir haben die Gewohnheiten unserer Vorfahren übernommen und machen weiter. Überprüf einmal deine Gewohnheiten und frage dich, woher sie kommen. Wo legst du vor dem Schlafengehen deine Sachen hin? Wie verabschiedest du dich? Wie kochst du deinen Kaffee? In welcher Reihenfolge bereitest du dein Frühstück vor? Hast du deine Kinder getauft, weil es so gewohnt war und auch noch in der richtigen Konfession? Beschenkst du deine Lieblingsmenschen am Geburtstag oder wenn du katholisch bist am Namenstag? Was von dem, was du tust ist Gewohnheit und was ist eine Herzensentscheidung.

Gewohnheiten sind völlig in Ordnung und es gibt sehr schöne und entspannende, die ich nicht missen möchte. Es geht mir nur um die Macht, die sie haben und die ihnen nicht zusteht. Manchmal werden Gewohnheiten auch zu einem Zwang und fühlen sich nicht mehr wohnlich an. Manchmal ist es einfach gut, es zu erkennen und sich davon zu verabschieden. Dann wird dir bewusst, dass die Zeit abgelaufen ist und das Neue wird reif für ein erstes Mal. Schließ mal deine Augen und betrachte deine Lebenswaage der letzten Monate. Wie viel Gewohnheit und wie viel erstes oder zweites Mal kannst du entdecken? Bist du mit dem Ergebnis zufrieden? Fühlt es sich für dich gut an? Egal, wohin es pendelt und ob es ausgeglichen ist. Du kannst das ja frei entscheiden. Du darfst dich einrichten in dem Gewohnten oder auch das Abenteuer wagen. Du bist ja dein Regisseur. Aber entziehe der Gewohnheit ihre Mächtigkeit und geh in die Selbstermächtigung.

7 Wenn alles sich mit allem verbindet.

Bei Hildegard von Bingen fand ich folgende Verse, die zu einem hilfreichen und berührenden Einstieg werden können für einen neuen Lebensabschnitt. Sie sagt:

„Wir müssen auf unsere Seelen hören, wenn wir gesund werden wollen.
Letztlich sind wir hier, weil es kein Entrinnen vor uns selbst gibt.
Solange der Mensch sich nicht selbst in den Augen und im Herzen der Mitmenschen begegnet, ist er auf der Flucht.
Solange er nicht zulässt, dass seine Mitmenschen an seinem Innersten teilhaben, gibt es keine Geborgenheit.
Solange er sich fürchtet durchschaut zu werden, kann er weder sich noch andere erkennen, er wird allein sein.
Alles ist mit allem verbunden!“ (Hildegard von Bingen)

„Wir müssen auf unsere Seelen hören, wenn wir gesund werden wollen.“

Fühlst du dich gesund? Was würde dein Körper dir davon erzählen über dich? Wie ruhig und entspannt fließen deine Gedanken dahin? Oder wie viel Aufruhr kannst du im Verstand wahrnehmen? Wie hoch fühlst du deine Kränkungen und seelischen Verletzungen? Wenn du ein Gesundheitsthermometer hättest und hundert wäre das bestmögliche Ergebnis - wie würdest du dich einschätzen?
Hildegard geht davon aus, dass wir Menschen gesund werden wollen. Das setzt ja voraus, dass es einen Mangel gibt. Niemand erreicht 100 Prozent Gesundheit im allumfassenden Sinn. Ich habe inzwischen schon viele gesunde und zugleich erlöste Menschen getroffen und zugleich sehr viele bedürftige. Bei mir selbst kann ich vieles aufzählen, was mich gesund macht. Darüber freue ich mich sehr. Ich sehe zugleich die Bereiche des Körpers und der Seele, die mehr davon haben könnten. Wie

können wir gesünder werden? Ist das ein Geschenk und wir können nichts selber machen außer gesund essen und ausreichend schlafen? Die Lösung, die Hildegard uns vorschlägt heißt: „Wir müssen auf unsere Seelen hören."
In den digitalen Abläufen meines Lebens von Smartphone und Laptop ist das gar nicht so einfach. Manchmal denke ich, dass meine Seele sich zurückgezogen hat. Diese Welt ist für sie zu schnell, zu laut, zu grell. Sie kommt damit nicht gut klar. Sie weiß, dass diese Zeit das scheinbar einfordert. Wer nicht mitmacht ist außen vor.
Die Seele bräuchte ein wenig mehr Ruhe und Aufmerksamkeit. Dafür muss ich mit mir allein sein. Solche Zeiten und Räume sind heute selten. Immer fordert das Außen etwas von mir ein und lenkt mich von mir ab. Es gibt Augenblicke, da sitze ich auf meinem Sofa und mache nichts. Und zugleich beschleicht mit so ein Gefühl der Unruhe. Ich müsste jetzt etwas machen. Irgendetwas nachschauen. Einkaufen, laufen, etwas erledigen. Manchmal bleibe ich trotzdem sitzen mit der neugierigen Frage, was geschieht, wenn ich es einfach aushalte, dass da jetzt diese Unruhe ist. Was liegt auf der anderen Seite der Unruhe? Wenn ich auf meine Seele hören möchte, dann muss ich eintauchen in das Meer der Stille. Wenn ich lange genug in der Stille verweile höre ich eine Stimme, die zu mir spricht. Da gibt es nichts Kompliziertes und auch nichts Komplexes. Da tauchen dann ganz einfache Sätze auf. „Gut, dass ich jetzt mit mir hier bin." „Körperliche Nähe wäre jetzt sehr heilsam." „Gönne dir einen kleinen Spaziergang."

„Letztlich sind wir hier, weil es kein Entrinnen vor uns selbst gibt."

Kann es sein, dass es mich umtreibt und ich vor mir selbst fliehen möchte? Wenn ich mir in der Stille begegne, dann tut das ja nicht immer gut. Dann könnte mir bewusst werden, dass da der Sinn fehlt. Es könnte eine abgrundtiefe Angst und Verlorenheit auftauchen. Ich würde spüren, wie einsam ich in meiner Haut bin und wie abgeschnitten von der Welt. Es könnte sein! Es muss nicht. Aber ich könnte mich davor fürchten. Und um das auf jeden Fall zu vermeiden nehme ich an allem teil was laut und lebendig ist. Ich könnte ja die Vorstellung in mir entwickeln, dass ich der einzige einsame Mensch bin. Alle anderen sind in der Freude und in der Verbundenheit. Gehören irgendwo zu. Nur ich nicht. Ich meine manchmal zu ahnen, dass diese Wirklichkeit zu jedem Menschen dazugehört. Ich bin für mich und da ist nur Leere um mich herum. Es ist ja nur eine Vorstellung, wie gesagt. Ich kann mich dem prallen Leben zuwenden und jede Zeitlücke ausnutzen. Dann kommt der Abend und die Nacht und der Moment vor dem Einschlafen wo die Dunkelheit mich umfängt. Auf einmal begegne ich mir selbst. Ich kann mir nicht entweichen. Irgendwann kommt der Moment, wo ich mir selbst begegne mit allen Konsequenzen. Manche Menschen schieben das auf für ihre Sterbestunde. Wie wäre denn die Vorstellung, dass du dir begegnest und dass unter einer möglichen Einsamkeit etwas Überraschendes wohnt. Dass dort Freiheit und Liebe wohnen. Die Religionen haben uns ja über Jahrhunderte hinweg die Höllenangst eingejagt. Und wenn es die Hölle nicht gibt? Nur meine Angst davor? Auf einmal zeigt sich, dass es Angst und Vertrauen gibt. Und wenn du dich für Vertrauen entscheidest könntest du feststellen, dass sich der Weg in die Stille lohnt.

„Solange der Mensch sich nicht selbst in den Augen und im Herzen der Mitmenschen begegnet, ist er auf der Flucht."

Es kommt darauf an, die Begegnung zu wagen im Kontakt mit den Augen und mit dem Herzen anderer Menschen. Ich kann mir gar nicht einfach so selbst begegnen. Manchmal stehe ich vor dem Spiegel und schaue mich freundlich an. Das tut gut und damit stärke ich meine Selbstfreundlichkeit.
Wenn ich einen anderen Menschen anschaue, und dieser mich auch, dann geschieht ein Wunder. Und ich weiß gar nicht wie!

Kannst du diese Erfahrung mit mir teilen? Da gibt es einen sehr komplexen Vorgang. Jemand schaut dich an und du spürst Wärme und Freundlichkeit im Gesichtsausdruck. Das rührt sofort dein Herz an und du fühlst dich gemeint. Da meint jemand dich und nimmt dich einfach wahr. Und indem du wahrgenommen wirst erlebst du dich selbst. Jede Einsamkeit wird sofort weggefegt und es entsteht Verbundenheit. Da ist gerade jemand mit mir da in diesem Augenblick. Es braucht dafür nicht einmal ein Wort. Keine Bestätigung. Keine Erklärung. Nur der Augenkontakt und das Gefühl, das im Herzen entsteht. Es fühlt sich an wie volles Auftanken im Bruchteil einer Sekunde.
Zugleich gibt es aber auch die Furcht. Wenn der andere mich sieht, dann sieht er vielleicht auch das, was ich bei mir selber nicht wahrnehmen mag. Die Augen des anderen durchleuchten mich und sein Herz spürt, was ich im Inneren spüre. Jemand schaut mich an und sieht meinen Schatten. Ich spüre, dass er das sehen kann und schäme mich. Ich wende meine Augen ab und hoffe, unsichtbar zu werden. Je mehr Schatten, Kränkung, Einsamkeit und Dunkelheit in mir ist, desto größer ist die Angst, darin entdeckt und abgelehnt zu werden. In der Begegnung mit meinem Gegenüber begegne ich auch dem Schatten. Meinem Schatten und dem Schatten meines Gegenübers. Und weil ich nicht abgelehnt werden möchte und auch nicht ablehnen möchte könnte ich tiefe Augenblicke und Begegnungen vermeiden. Und Hildegard sieht, dass sich das Leben dann wie eine dauernde Flucht anfühlt. Ich kenne Menschen, die sind ständig mit ihren Augen woanders, also auf der Flucht. Sie können nicht bei mir verweilen. Ein kleiner Moment, und schon sind sie wieder weg. Wir Menschen sind irgendwie Fluchtwesen. Ständig in Angst und im Bedürfnis, für mehr Sicherheit zu sorgen. Zugleich gibt es in uns das Wissen, dass wir uns damit nur etwas vormachen und uns selbst betrügen.

„Solange er nicht zulässt, dass seine Mitmenschen an seinem Innersten teilhaben, gibt es keine Geborgenheit."

Manchmal geschieht es, dass ich in die Augen eines Menschen schaue und darin reine Liebe entdecke. Dieser Mensch lässt sich von meinen Schatten und Ängsten nicht abhalten. Er bleibt einfach da und sieht in mir mehr. Und ich kann mich der Angst und der Scham stellen und spüre, dass es kein Hindernis gibt. Alles darf da sein. Vor allem die Teile in mir, dich ich lieber verstecken möchte. Aber für einen Moment wage ich es, mich anschauen zu lassen. Und dann fühlt es sich geborgen an.
Manchmal geschieht es in einer Beratung, dass ich einen Menschen anschaue und dann kommt die Trauer hoch und es gibt Tränen. Als ob sie erst kommen dürfen, wenn es für die Tränen ein Gefäß gibt. Ein Gegenüber, das halten mag und halten kann.
Wenn ich ehrlich bin, dann lass ich andere Menschen nicht so häufig teilhaben an meinem Innersten. Mein eigenes innerstes Inneres ist mir ja selber manchmal fern. Ich weiß gar nicht, dass da im Verborgenen etwas ist, was getröstet werden möchte. Aber wenn sich genug Stoff gesammelt hat, kann es ganz einfach werden. Ich denke, dass viele Menschen als kleine Kinder das Leid mit sich selber ausmachen müssen. Da gibt es keinen, der im Außen etwas wahrnimmt und Geborgenheit schenkt. Und wie schön, wenn wir als Erwachsene neue Erfahrungen machen dürfen. Dass das gesammelte Leid auch nach vielen Jahren einen erlösenden und befreienden Platz findet.

„Solange er sich fürchtet durchschaut zu werden, kann er weder sich noch andere erkennen, er wird allein sein."

Wenn da nicht immer diese Furcht wäre, die uns daran hindert, uns in den Blick zu nehmen. Hildegard glaubt sogar, dass wir in dieser Furcht weder uns selbst noch andere erkennen können. Wir bleiben taub, stumm, blind und allein. Da gibt es ja diese

schöne Geschichte von Jesus und dem Zöllner Zachäus. Zachäus kann Jesus nicht sehen, weil er klein ist. Darum steigt er auf einen Baum und dort sieht ihn Jesus. Später erfahren wir, dass es eigentlich um das innere Sehen geht. Zachäus lässt Jesus seine dunklen Seiten sehen und Jesus sieht den eigentlichen Zachäus dahinter. Den Großzügigen, Verwundeten und Geheilten.
Es könnte ganz einfach sein. Wir könnten freundlich uns selbst begegnen. Wären geborgen und weder auf der Flucht noch allein. Dazu müssten wir wieder auf unsere Seele hören. Sie weiß um eine Wirklichkeit, die unsere irdische Existenz manchmal vergisst.

„Alles ist mit allem verbunden!"

Die Seele weiß das und hat das schon immer gewusst. Aber sie hält sich im Hintergrund und drängt sich nicht auf. Sie wartet geduldig bis wir auf sie aufmerksam werden und aus unserer Illusion aufwachen. Die Illusion, dass wir mutterseelenallein wären im Weltall. Tief in uns fließt ein Strom, der alles mit allem verbindet. Unser Verstand und unser Urteil befinden sich manchmal in der wasserlosen Wüste.
Im Übergang einer neuen Lebensphase wünsche ich dir eine Zeit der inneren Einkehr. Einen Moment der Stille mit dir und deiner Seele. Welche Abenteuer hast du bestanden? Wie hast du dich weiterentwickelt? Wo warst du dir fremd und wann war es in dir heimatlich? Wovon hättest du gerne mehr und wovon weniger. Und was kannst du tun, um das zu erreichen? Was möchte deine Seele dir mit auf den Weg geben? Dein Verstand wird dir vielleicht ganz andere Antworten geben. Mehr Bewegung, weniger essen, weniger arbeiten, mehr für die Beziehungen tun. So, oder so ähnlich.
Aber was wird sich deine Seele wünschen? Was möchte sie dir mitteilen? Unterscheidet sich das von dem, was dein Verstand dir sagt. Im Seelenraum ist alles mit allem verbunden. Dort gibt

es Frieden. Du könntest dir also vornehmen, behutsamer mit dir zu werden. Als würdest du auf einen kleinen Schmetterling aufpassen. Auf das Sensible und Warmherzige in dir. Auf das, was dich in der Liebe wachsen lässt.
So wünsche ich dir viele Momente, wo du diese Erfahrung machen darfst, wenn alles mit allem verbunden ist. Einen gesegneten Weg in deinen neuen Lebensabschnitt.

8 Trennungen überwinden!

Wie schnell kann es geschehen, dass ich mich getrennt fühle. Dazu reicht schon ein kleiner Anlass mit großen Auswirkungen. Ich stehe zum Beispiel am Morgen auf und möchte mit dem Fahrrad zum Bahnhof fahren. Mein Hinterrad ist platt und ich kann nicht fahren. Und schon gibt es „trennende" Gedankenketten. Ich mag mein Fahrrad eh nicht mehr, weil es alt ist und schwerfällig läuft. Ich verliere Zeit und muss nun ganz schnell laufen wenn ich den Zug noch bekommen möchte. Ich fühle mich unwohl in meiner Kleidung, weil ich verschwitzt im Zug sitzen werde. Ich bedaure mich jetzt schon am frühen Morgen, weil ich am Ende ja auch wieder zurücklaufen muss. Dann stellt sich mehr und mehr ein Gefühl von Trennung ein.

Ich fühle mich getrennt von meinem Fahrrad, getrennt von meinem Körper, getrennt von der Tagesenergie und getrennt von einem Wohlgefühl. Zum Glück erlebe ich solche Zustände nicht jeden Tag. Aber sie passieren immer wieder und kommen in der Regel ganz plötzlich. Da gibt es ein Ereignis, ein Gefühl oder einen Gedanken und schon befinde ich mich in einem abgetrennten Zustand.

In welchen Situationen erlebst du ähnliches? Du fühlst dich wohl und dann geschieht etwas, das dich aus deiner Mitte bringt. Ein bestimmter Tonfall deines Partners. Ein Vorwurf. Ein Missgeschick. Die Erinnerung an eine Kränkung. Du kommst mehr und mehr in ein isolierendes Gefühl. Da drüben ist die Welt und hier bin ich. Dazwischen ist ein Abgrund und eine Brücke kann ich nicht wahrnehmen.

Zugleich ist das aber auch ein Teil unserer ganz normalen Wirklichkeit. Wir sind nun einmal kein Einheitsbrei. Eine große menschliche Masse von einem einzigen Körper. Wir sind nicht die Erde, aber ein Teil davon. Sobald das Bewusstsein meiner selbst in mir da ist, bemerke ich den Unterschied. Da gibt es das Gegenüber mehr oder weniger entfernt und das unterscheidet sich von mir.

Diese Feststellung hat noch keine Bewertung. Da bin zunächst einmal ich und dort gegenüber bist du. Wir sind zwei verschiedene Menschen, die unterschiedlich denken und fühlen. Du könntest auch nicht in mich hineinkriechen und fühlen wie sich meine Gefühle anfühlen. Ich kann das auch nicht bei dir. Ich kann mir vorstellen wie es sich anfühlt, wenn du dich freust. Weil ich ähnliche Gefühle kenne und vergleichen kann. Aber wie tief deine Freude ist wüsste ich nicht.
Ein Chinese könnte mir etwas von China erzählen und ich bekomme Bilder im Kopf von Häusern, Bergen und Bäumen. Meine Bilder werden aber nur ähnlich sein wie die Bilder meines chinesischen Freundes. Und meine Bilder werden sich eher fremd anfühlen und die inneren Bilder des Chinesen wie Heimat.
Sich von den Menschen und Dingen getrennt zu wissen ist also zunächst einmal natürlich. Die Welt besteht aus Milliarden von einzelnen Wesen. Ich bin nicht mein Fahrrad, wenn ich morgens losfahren möchte. Ich bin ich und ich besteige mein Fahrrad, das von mir ganz verschieden ist. Das Fahrrad lebt in der Fahrradwelt und ich in der Menschenwelt. Und zwischen uns gibt es einen Schnittpunkt wenn wir Zeit miteinander verbringen.
Aber was geschieht, wenn ich am Morgen vor meinem platten Reifen stehe? Dann löst das in mir ein Gefühl und einen Gedanken aus. Ich fühle mich unwohl. Ich spüre etwas, das sich wie Ärger anfühlt. Ich bedenke die Konsequenzen und den Zeitverlust und die Arbeit und die Kosten, die auf mich zukommen. Zwischen meinem Fahrrad und mir entwickelt sich ein Konglomerat von Fragen, Befürchtungen und Ärger. Es entsteht mehr und mehr ein Raum der Trennung. Das Fahrrad entfernt sich zwar nicht räumlich von mir, aber gedanklich und gefühlt.
Je weiter sich das Fahrrad entfernt, desto entfremdender können auch meine Impulse werden. Was habe ich falsch gemacht? Habe ich nicht aufgepasst? Bin ich über eine Glasscherbe gefahren? Habe ich mein Fahrrad nicht genug gepflegt? Bin ich vom Pech verfolgt? Womit habe ich das verdient!
Durch solche oder ähnliche Gedanken vergrößere ich die Entfernung zum Fahrrad immer mehr. Der Kreis der Entfrem-

dung wird noch größer, wenn ich das platte Fahrrad als Symbol für mein ganzes Leben sehe.
Was habe ich in den letzten Wochen alles platt gemacht? Bin ich vom Wesen her unaufmerksam oder zerstörerisch? Wo verfolgt mich das Pech denn noch? Warum muss ich immer über Glasscherben fahren? Das wird ein teures Jahr! Die anderen Menschen haben viel mehr Glück und sind bevorzugt. Womit habe ich das verdient!
Auf einmal bin ich voller Fragen, die in die tiefere Trennung führen und die Antworten, die ich erhalte, lassen mich wiederum tiefer sinken in die Traurigkeit. Das nennt man dann wohl Depression.
Vielleicht denkst du, dass das mit dem Fahrrad übertrieben ist. Du machst dir da keine Gedanken oder Gefühle zu. Du reparierst einfach und dann ist alles wieder gut. So mache ich das auch - normalerweise. Aber nicht unbedingt am frühen Morgen, wenn ich losfahren möchte.
Das Fahrrad ist auch nur ein Beispiel. Schlimmer wird es ja dann, wenn es um konkrete Menschen geht, die ich mag. Du sitzt am Sonntag mit deiner Familie am Frühstückstisch und alle wollen einen Ausflug machen. Du aber nicht. Du hast eigentlich etwas vor, worauf du dich die ganze Woche schon gefreut hast. Deine Familie strahlt dich an und möchte mit dir den Ausflug machen. Was machst du? Spürst du den Stich in deinem Herzen? Oder kannst du deine Pläne sofort über den Haufen werfen und dich mitfreuen? Oder kommen dir Trennungsgedanken wie: „Schon wieder werde ich nicht gesehen mit meinen Bedürfnissen. Eigentlich möchte ich heute lieber etwas für mich machen. Ich verderbe sowieso allen die Laune wenn ich so missmutig mitfahre."
Wenn du ehrlich bist wirst du feststellen, dass ein Tag nie so genau verläuft wie du es dir ausgedacht hast. Es kommt immer etwas dazwischen. Selten läuft es völlig reibungslos und nur zu deiner Zufriedenheit ab. Ständig ist deine Fähigkeit gefragt, spontan umzudenken. Vielleicht gehörst du zu den Menschen, die das sogar mögen und für die das kein Problem ist.

Leider bewerten wir oft die Ereignisse und machen uns das Leben dadurch schwerer als wir müssten. Außerdem befinden wir uns in einer Welt, die Trennung über alles liebt. Beim Fußball braucht es zwei Mannschaften, die gegeneinander kämpfen. Wenn du die Nachrichten anschaust hörst du nur von Skandalen, Intrigen, Verlusten und Katastrophen. Du wirst förmlich überschüttet mit Negativität. Die Welt ist korrupt und schlecht. Die Feinde lauern überall – in Russland, Syrien und in den USA. Die eigenartigen Präsidenten bekommen mehr Aufmerksamkeit als sie verdienen.
Was geschieht aber mit dir und deinem Geist, wenn du diese Negativität ungefiltert zulässt? Du wirst überschüttet mit Adrenalin und Kortisol. Lauter Hormone, die dich in einen Stresszustand versetzen. Du kommst in so eine Art Überlebensmodus. „Wie schaffe ich es, bis morgen nicht unterzugehen!“ Du kommst aus deiner Mitte und aus deinem Gleichgewicht. Du wirst anfällig für falsche Heilsversprechen, für die Werbung, die dir ein besseres Leben verspricht und für Versicherungen, die du eigentlich nicht brauchst. Du erlebst dich wie eine ängstliche Maus in einem gefährlichen Dschungel. Morgen schon bist du tot. Dir bleiben noch wenige Stunden.
Das Leben kann immer einmal wieder gefährlich werden. Ganz normal. Ich kann etwas essen, das ich nicht vertrage. Ich kann einen Verkehrsunfall haben. Ich kann arbeitslos werden oder schwer erkranken. Ich muss es mir aber nicht ständig herbeidenken. Die Welt ist voller Möglichkeiten, trennende Gefühle und Gedanken zu produzieren. Die Wirtschaft liebt das, weil sie damit ihr Geld verdient. Entweder durch Verlockungen oder durch Angst.
Sind wir Menschen also hilflos und dem Schicksal ausgeliefert? Wir befinden uns im Frieden und leben im Geiste so, als hätten wir Krieg!
Wenn wir Menschen bewusste Wesen sind, dann können wir uns entscheiden. Wir können uns dafür entscheiden, dass wir uns lieber verbinden. Ich kann in jeder noch so lebensfeindlichen Situation einen verbindenden Gedanken entwickeln oder ein

verbundenes Gefühl. Das ist auf jeden Fall heilsamer für meine Seele.

Ich kann also am Morgen vor meinem platten Fahrrad stehen und mich freuen über die vielen Fahrten mit einem heilen Reifen. Ich kann planen, wie ich es lustvoll wieder ans Laufen bekomme. Ich kann überall hin einen liebenden Gedanken schicken. Wenn mein Arbeitgeber mit mir unzufrieden ist kann ich ihm dennoch einen lichtvollen Tag wünschen. Wenn ich die innere Freiheit habe!

Dazu braucht es so etwas wie eine Grundsatzentscheidung, die ich jeden Tag erneut treffe. Egal, wie viel Trennendes ich erlebe und mir begegnet – ich entscheide mich für die Verbindung. Ich kann mich sogar mit meinem „Trennungsgefühl" verbinden. Ich spüre zum Beispiel einen inneren Ärger und habe Verständnis für mich. Es macht Sinn, ärgerlich zu sein und ich bin mit mir ganz einverstanden.

Wenn ich mich verbinde, dann sehe ich mehr die Möglichkeiten als den Mangel und die Einschränkungen. Wenn ich aber in meiner Kränkung bleibe, dann bekomme ich nichts. Ich bin gekränkt und enttäuscht und habe zusätzlich jetzt die Isolierung und Einsamkeit. Erst, wenn der andere auf mich zukommt und sein Unrecht einsieht, komme ich heraus aus meinem Schneckenhaus. Das kann ich so machen, aber währenddessen sitze ich dort in meiner einsamen Ecke und habe Trennungsgefühle.

Wie kann es uns gelingen, dass die Trennungen nicht mehr so viel Macht über uns haben? Dass wir uns nicht mehr so schnell hinreißen lassen von den negativen Einflüssen? Wenn ich mich erinnere an meine mir innewohnenden göttlichen Qualitäten, wächst die Bereitschaft, damit auch zu arbeiten. Das braucht Lust, Bewusstsein, Entscheidung und Training.

Wenn ich mein Leben als ein Geschenk betrachte dann befinde ich mich in einem Gefühl der Verbundenheit. Ich kann dieses Geschenk behüten, pflegen und es wertschätzen. Ich kann jeden Tag etwas dafür tun, dass ich den Blick dafür nicht verliere, sondern das „geschenkte Feld" vergrößere.

Die schöpferische Qualität, mit der wir Menschen das machen, nennen wir Liebe. Lieben ist also die einfachste Art und Weise, sich immer wieder zu verbinden wenn etwas Trennendes auftaucht.
Wenn ich liebe dann spürt das mein ganzer Körper. Er wird überflutet von Dopamin und Serotonin. Von den Hormonen also, aus denen der Glücksfaktor zusammengesetzt ist. Der Kern der christlichen Botschaft ist nicht eine Kirchenverfassung sondern die Frage nach dem Gelingen der Liebe. Wie sähe eine Kirche aus, die wirklich liebt? Was wäre da anders? Wie sieht dein eigenes Leben aus, wenn du ganz in der Liebe bist? Bist du es womöglich schon? Das wäre fantastisch! Auf jeden Fall wünsche ich dir noch mehr davon. Mögest du in der Liebe und im Bewusstsein der Verbundenheit reich gesegnet sein.

9 Du lichtvolles Wesen!

Ich hörte einen Kommentar im Radio: „Wir wurden alle hinters Licht geführt.“ Ich weiß nicht einmal mehr, worum es ging. Es war bestimmt etwas aus der Politik. In der Weltpolitik zeigt es sich immer wieder, dass ständig jemand etwas zu verbergen hat und andere versuchen, das Verborgene ins Licht zu zerren. Ein altes Spiel mit der Absicht: „Ich bin gut und du bist böse.“ Der Enthüllungsjournalismus lebt ja davon, den Schmutz sichtbar zu machen. Und wir reiben uns die Hände, wenn wir alle zu Zeugen werden und das Übel durch Aufdeckung aus dem Weg geräumt wird.

Manchmal möchten wir etwas verbergen, in die Dunkelheit bringen, damit es niemand mehr sehen kann. Unsichtbar für die anderen und vor allem unsichtbar für mich. Müsste ich es betrachten, dann könnte mir die Schamesröte ins Gesicht steigen. Dabei könnte das Leben doch angenehmer sein, die Schattenseiten in uns Menschen zu erlösen. Die Süchte zu kontrollieren, die negativen Eigenschaften abzumildern oder umzuwandeln. Weniger Gier und weniger Mangel. Die negativen Haltungen und Eigenschaften in der Dunkelheit reduzieren. Das kann man so machen, ist aber nicht so sehr mein Weg.

Manche Paare kommen zu mir in die Beratung und machen dem anderen Teil der Partnerschaft vor meinen Ohren nur Vorwürfe. Was alles nicht richtig ist und was richtiger sein sollte. Wie sehr das Gegenüber kränkend mit einem umgeht. Ich sehe das scharfe Schwert in der Hand und spüre den Kampf. Ich hoffe, dass nach einer Stunde noch beide leben und ihre Würde nicht komplett verloren haben. Manchmal wäre es allein schon besser, wenn es weniger Vorwürfe gäbe. Die Hälfte von den nicht ausgesprochenen Vorwürfen würde schon mal das Klima verbessern.

Die Schattenseiten existieren. Bei Politikern, bei meinem Partner, bei meiner Partnerin, bei meinen Kindern und natürlich bei mir selbst. Ich kann in meinem Schatten herumwühlen und in den Wunden meiner Mitgeschöpfe bohren. Ich kann das ans

Licht zerren, was so schmutzig ist und mit dem Finger darauf zeigen um meinen Abscheu auszudrücken. Und es gibt vieles in der Welt, das wirklich nicht in Ordnung ist. Wenn ich aber zu viel im Dreck wühle, dann besteht die Gefahr, dass ich mir selbst eine seelische Hölle bereite.

In meinem Theologiestudium wohnte ich zuerst in einer WG, wo alle und jeder durch den Kakao gezogen wurde. Wie furchtbar dieser Kollege ist, wie schlimm jener Ausbilder und wie katastrophal die Kirchenoberen überhaupt. Je mehr darüber gesprochen wurde, desto mehr breitete sich in mir die Depression aus. Das war ein Klima, das mich krank gemacht hat. Das Wühlen in der Dunkelheit und im Schatten ist nicht ungefährlich und kann leicht abfärben. Wie wäre es damit, aus psychohygienischen Gründen weniger im Schmutz zu wühlen?

Die von mir sehr geschätzte Sozialarbeiterin und Therapeutin Virginia Satir hat mit Familien gearbeitet, die sehr vorwurfsvoll miteinander umgehen. Sie hat ihnen zuerst einmal empfohlen, den Blick auf das zu richten, was gut ist und rund läuft und dafür auch einmal Danke zu sagen. „Danke, dass du heute für mich den Kaffee gekocht hast. Das hat mir gefallen und gut getan!" „Schön, dass es dir gelungen ist, heute pünktlich nach Hause zu kommen." „Wie schön, dass du in der Schule aufgepasst hast und dich jetzt an deine Hausaufgaben erinnerst." Durch die Sammlung und das Aussprechen der Aufmerksamkeiten wächst ein positives Lichtfeld. Die Menschen, mit denen ich zusammenlebe sind keine Feinde. Sie sind zunächst einmal wunderbare Freunde.

Der Blick auf das soziale Wesen an meiner Seite erinnert mich daran, dass ich zum Glück nicht allein auf dieser Welt bin. Da ist jemand an meiner Seite. Das darf ich mir bewusst machen und genießen.

Viele Menschen an meiner Seite sind wirklich wunderbare Lieblingsmenschen. Ich besitze nicht nur eine einzige arme Rose, von der ich abhängig bin. Ich bin eingebettet in einen Strauß voller bunter Blumen. Vielfältiger als die größte Blumenwiese. Ich muss nur an einen bestimmten Menschen denken, dann

entfaltet sich in meinem Herzen ein köstlicher Duft von Nähe und Vertrauen. Ich darf ins Licht stellen, was lichtvoll ist. Ich kann diesen Aspekt jeden Tag verstärken indem ich es sehe, würdige, darüber spreche, es vermehre.
Ich möchte mich und dich gerne jeden Tag daran erinnern. Dass du liebe Leserin und lieber Leser ein wunderbar lichtvolles Wesen bist. Du bist ein göttliches Universum voller Liebe und Wahrheit. Wenn es dich nicht gäbe, wäre die Welt ärmer. Aber die Welt ist reich für mich, weil du da bist. Du bist nicht nur eine oder einer von Vielen. Du gehörst zum Großen und Ganzen der Schöpfung dazu. Du magst dich vielleicht nur als kleines Wesen sehen, aber du bist ein unendlich wichtiger Teil davon.
Ich kann wenn es sein muss die Fehler verringern, die Schattenräume kleiner machen und auf Hass und Entwürdigung verzichten. Oder ich kann die Liebe vermehren.
Wie nimmst du dich selber wahr und wie geht es dir damit, wenn ich dich so anspreche. Kannst du das glauben? Dass du ein äußerst liebenswürdiger Mensch bist? Fallen dir bei dir selbst die vielen wunderbaren Seiten ein, die das bestätigen? Oder denkst du eher: „Wenn du wüsstest wer ich wirklich bin oder wer ich sonst sein könnte – dann würdest du dich von mir abwenden. Ich kann mich ja selber nicht einmal vor dem Spiegel ertragen."
Ich denke, es ist leichter, zu verzichten, weniger zu streiten oder zu meckern. Aber es ist für viele Menschen schwer, ganz im Licht zu stehen und sehr liebevoll mit sich zu sein. Obwohl ich das so deutlich sage und für so wichtig finde erlebe ich mich darin auch immer noch als Übenden.
Es beginnt ja schon damit, dass ich mich bei den Gedanken ertappe, von etwas weniger zu machen. Ich möchte zum Beispiel weniger kritisieren. Leider ist der Tag so lang und mir passieren so viele Dinge und es gibt so viele Begegnungen, dass sich ein Haufen Kritik ansammelt. Die Kartoffeln waren einen Augenblick zu lange im Wasser. Ein Autofahrer hat beim Überholen nicht genug Abstand gehalten und mich auf dem Fahrrad gefährdet. Die Verkäuferin hat mich nicht angeschaut bei der Rückgabe des Wechselgeldes. Die Kollegin ist an mein-

em Büro vorbeigegangen und hat sich nicht verabschiedet. Im Wohnzimmer ist es ein wenig zu kühl. An einem Tag kann es eine lange Liste geben von Dingen, die nicht in Ordnung sind. Dabei ist es egal, ob die anderen etwas falsch machen oder ich selber mich falsch fühle.

Auch, wenn die anderen schuldig an meinem Unwohlsein sind und ich alles richtig gemacht habe gibt es dieses Unwohlsein. Es taucht auf, weil ich so viele Kritikgedanken im Laufe des Tages in mir gesammelt habe. Die Kritikgedanken in mir erschaffen ein schädliches Klima. Wenn ich fürsorglich mit mir umgehe, werde ich etwas dazu beitragen, dass das Lebensklima freundlicher wird.

In einer Stadt wird darüber gestritten, ob das alte Rathaus abgerissen oder saniert werden soll. Da haben sich echte Fronten aufgetan. Feindbilder sind entstanden. Unversöhnliche Ansichten stehen sich gegenüber. Kann aus so einem Konfliktpaket etwas entstehen, wo alle Einwohner einverstanden sind? Ist es noch möglich, dem „Gegner" wohlwollend zu begegnen. Dass beide Gruppen einen Teil von Wahrheit erkannt haben? Manchmal ist es so, dass die Einen sich als „lichtvoll" erleben und die anderen „dämonisch". Schon entsteht eine Polarität, die entzweit und trennt. Wer hat Recht, wer ist machtvoller und wer kann sich durchsetzen?

Die Kirche macht es nicht anders. Da gibt es einen synodalen Weg und die Frage, wer geweiht werden darf und wer ausgeschlossen wird. Die eine Gruppe der Bischöfe fürchtet um den Verlust der katholischen Identität und die anderen darum, unterzugehen, wenn sich nichts ändert. Was wird aus dieser Atmosphäre entstehen? Wer ist im Licht und wen stecke ich in die dunkle Ecke?

Wie sähe eine Antwort in Richtung Rathaus, synodaler Weg oder deinem eigenen inneren Dilemma aus, wenn ich andere Fragen stelle: Wie kannst du angesichts dieser Situation noch liebevoll sein? Wie kannst du das Wohl aller vermehren? Was kann ich für dich tun und was du für mich? Wie könnten wir beide dazu beitragen, dass das Leben liebenswerter ist? Wenn

wir das machen würden – wie sähe dann ein Rathaus aus oder ein synodaler Weg? Gäbe es vielleicht sogar etwas völlig unerwartet Neues? Etwas, was Rathaus oder synodale Wege übersteigt? Was kann ich dazu beitragen, dass das lichtvolle Wesen in jedem Menschen besser leuchten kann? Was lässt Menschen friedvoller werden?
Wie sähe mein oder dein Leben aus, wenn es liebe- und lichtvoller wäre? Gäbe es einen Unterschied zum Jetztzustand? Könnte ich einen kleinen Schritt in die Richtung setzen, dass mehr davon entsteht? Von dem Lichtvollen? Der Wunsch und die Bewusstheit in mir sind da. Und ich kann es immer und an jedem Ort machen. Ich brauche dafür keine Voraussetzung und keine Vorbedingung. Nur den Impuls in mir und die Entscheidung, es einfach zu tun. Hallo du lichtvolles Wesen an meiner Seite und in der räumlichen Ferne! Danke, dass ich das mit dir teilen darf.

10 Stärke dein Selbst! Vom Umgang mit Krisen

Niemand geht gerne erzwungenermaßen in den Rückzug. Eine Krise bringt alles in Aufruhr und zwingt uns später zum Herunterschalten in einen niedrigeren Gang. Du hast kaum noch Möglichkeiten, dich auszudehnen und deinen Freiraum zu genießen. Deine Lust auf Abenteuer und Entdeckungsreisen kannst du nur noch im Innen oder mit deinen restlichen Ressourcen stillen.

Die Welt im Außen wird immer kleiner und rückt weiter und weiter weg von dir. Wenn du den Impuls in dir spürst nach Ausdehnen und Freiheit, dann mögen diese Gedanken für dich hilfreich sein. Wenn wir eigentlich tatkräftig die Welt erobern möchten durch unsere Beziehungen und Kreativität, oder durch unsere Lust an Kommunikation und Austausch und in krisenhaften Situationen zum Aushalten verurteilt werden dann kann sich nach der anfänglichen Unruhe so etwas ausbreiten wie Resignation, Depression und Hilflosigkeit. Wann ist es endlich vorbei? Wann finde ich wieder einen Weg ohne Einschränkungen? Wann geht das Leben weiter?

Ich denke, so ein emotionaler Zustand ist sehr beängstigend, unangenehm und zermürbend. Wenn du dann in den Seilen hängst und alle Lust am Leben verlierst wird es Zeit, irgend etwas zu verändern. Vielleicht magst du meine Gedanken und Impulse dazu hören.

Krisen kommen im Leben häufiger vor als wir denken. Nicht immer so krass, aber es geschieht schnell, dass du in einen Zustand von Hilflosigkeit gerätst. Du verlierst die Macht über dein Leben. Manchmal gibt es Situationen und Ereignisse im Außen, die ich nicht beeinflussen, geschweige denn verändern kann. Wenn mein Arbeitgeber Konkurs anmeldet dann treffen mich die Folgen. Ich habe vielleicht einen unangenehmen Arbeitskollegen, den ich ertragen muss weil er einfach nicht verschwinden wird. Jeder von uns erfährt Situationen, die einfach festliegen und angenehm oder unangenehm sind. Das

Außen lässt sich nicht gut verändern. Aber ich habe Einfluss auf mich selbst. Ich kann meine Gedanken verändern, meinen Umgang mit Gefühlen und ich habe immer einen Handlungsspielraum.
Auch wenn das Krisenereignis im Augenblick scheinbar die Macht hat möchte ich dich einladen, dass du dich auf den Thron deiner Selbstermächtigung setzt. Dort, wo du dich jetzt in diesem Augenblick befindest, ist dein Raum. Dieser Raum gehört dir und niemandem sonst. Vielleicht gelingt es dir auch, einen Kreis von einem Meter um dich herum zu ziehen und diesen Platz zusätzlich einzunehmen. Du kannst dich breit auf deinen Stuhl setzen und dir gedanklich eine Goldmedaille umhängen wo drauf steht: „Ich bin ein wunderbarer und äußerst liebenswerter Mensch." Zugleich verwandelst du deinen Stuhl mental in einen Thron und gehst in die Identität einer Königin oder eines Königs. Werde dir deiner menschlichen und königlichen Würde wieder neu bewusst und nimm dein Leben in Besitz. Dadurch kannst du dein „Selbst" stärken. Dein Selbst brauchst du, damit du kraftvoll den Weg durch jede Krise gehen kannst. Und jetzt folgen ein paar Hinweise, die alle mit dem „Selbst" zu tun haben.

Deine Selbstfürsorge

Was tut dir gut? Wie kannst du gut für deine Befindlichkeit sorgen? Gehörst du auch zu den Menschen, die zuerst die anderen glücklich machen und sich selbst dabei vergessen? Du brauchst deinen Körper und wertschätzende Gedanken. In der Krise kannst du mal gut zu deinem eigenen Körper sein. Wenn du mehr mit dir allein bist, dann bist du mehr gefragt, gut zu deinem Körper zu sein. Berühre dich liebevoll und zärtlich und gib deiner Haut mal wieder eine nährende Pflegecreme. Sprich mit ihr und mit allen inneren Körperorganen. Sag deinem Körper, wie sehr du ihn magst. Schließe die Augen und erzeuge Bilder, die in dir Wohlbefinden erzeugen. Hohe Berge oder den Blick auf das wiete Meer. Tiere, die dein Herz erwärmen und deine Seele auf-

richten können. Bereite mit Sorgfalt deine Mahlzeiten zu und verzichte auf die Konservendosen. Dein Körper mag Vitamine und Mineralien und deine Geschmacksknospen blühen auf, wenn du dir ein duftendes und köstlich gewürztes Essen zubereitest.
Erinnere dich daran, was dir sonst noch alles gut tut. Sei es das Lesen eines guten Buches oder dein Lieblingsfilm. Es geht immer darum, dass du dir deiner Bedürfnisse bewusst wirst, die Verantwortung für dich übernimmst und gut für dich sorgst.

Deine Selbstwirksamkeit

Wenn wir etwas denken, fühlen oder handeln hat es eine Auswirkung. Wenn ich mit meinen Händen einen nassen Schwamm zusammendrücke entweicht das Wasser. Darin bin ich sehr wirksam. Wenn ich Gedanken der Liebe denke entsteht in mir ein Gefühl der Verbundenheit. Ich aktiviere die Hormone Serotonin und Dopamin und beeinflusse sehr wirksam meinen Gesundheitszustand. Wenn alle Menschen nur noch pessimistisch an die Zukunft denken, dann wird es keinen lichtvollen Weg geben. Durch unsere schöpferischen und guten Gedanken erschaffen wir uns die Basis, dass daraus etwas Neues und Lebendiges wachsen kann. Solange du noch nicht gestorben bist, bist du äußerst wirksam in dem, was du denkst und tust. Habe im Inneren eine schlechte Laune und du wirst es mühelos auf deine Familie übertragen können. Du kannst dich entscheiden, welche Gedanken du denkst und was du im Praktischen machst. Alles wird eine Auswirkung haben.

Dein Selbstvertrauen

Erinnere dich daran, was du schon alles im Leben geschafft hast. Du warst in der Schule und hast gelernt und deinen Abschluss gemacht. Du hast Geld verdient und dir davon Dinge gekauft. Du lebst in Beziehungen und bist für bestimmte Menschen wichtig. Du hast bislang schon mehr als eine Krise erfolgreich überstanden. Und du wirst es nicht schaffen, bis zum Ende dieses Jahres in deiner Krise festzustecken. Du wirst vorher aufstehen und das Leben wieder anpacken weil du es gar nicht so lange im Loch aushältst. Du wirst dich dran erinnern, dass die Wahrscheinlichkeit groß ist, dass es noch wunderbare Tage für dich geben wird. Und dass du den widrigen Umständen danken darfst für den Teil, der sich zum Positiven gewendet hat bei dir. Und bei jedem Ereignis hast du nicht einfach nur abgewartet, du hast irgendetwas selbst gemacht. Du hast um Hilfe gebeten. Du bist kleine Schritte gegangen. Du hast was Neues ausprobiert. Dein Geist braucht jetzt Futter und Nahrung, damit dein Vertrauen gute Voraussetzungen zum Wachstum bekommt.

Dein Selbstbewusstsein

Die geschenkte Zeit gibt dir die Möglichkeit, dass du dich wieder mehr deiner selbst bewusst wirst. Wer bist du ohne dein altes Leben? Wer bist du ohne deine tägliche Arbeit und ohne deine Sozialkontakte? Wer bist du, wenn du nicht genug Nähe durch andere Menschen bekommst und was ist von dir übrig, wenn du nicht mehr das tun kannst, was du sonst im Alltag machst. Und was verändert sich bei dir, wenn du noch sehr lange auf dein altes Leben verzichten musst? Verzweifelst du dann? Tickst du aus? Wirst du depressiv?
Das alles kann passieren, wenn du nicht in die Akzeptanz dessen gehst, was gerade ist. Wenn alle Säulen der Identität mal für ein paar Wochen aussetzen kann aber auch etwas Interessantes geschehen. Du wirst dir deiner selbst bewusst. Auch, wenn alles wegfällt, ist noch jemand in dir da. Du kannst sagen: „Das bin ja ich. Ich erlebe das gerade.“ Da gibt es ein Ich, das gerade diese Gedanken oder Gefühle hat. Da gibt es diese innere Instanz die gerade Identitätsverluste erlebt. Da gibt es einen Teil in dir, der nicht verletzt werden kann. Der göttlich, heil und heilig ist. Dieser

Teil hat in diesen Tagen viel mehr Möglichkeiten, sicht- und spürbar zu werden.
Wenn die Krise wieder verschwindet in die Bedeutungslosigkeit wirst du mit einem anderen Bewusstsein in die Zukunft gehen. Du wirst dich mit bestimmten Dingen nicht mehr so identifizieren wie bislang. Du wirst feststellen, dass du vieles nicht mehr brauchst, was bislang so wichtig war. Und du wirst mehr das leben, was neu und besser zu dir passt. Du hast in diesen Wochen die Möglichkeiten, dein Inneres mehr zu klären. Die Instanz der Klärung bekommt stärkere Konturen. Leitfragen zur Vertiefung können sein: „Wer ist dieses Ich, dass das gerade denkt oder wünscht? Was möchte ich in der Tiefe meines Herzens und was gehört eigentlich schon länger nicht mehr zu mir? Was mache ich für überflüssige Dinge, nur um einen bestimmten Schmerz zu vermeiden? Welchen Wahrheiten könnte ich mich jetzt stellen, weil die Chancen zu Veränderungen besonders jetzt hoch sind?“
Je mehr du deine in dir wohnenden Ressourcen entdeckst und lebst, desto stimmiger wirst du mit dir selber sein. Stärke dein Selbst und werde dir bewusst, dass du an einer Quelle angeschlossen bist, die nie versiegt und die im Überfluss strömt. Deine einschränkende Situation mag im Augenblick die Macht im Außen haben, aber in deinem Inneren hast du die unzerstörbare Krone deines Lebens auf.

11 Gesegnet sein mit Worten aus Irland

Möge das Leben dich lehren dir selbst ein guter Freund zu sein. (Irischer Segensspruch)

Bist du dir selbst ein guter Freund/ eine gute Freundin? Ich kenne viele Menschen, mich eingeschlossen, die sich selber oftmals sehr kritisch betrachten. Du bist nicht klug genug, du hast diese oder jene Aufgabe nicht optimal erfüllt. Du bist keine wunderbare Ehefrau oder kein aufmerksamer Ehemann. Du fährst mit deinem Wagen zu langsam oder zu schnell. Du beachtest alle Verkehrsregeln supergenau und nahezu penetrant oder du hältst die Regeln alle nur so ungefähr ein. Du schaust dir deine Schulzeugnisse über die Jahre an und erinnerst dich an all die Fächer, in denen du besser hättest abschneiden können, wenn du nur genug geübt hättest. Dir kommen all die Tests vor Augen, die du nicht wichtig genommen hast und überlegst, wo du stehen würdest, wenn du immer die optimale Lösung gefunden hättest auf deinem Weg.

Du gehst zurück in die Vergangenheit und betrachtest deine Gegenwart. Beim Einkauf hast du das Salz vergessen. Die Kartoffeln haben heute fünf Minuten zu lange gekocht, du hast dir beim Essen ein paar Saucenspritzer auf dein frisch gewaschenes Hemd eingehandelt. Du hast dem einen nicht aufmerksam zugehört und jemand anderem bist du auf die Nerven gegangen.

Du ärgerst dich über deine Schusseligkeit und dein Unvermögen. Kannst du dir trotzdem ein guter Freund, eine gute Freundin sein? Wie oft erlebe ich es, dass ein Freund mir sein Unvermögen beichtet: „Ich habe vergessen dich anzurufen.“ „Ich muss dir doch noch dein Buch zurückgeben, das du mir geliehen hast.“ Dann antworte ich: „Ist doch nicht so schlimm!“

Kann ich mir das auch selber sagen? Ist doch nicht so schlimm? In wie viele Fallen musst du immer wieder tappen? Wie viele Dinge müssen dir noch misslingen bis du aufhörst, dich dafür zu verurteilen? Möge das Leben dich lehren, dir selbst ein guter Freund zu sein.

Möge es in deinem Leben keine verschenkten Tage geben, aber viele, die du anderen schenkst. (Irischer Segen)

Im Auto erzählte mir eine Freundin von ihrem „verschenkten“ Tag. Solche Tage kenne ich auch. Du fängst mit einer Arbeit an und kommst nicht voran trotz all der Zeit, die du investiert hast. Du rufst an und erreichst niemanden. Im Laden ist das Produkt ausgegangen, das du gesucht hast. Du machst einen Besuch und durch deine Ungeschicklichkeit reißt du dir einen Knopf vom Hemd an einer Stelle, wo es gleich auffällt. Und das alles nicht in einem Monat, sondern an einem einzigen Tag. Da bekommst du wirklich den Eindruck: Das war ein verschenkter Tag. Da hätte ein spontaner Ausflug oder ein entspannter Nachmittag im Garten mehr Sinn gemacht. Manchmal deuten wir verschenkte Tage eher als „vergeudete“ Tage.
Um „vergeudete“ Tage geht es in diesem irischen Segensspruch. Das sind Tage, zu denen du nicht innerlich „Ja!“ sagen kannst. Tage, die du anders geplant und dir anders vorgestellt hast. Da kommt schon mal das Gefühl hoch von Sinnlosigkeit und Leere.
Es gibt daneben aber auch die Erfahrung eines verschenkten Tages in dem Sinne, dass du dich entscheidest, eine bestimmte Zeit mit einem anderen Menschen zu verbringen. Du verschenkst Zeit, du bist sogar so großzügig, dass du einen ganzen Tag schenkst. Es wird dich mit Freude und Zufriedenheit erfüllen und dir helfen, ganz im Sein zu sein. Ich glaube, dass kein Tag vergeudet sein muss wenn du ihn als sinnvoll deutest. Auch wenn alles schief geht kannst du sagen: Ich habe wertvolle Er-

fahrungen gemacht! Also: „Möge es in deinem Leben keine verschenkten Tage geben, aber viele, die du anderen schenkst.

Wenn du strauchelst, weil dir die Arbeit zu schwer wird, möge die Erde tanzen, um dir das Gleichgewicht wiederzugeben. (Irischer Segensspruch)

Ich erinnere mich an meine ersten Erfahrungen mit der Telefonseelsorge. Ich saß am Telefon und war ganz aufgeregt. Hoffentlich war ich eine gute Hilfe für einen Menschen in Not. Dann kam die Katastrophe: Es rief ein Mann aus Bayern an und ich verstand kein Wort. Ich verlor den Kopf und wusste nicht, was ich sagen sollte. Ich versuchte, mir beim Hören einen Sinnzusammenhang zu erschließen. Dann traute ich mich, ihm zu sagen, dass ich ihn nicht verstehe. Daraufhin erklärte er mir sein Problem noch einmal, wieder in tiefstem Bayrisch. In meiner Not kam ich auf die Idee, ihn zu bitten, für einen Norddeutschen etwas Hochdeutscher zu reden. Da verstand er mein Problem und bemühte sich mit einem sehr akzentuierten Bayrisch. Ich verstand wieder nichts.
Während des Anrufs gingen mir tausend Gedanken durch den Kopf. Du bist nicht geeignet für die Telefonseelsorge! Was ist, wenn er sich beschwert. Du kannst mit niemandem darüber reden. Du hast Vorurteile gegen Bayern. Was ist, wenn jetzt alle Anrufer aus Dialektgegenden anrufen. Was mach ich nur! Gebe ich diese Aufgabe auf?
Ich hatte wirklich den Eindruck zu straucheln. Diese Erfahrung wird sicher der Eine oder die Andere mit mir teilen. Auch im Beruf kommt es vor, dass du dich überfordert fühlst. Irgendwann kommt es zum Blackout. Schüler kennen das von einem Test und Trainer vor einem hochwichtigen Vortrag.
Es kommt dabei zu bestimmten Körperphänomenen. Du erstarrst, du wirst steif und du hörst auf zu atmen.

Wenn du strauchelst, weil dir die Arbeit zu schwer wird, möge die Erde tanzen. Mir gefällt das Bild. Wenn ich mich versteife könnte die Erde sich bewegen, damit ich wieder in meinen Rhythmus zurückfinde.
Wenn ich mich schon nicht mehr bewegen kann, dann bewegt sich die Welt um mich herum dennoch weiter. Die Erde hat ihren eigenen Tanz, das Leben pulsiert.
Wenn ich demnächst bei einer Überforderung kopflos werde gehe ich in die Achtsamkeit. Ich spüre den Boden, der mich trägt. Ich atme tief durch und lasse mich von den Geräuschen und Stimmen der Umgebung wieder einladen, am Spiel des Lebens teilzunehmen. Die Erde ist groß genug, für ein ständiges und zuverlässiges Gleichgewicht zu sorgen.

Lehne dich zufrieden zurück, wenn du eine gelungene Arbeit vor Augen hast, aber nicht zu weit, dass du deiner Arbeit zu Füßen liegst. (Irischer Segensspruch)

Ich musste lachen als ich diesen Vers las. Ich sah mich zu Füßen meiner Arbeit liegen. Ich klopfte mir auf die Schulter und sagte zu mir: Das hast du gut gemacht! Das hast du wirklich toll hinbekommen! Dafür darfst du dir ein dickes Lob aussprechen! Ich steigerte mich so herein in das Klopfen auf die Schulter dass mich mein Lob selber umhaut.
Jetzt wache ich auf aus diesem Bild und ergründe noch einmal den Sinn dieses irischen Segensverses.
Ich gehöre eher zu den Menschen, die kritisch mit der eigenen Arbeit sind. Ich sehe oft, was ich noch besser hätte machen können und reagiere allergisch, wenn mich jemand auf meine Defizite hinweist.
Dabei weiß ich aus langjähriger Erfahrung wie wichtig ein gesundes Selbstbewusstsein und Vertrauen ist. Ich sage es mir jedes Mal neu: „Lehne dich doch zufrieden zurück. Deine Arbeit ist dir gut gelungen!“

Der irische Vers spricht von „Zufriedenheit". Sei zufrieden mit dem, was du getan hast. Sei dabei zugleich nicht überheblich. Vielleicht liegt die Wahrheit wie so oft zwischen zwei Polen. Zwischen Überheblichkeit und zerfleischender Selbstkritik gibt es viele Möglichkeiten der Anerkennung. Nutze diese Spielräume einfach mehr aus.

Das Grün der Wiesen erfreue deine Augen,
das Blau des Himmels überstrahle deinen Kummer,
die Sanftheit der kommenden Nacht
mache alle dunklen Gedanken unsichtbar. (Irischer Segen)

Wie gehst du mit Kummer und mit dunklen Gedanken um? Wo wohnen sie in deinem Körper? Spüre dem einmal nach. Vielleicht sitzt der Kummer im Herzen und die dunklen Gedanken im Kopf? Vielleicht sitzen sie da und strahlen auf deinen ganzen Körper aus. Du spürst die Schwere in den Gliedern. Du entwickelst einen Tunnelblick. Du nimmst nicht mehr wahr, was um dich herum geschieht.
Kummer und dunkle Gedanken sind wirklich schwer zu ertragen. Die dunklen Gedanken kommen oft als ein Grübeln daher. Hier eine Schleife, daraus eine neue Schleife... Du gehst von Schleife zu Schleife und... dann fängst du wieder von vorne an. Die dunklen Gedanken lieben die Worte: Hätte, Sollte, Müsste. Der Kummer liebt den tiefen Seufzer und die Ohs und Ahs.
Die bedrückende Nachricht heißt: Kummer und dunkle Gedanken gehören zum Menschsein dazu. Sei dankbar, wenn du davon nicht zu viele hast. Aber sie sind und bleiben ein Teil von dir.
Der irische Vers leugnet das auch nicht. Er schenkt dir jedoch eine Ergänzung. Wenn du schon Kummer hast, dann möge das Blau des Himmels ihn überstrahlen. Im Lichte des blauen Himmels bekommt der dunkle Kummer eine andere Färbung. Und

wenn deine Sorgen dich gefangen halten, richte deine Augen auf das Grün der Wiesen.
Dieser Aspekt ist interessant! Der irische Segen schlägt uns eine Art Farbtherapie vor. Im Grün des Lebens und im Blau der Beruhigung findet dein Kummer Trost. Am Tag mag das noch gehen. Der größte Verbündete von kummervollen Gedanken ist jedoch die Nacht. Ich kenne so viele Menschen, die sich tagsüber gut ablenken können, aber beim Einschlafen fangen die Gedanken an zu kreisen. „Die Sanftheit der kommenden Nacht mache alle dunklen Gedanken unsichtbar."
Auf den ersten Blick erscheint dir die Nacht wie ein Feind. Er verstärkt die dunklen Bilder und angsteinflößenden Gedanken. Mir gefällt es, das Bild der Nacht zu verändern. Die Nacht kann sehr sanft sein. Als Kind bist du unter die dunkle Decke gekrochen und hast dich versteckt wie in einer Höhle. Ich lege mich also schlafen und entwickle das Bild einer bergenden Höhle. Wenn dann die Gedanken kommen sage ich ihnen: „Ich kann euch nicht sehen, es ist ja dunkel! Erst morgen im Licht des neuen Tages kann ich mich wieder mit euch beschäftigen. Macht es wie ich und legt euch schlafen. Gute Nacht!"
Erinnerst du dich an die schöne Familienserie von den „Waltons"? Zum Schluss einer jeden Episode gab es einen kurzen Dialog quer durch alle Schlafzimmer. Das war ein sehr hilfreiches Ritual den Tag abzuschließen. Jeder sagt seinen letzten Gedanken und vergewissert sich, dass alle Familienmitglieder da sind. Dann lassen alle ihre Gedanken los und Stille kehrt ein. Wünsche also deinem Kummer eine gute Nacht und versprich ihm, dass du dich am nächsten Tag wieder darum kümmerst.

Mögest du bei jedem Erwachen eine Stimme hören, die zu dir spricht: Heute wird dir was Gutes widerfahren. (Irischer Segen)

Du wachst auf und dir wird bewusst, dass heute dein Geburtstag ist. Du wirst Anrufe bekommen von Menschen, die dir Glück wünschen. Du wirst in der Post schöne Karten und Briefe finden von Menschen, die an dich gedacht haben. Es wird im Laufe des Tages mehrfach an der Tür klingeln und Freunde werden dich besuchen mit einem Geschenk in der Hand und Freude in den Augen. Du wachst also auf in dem klaren Wissen: Irgendjemand denkt heute an dich und schenkt dir seine Aufmerksamkeit und Liebe. Wenn du Geburtstag hast gehst du davon aus, dass das geschehen wird.

Es ist ein ganz normaler Tag. Du hast keinen Geburtstag und nichts Besonderes liegt an. Kein Jubiläum, kein Fest, ganz normaler Alltag. Wie viele dieser Tage gibt es in deinem Leben? Tage, an denen nichts geschieht außer eben Alltag? Du wachst am Morgen auf und gehst einfach hinein in deinen Tag ohne Wünsche oder positive Erwartungen. Du stehst auf weil der Wecker klingelt und deine Arbeit dich ruft. Die Tiere wachen auch auf, wenn der Tag beginnt und gehen schlafen, wenn er endet – je nach tierischer Eigenart.

Jetzt stell dir vor, dass du am Morgen eine Stimme hörst, die zu dir spricht: „Heute wird dir was gutes widerfahren.“ Wie wirst du aufstehen? Wie stehst du auf im Unterschied zu den anderen Morgen? Was wird dieser Satz in dir auslösen? Freudige Erwartung? Ungeahnte Kraft und Energie? Frohe Beschwingtheit? Stell dir also vor, dass du diese Stimme hörst. Du wirst die Augen aufmachen, dein Herz öffnen, hinhören und aufmerksam sein. Während des Tages geht deine Aufmerksamkeit hin zu der Erfüllung dieses Versprechens: „Ah, da widerfährt mir etwas gutes!“ Du weißt ja nicht, was geschehen wird. Alles kann für dich gut sein! Der Bus, der pünktlich kommt und der freie Sitzplatz für dich! Der geschenkte Freiraum bei der Arbeit, weil

ein Termin abgesagt wurde! Das Sonderangebot in der Modeboutique oder was auch immer.
Die Stimme spricht nicht von vielleicht oder möglicherweise. Sie ist klar und präzise: „Heute wird..."
Jetzt magst du sagen: „Ich habe leider noch nie eine solche Stimme gehört am frühen Morgen." „Woher sollte diese Stimme kommen?" Ich bin schon froh, wenn ich die Augen öffnen kann und alles so einigermaßen seinen geordneten Weg geht.
Wenn du auf die Stimme von außen wartest wirst du wahrscheinlich lange warten müssen. Was hindert dich daran, selber diese Stimme zu sein? Morgen also wachst du auf und sagst dir: „So schlimm kann gar kein Tag sein, als dass da nicht zwischendurch auch einmal ein kleines Wunder geschieht. Heute entscheide ich mich dafür, alle möglichen schlimmen Ereignisse zu übersehen und mich voll und ganz auf das Wunder zu konzentrieren, das heute auf mich wartet."

12 Das kleine Glück genießen

Es gibt Momente im Leben, da weißt du gar nicht, wie dir geschieht! Da lacht dich ein geflügeltes Herz an. Die Uhr hört auf, mit ihren Einschränkungen zu drohen. Dir selber wachsen Flügel und du genießt den Duft einer Blume. Dein Leben fühlt sich leicht an, einfach nur leicht. Wie kostbar sind solche Augenblicke!

An dieser Stelle könnte ich einfach schon Schluss machen mit meinen Gedanken und dich nach draußen einladen. Werde aufmerksam für das, was jetzt gerade in diesem Augenblick geschieht. Was hörst du? Was nimmst du wahr mit deiner Nase oder deinen Augen? Sitzt du gerade bei einer Tasse Kaffee oder Tee und liest diese Zeilen? Freust du dich einfach so oder genießt du noch etwas ganz anderes.

Gedanklich bin ich bei dem Satz auf einer Postkarte hängen geblieben. „Genieße das kleine Glück. Es bleibt noch genügend Zeit, auf das ganz große zu warten!“ Warum sollte ich nur das kleine Glück genießen? Das große Glück erscheint doch sehr verlockend! Romane erzählen und leben von der ganz großen Liebe und wie sie im Laufe von vielen Seiten Wirklichkeit wird.

Das große Glück erzählt von komfortablen Eigenheimen in eleganter Wohngegend, tollen Reisen, wunderbaren Kindern und einem erfüllenden Beruf. Aber wann stellt sich dieses ganz große Glück ein? Hat es sich schon in deinem Leben erfüllt? Oder gehörst du auch zu den Wartenden?

Vielleicht gehörst du wirklich zu den ganz Glücklichen, die vor Jahren schon die große Liebe gefunden haben und die das Glück nie verlassen hat. Vielleicht schmunzelst du jetzt und kannst dieses Gefühl sofort in dir aktivieren.

Vielleicht jedoch gehörst du zu denen, die das ganz große Glück eher nur flüchtig kennen. Es ist „geflüchtet.“ Ja, du bist zufrieden mit deinem Leben. Zufrieden mit den Kindern, mit der Beziehung und dem Beruf. Du bist zufrieden mit allem, was du erreicht hast.

Ist das schon das große Glück? War's das schon? Oder sparst du nicht doch für ein großartiges „Etwas“, das du dir demnächst leisten wirst, weil das große Glück dich verlockt und einlädt. Bist du noch verführbar?

Das „ganz große Glück“ ist ein wirklich „ganz großes Thema“. Das brennt wie eine Sehnsucht in uns Menschen und kann uns ganz schön süchtig machen. Ich kenne junge Menschen, die noch voller Energie darauf ausgerichtet sind. Ich kenne ältere Menschen, die nach einem langen Weg voller Enttäuschungen einfach resignieren. Ich kenne Menschen, die ihre ganze Lebenskraft für das ganz große Glück investieren. Sie setzen darauf, dass sie eines Tages zu den „Glücksmillionären“ gehören werden. Ich will das auch gar nicht kleinreden. Wir leben schließlich alle von dieser Sehnsucht, die uns antreibt.

Der Spruch auf der Karte will mir das auch nicht ausreden. Er erweitert lediglich die Perspektive. Ich habe genug Zeit, auf das große Glück zu warten! Aber bis es kommt, kann ich die Zeit besser nutzen, als darauf zu warten.

Genieße das kleine Glück! Aber wie ist das mit dem kleinen Glück? Was passiert da eigentlich? Warum ist das so wichtig? Und wie verändert das mein Leben, wenn ich da meine Aufmerksamkeit hin lenke?

Das große Glück findet in den Gedanken statt. Ich stelle mir vor, wie mein Leben aussehen würde, wenn es denn käme. Ich wache aber immer wieder auf und sehe den Mangel. Ich sehe das, was ich nicht habe. Ich fühle mich unglücklich und unzufrieden. Ich produziere vielleicht Stresshormone und muss irgendwie mein Unglück kompensieren, ständig! Ich esse vielleicht zu viel. Ich nörgele herum. Ich sehe immer das, was nicht gelungen ist bei mir oder bei anderen. Ich trete ein in eine Spirale von Unzufriedenheit, die sich ständig erweitert und größer wird. Je länger ich auf das große Glück warten muss, desto unzufriedener fühlt sich mein ganzes Lebenssystem an.

Wenn ich mich jedoch auf das kleine Glück besinne verändere ich etwas. Ich wache am Morgen auf und atme bewusst ein paar Züge ein und aus. Ich freue mich über die geschenkte Zeit der Erholung und darüber, dass ich jetzt gleich unter die Dusche springen darf. Ganz achtsam stelle ich mich unter den Strahl der Dusche und spüre, wie das Leben in meinen Körper zurückkehrt. Ich bin gerüstet für den Tag und sage mir: „Hallo Tag! Ich bin bereit! Was hast du mit mir vor!"

Ich freue mich, dass mein Brot noch frisch ist nach einem Tag. Ich nehme den Duft von Kaffee in meine Nase auf und lausche nach draußen, welche Vögel mir ein Morgenlied singen. Ich wundere mich über die scheinbar tausend Kleinigkeiten, die meinen Alltag verschönern. Ständig gebe ich meinem Körper Impulse von Wohlbefinden. Mein Gehirn stößt Glückshormone aus und diese lassen mir Flügel wachsen. Allein durch meine Achtsamkeit für den Augenblick kann ich das beeinflussen. Die Aufmerksamkeit für das kleine Glück lässt mich jetzt leben. Nicht morgen oder übermorgen.

Wenn du auf das große Glück wartest, ohne das kleine Glück zu genießen, könntest du schlicht emotional verhungern. Mit dem Blick auf die kleinen Dinge kannst du also aktiv deinen Hormonhaushalt beeinflussen. Du verminderst die Stressaktivitäten in deinem Gehirn und wirst gelassener. Je tiefer du in dein kleines Glück eintauchst, desto weniger bist du angewiesen auf das große Glück.

Du wohnst zur Miete und wünschst dir ein eigenes Haus? Mach es dir auf deinem Sofa in der Mietwohnung bequem. Schau aus deinem Fenster und genieße den Blick in den Himmel. So anders wird über deinem eigenen Haus nicht aussehen. Genieße deinen Kaffee und wisse, dass du keine ganze Kaffeerösterei dafür benötigst.

Die Idee vom kleinen Glück hat einen zutiefst spirituellen Hintergrund. Du stellst dir Gott oft vor als den ganz Großen und ganz Anderen. Mit seiner unendlichen Schöpferqualität. Er, der in einer ganz anderen Liga spielt. Der unsere bekannten Dimensionen überschreitet und jenseits von allem Irdischen ist. Wenn du so denkst, dann entspricht das der Qualität des „großen Glückes“. Dieser Teil ist auch in dir angelegt, denn du bist Gottes Ebenbild. So ist auch dieser göttliche Aspekt in dir vorhanden.

Dieser Wunsch nach „Ewigkeit“ und „Absolutheit“ kann jedoch so mächtig werden, dass du aus deinen „irdischen Schuhen“ herausfällst. Du möchtest nicht den Schweiß, die Tränen, die Schwere, die Mühsal. Lieber gleich ab in das ewige Glücksgefühl. Auferstehung und Ostern sofort und in vollem Umfang!

Wenn du an diesem „Extrembild“ festklebst dann geht dir leider viel verloren. Du bist ein Geschöpf dieser Erde. Mit ihrer Schönheit. Mit ihrer Schlichtheit. Mit den kleinen und großen Wundern. Mit der Vielfalt. Mit der Körperlichkeit. Mit den kleinen und großen Gefühlen. Mit all den Möglichkeiten zur persönlichen Weiterentwicklung. Mit den Chancen zum Wachsen und Reifen. Mit der Erlaubnis, scheitern zu dürfen und neu anzufangen. Aber auch mit den Einschränkungen, Mängeln und mit der Fehlerhaftigkeit.

Darin liegen die vielen kleinen Glücksmomente verborgen. Wie versteckte Diamanten in einem lehmigen Acker. Und immer nur für den Augenblick. Nicht auf Vorrat. Deine Glückshormone bekommst du auch nur im Jetzt. Dein Glück von gestern ist längst vergangen und dein mögliches Glück von morgen wird sich vielleicht gar nicht oder völlig anders ereignen. Also: Viel Freude beim Genießen des kleinen Glückes!

13 Nährende Worte für deine innere Stimme!

Genießt du deine Urlaubszeit? Wunderbar! Du packst deine Koffer und fährst in eine Gegend, in der du dich gut erholen kannst. Am Strand liegen, die Weite des Meeres auf sich wirken lassen und dabei selber wieder weit werden. Berge erklimmen, über allem stehen, wieder den Überblick gewinnen und die Aussicht genießen. Im Urlaub umgibst du dich mit einer schönen Landschaft. Da kannst du deine Seele baumeln lassen und dich so richtig erholen. Du umgibst dich zusätzlich noch mit einem schönen Hotel oder einem gemütlichen Zelt oder einer kuscheligen Ferienwohnung. Und bist gerne mit Menschen zusammen, die dich mögen und die du magst. Einmal im Jahr entscheidest du dich für einen Ausflug ins Paradies.
Wenn ich kann, möchte ich gerne etwas dazu beitragen. Umgib dich zusätzlich mit nährenden Worten. Im Alltag hörst du genug verpflichtende Worte. Die innere Stimme spricht fast ununterbrochen vom „Müssen“ und „Sollen“. Diese Stimme appelliert, fordert auf, weist hin und lässt dich nur im Schlaf in Ruhe. Diese Stimme scheint dich selten zu nähren und eher auszusaugen. Und diese Stimme möchte ich gerne mit dir heute in den Blick nehmen. Die Stimme, die dich grübeln lässt. Die so unaufhörlich spricht. Die sich immer meldet, wenn du es gar nicht möchtest.
Im Urlaub möchtest du diese innere Stimme möglicherweise für ein paar Tage einfrieren und gar nicht erst mitnehmen. Leider hört sie nicht auf dich. Diese innere Stimme begleitet dich im Urlaub in den ersten Tagen mit Sätzen wie: „Das hast du leider vergessen... Du hättest noch den anrufen müssen... Das hast du noch nicht geklärt... Das muss noch warten...“ So liegst du am Strand und stehst auf dem Berg. Du willst einfach nur alles genießen. Und plötzlich mischt sich die innere Stimme ein.
Wenn du Glück hast bekommst du auch mal Ruhe. Dazu musst du weit genug vom Alltag der Vergangenheit entfernt sein und zugleich weit genug entfernt von den zukünftigen Sorgen. Willst du Ruhe haben, dann brauchst du in der Regel drei Wochen. In der ersten Woche hörst du die kritische Stimme, die nach und

nach leiser wird. Es folgt hoffentlich eine Woche Pause. Dann meldet sie sich wieder mit den Aufgaben, die auf dich warten, wenn du wieder nach Hause kommst.
Was jedoch machst du, wenn dir nur zwei Wochen zur Verfügung stehen? Oder wenn du so unglaublich gewissenhaft bist? Oder nicht abschalten kannst? Wenn du ein unverbesserlicher Perfektionist bist und gedanklich auch noch im Urlaub arbeitest? Im Urlaub verlässt du dein gewohntes Umfeld und umgibst dich mit einer alternativen Landschaft und einer unbekannten Wohnung. Du gönnst deinem Körper neue Eindrücke und Erholung vom Stress des Alltags. Das geschieht irgendwie automatisch. Andere Landschaft, verändertes Gefühl. Aber was machst du mit deinen Gedanken und vor allem mit der inneren Stimme? Du steigst in dein Auto ein und nimmst sie einfach mit. Ansonsten hast du alles geplant! Kleidung, Getränke und Pausenbrote! Geld und Papiere.
Nur für deine innere Stimme hast du nicht vorgesorgt. Du hast sie vergessen. Aber die innere Stimme lässt sich nicht einfach abstellen. Sie legt sich nicht in dein Bett und wartet, bis du wiederkommst! Sie schreit nicht: „Hurra!“ „Ich bekomme eine Pause von meinem Menschen.“ Sie setzt sich mit ins Auto und fängt nach wenigen Momenten schon an zu nörgeln. „Hast du wirklich alle Blumen gegossen?“ „Die Butter im Kühlschrank wird ranzig sein, wenn du wiederkommst.“ „Wie weit das Ziel auch wieder ist!“ „Du bist viel zu spät losgefahren! Oder zu früh!“ Du kannst dich auf diese innere Stimme verlassen, dass sie sich meldet.
Du hast in deinem Leben bisher etwas total Wichtiges einfach nicht im Blick gehabt. Du hast vergessen, gut für diese innere Stimme zu sorgen. Damit ist jetzt Schluss! Du hast es erkannt! Deine innere Stimme, die ewig nörgelt, braucht auch Urlaub. Sie möchte auch mal etwas zur Entspannung.
Schenke dieser inneren Stimme doch in deinem Urlaub nährende Worte. Schenk ihr Worte, mit denen sie sich beschäftigen kann. Deinen Kindern gibst du ja auch Spielzeug, damit die Fahrzeit verkürzt wird. Warum also nicht nährende Worte für

deine innere Stimme. Du könntest schöne Worte auf kleine Selbstklebezettel schreiben und im Auto verteilen oder zwischen deine Wäsche oder deinen Geldscheinen. Ich mach mal ein paar Vorschläge und du kannst sie ergänzen oder andere finden. „Goldstück, Schatzkästchen, Liebling, Wunderstimmchen, Gedankenvorrat, Sonnenscheinchen, Begleiterlein..." Mit diesen oder ähnlichen Worten könntest du deiner inneren Stimme schmeicheln. Du kannst ihr aber auch neue Worte schenken, damit sie etwas zu tun hat. Ich weiß nicht, ob ich diese jetzt schon aufschreiben soll. Es könnte sein, dass deine Stimme sofort schon wieder anfängt zu arbeiten. Die ist nämlich so veranlagt.
Du könntest ihr die Wörter des Jahres 2015 sagen. Aber die finde ich nicht so verheißungsvoll für einen Urlaub. Oder was meinst du zu „Flüchtlinge", „Grexit" oder „Flexitarier"? Klingt nicht wie Urlaub, oder?
Die Unwörter der letzten Jahre möchte ich gar nicht erst benennen. Die sind für den Alltag schon unerträglich. Es müssten eher Worte sein, die deine innere Stimme noch nicht kennt. Worte, die zugleich ein Wohlbefinden auslösen, wenn die innere Stimme es hört. Du könntest deinen Lieblingsmenschen damit beauftragen, dir immer wieder einmal nette Worte zu sagen. Ganz überraschend. Einfach so! Mal im Auto oder mal im Supermarkt. So ein Satz wie: „Ich bin gerne mit dir hier zusammen." „Du hast so strahlende Augen." „Ach wie gut du duftest."
Ich mache mal ein Beispiel. Du grübelst vielleicht gerade. Sehr typisch, kommt immer wieder vor. Deine innere Stimme macht dir einen Vorwurf. Dann hörst du plötzlich die Worte deines Lieblingsmenschen im Ohr und deine innere Stimme schweigt. Sie ist überrascht. Damit hat sie nicht gerechnet. Sie ist schachmatt gesetzt. Du könntest für deinen Lieblingsmenschen dir auch solche Sätze überlegen. Auch der hat eine innere Stimme, die ihn plagt.
Du würdest dich im Urlaub mit lauter nährenden Sätzen umgeben. Du lässt sie dir schenken und du verschenkst sie. Deine

innere Stimme wird sich ganz schön wundern. Es kann sein, dass sie das am Anfang nur schwer ertragen kann. Sie ist diese kritischen und selbstzerstörerischen Gedanken so gewohnt. So gewohnt! Da hörst du auf einmal in deinem Brüten so einen Flüstersatz im Ohr: „Schön, dass ich mit dir hier sein darf! Ich freue mich so!“ Das wird dich umhauen. Von jetzt auf gleich. Ein echtes Urlaubserlebnis für deine innere Stimme.
Jetzt in diesem Augenblick hört sie übrigens zu. Ist dir das bewusst? Ich weiß nicht, ob es ihr angenehm oder eher unangenehm ist. Ich könnte jetzt doch mal einfach mit ihr sprechen. Du, liebe Leserin und lieber Leser, tritt doch mal einen Schritt zurück und werde zum Zuschauer und zur Zuhörerin. Ich spreche jetzt mal mit deiner inneren Stimme.
„Hallo du innere Stimme. Ich kenne dich ziemlich gut. Du bist bestimmt so ähnlich wie meine in mir. Du passt immer so gut auf deinen Menschen auf. Dass der keinen Fehler macht. Dass niemand ihn kritisiert. Dass alles gut läuft. Im richtigen Tempo. Zur richtigen Zeit. Du vergisst nie etwas und gibst keine Ruhe, bis alles richtig ist. Du hast wirklich viel zu tun und ich bin erstaunt, wie du das durchhältst. Wie oft meldest du dich am Tag bei deinem Menschen? Hundert mal? Tausend mal? Und was du nicht alles im Blick hast! Unglaublich! Ich bewundere dich dafür! Ich könnte das nicht. Ich bräuchte immer wieder mal eine Pause.
Aber du, liebe innere Stimme, bist so unermüdlich. Immer siehst du noch etwas, was nicht in Ordnung ist. Du passt wirklich gut auf deinen Menschen auf, nicht wahr? Ohne dich wäre der schon längst gestorben. Als Folge von seiner Unaufmerksamkeit und der fehlerhaften Selbsteinschätzung oder ...
Danke schön dafür! Und ich freue mich, wenn du deine treuen Dienste weiter ausführst. Ohne dich käme dein Mensch gar nicht klar. Darf ich im Urlaub auch mal etwas für dich tun? Allerdings ... du könntest jetzt ein ganz klein wenig Pause machen und ich verwöhne dich. Würde das gehen? Oder bekämst du schnell ein schlechtes Gewissen! Das wäre dann nicht gut. Ich will ja nicht

deine Arbeit behindern. Du könntest meine „nährenden“ Worte dann gar nicht richtig genießen.
Also, liebe innere Stimme, du möchtest doch deinem Menschen dienen und für ihn da sein. Das ist deine Bestimmung. Du bist aber auch darauf angewiesen, dass du mit deinem Menschen in einer guten Verbindung lebst. Dass ihr gut miteinander auskommt. Weil ihr ja aneinander gebunden seid. Und ich glaube, dass dein Mensch sich wünscht, dass du dich mit ihm erholst – im Urlaub. Ich spreche nur von den paar Tagen am Meer oder in den Bergen. Du könntest auch mal ein paar Tage dich sammeln und wieder zu Kräften kommen. Deine Stimme würde nach dem Urlaub für deinen Menschen viel freundlicher klingen. Er würde sich nicht sofort über dich ärgern, wenn er deine Stimme wieder hört. Er würde dir dankbar sein, dass du einfach da bist. Du könntest in deinem Urlaub doch auch mal neue Gedanken sammeln. Dich mit Worten umgeben, die dir gut tun. Wie wäre es? Ich lade dich ein! Wie wäre es, wenn du im Urlaub deine terrapeutischen Qualitäten entdecken würdest. Du fragst dich jetzt, was das ist? Ein Terrapeut? „Terra“ kommt von Erde und deine Erde ist der Mensch, in dem du lebst. Als Terrapeut würdest du im Urlaub darauf achten, dass es deinem Menschen mit dir gut geht. Das hat was mit „Gönnen“ zu tun. Mit Wohlwollen! Mit Freundlichkeit! Also mit Terrapie!
Danke, dass du mir zugehört hast. Ich wünsche dir neue und schöne Urlaubserlebnisse mit Worten, die dich wirklich nähren. Lass es dir gut gehen.“
Danke auch dir, liebe Leserin, lieber Leser, dass ich mal mit deiner inneren Stimme sprechen durfte. Es kann sein, dass du die Qualität deines Urlaubes auf diesem Weg noch ein wenig verbessern kannst. Entweder bestimmt deine innere Stimme dein Leben oder du gestaltest sie nach deinen Vorstellungen und Vorgaben? Wenn du gestalten willst, dann musst du einen Schritt aus dir heraus zurücktreten. Wie gerade eben als ich mit deiner inneren Stimme sprach. Sonst bist du zu nah an dir dran und die innere Stimme bekommt zu viel Macht. Du bewegst dich in ihrem Sog. Aber einen Schritt zurück und es kann sich ganz

gut anfühlen. Dann sitzt du z.B. mit deiner inneren Stimme gemeinsam im Auto. Diese sagt wie gewohnt: „Hast du auch die Blume im Bad gegossen?" Und du antwortest nicht mit einem Schrecken oder einem schlechten Gewissen. Du sagst vielleicht eher: „Danke für deinen Hinweis. Und jetzt darfst du es dir auch bequem machen und tief durchatmen. Zur Abwechslung pass ich mal auf dich auf."

In diesem Sinne wünsche ich dir eine erholsame Zeit mit vielen nährenden Worten.

14 Ich packe meinen Koffer und nehme ... mit

Erinnerst du dich noch an das Spiel vom Kofferpacken aus Kindertagen. „Ich packe meinen Koffer und nehme ...“ Dabei geht es darum, einen Gegenstand für die Reise zu benennen. Die nachfolgenden Spieler wiederholen das Wort und fügen ein neues hinzu. Wer sich verhaspelt oder etwas vergisst scheidet aus.

Das Spiel erinnert mich an Urlaubsvorbereitungen. Was muss ich mitnehmen. Welcher Koffer ist für mich geeignet von der Größe und von den Transportmöglichkeiten. Schieben, rollen, tragen! Am Kofferpacken kleben viele Themen. Was sagt so ein Koffer über mein Leben aus? Über meinen Charakter? Über meine Ängste und Stärken?

Im Internet lese ich den Artikel der Psychologin Honey Langcaster-James, die verschiedene „Kofferpack – Typen“ unterscheidet. Es gibt den Minimalisten, den Planer, die Diva, den Pfadfinder, den Lastminute und den Kontrolleur. Die Namensbezeichnungen drücken schon aus, was gemeint ist. Wo ordnest du dich am ehesten ein? Beschränkst du dich beim Reisen oder bist du für jede Situation gerüstet? Machst du dir Sorgen ums Überleben und nimmst auf jeden Fall irgendeine Notfallration mit? Oder geht dir das Reisen auf die Nerven und du wirfst so nebenbei ein paar Sachen in den Koffer? Es gibt auf jeden Fall Unterschiede, wie immer ich sie auch deuten mag.

Wenn ich die Wohnung mit der zweiten Haut des Menschen vergleiche, bildet der Koffer dann so etwas wie die zweite Haut des mobilen Menschen. Das merke ich besonders daran, dass es mir nicht so leicht fällt, den Koffer einfach am Schalter im Flughafen aufzugeben. Ich muss wirklich für ein paar Stunden dieses kostbare Stück „aufgeben“. Loslassen! Fremden Menschen anvertrauen! Und wehe, mein Koffer kommt nicht mit mir an! Das schmerzt! Am Urlaubsziel drängen sich die Menschen ganz nah an das Gepäckband. Hoffentlich kommt die „zweite Haut“ heil an und landet beim Besitzer. Da schaust du oft in angespannte Gesichter. Kein angenehmer Urlaubsstart!

Wenn hingegen Kinder in die Ferien fahren packen oft die Mütter. Am Ferienort angekommen weiß das Kind nicht einmal, was da drin steckt und vermisst auch nichts, wenn etwas verloren geht. Wenn es nach den Kindern geht, dann reichen die Sachen, die es gerade an hat. Ein Koffer für Anziehsachen ist eigentlich überflüssig, es reicht einer für die Spiele.
Wenn ich persönlich meinen Koffer packe, dann kommen auf jeden Fall ein paar Dinge mit, die auf keinen Fall fehlen dürfen. Meine Durchdrückkanne für den French Press Kaffee, mein Opinel-Messer, meine Creme für die Haut und Lesestoff. Was darf bei dir nicht fehlen? Wenn du deine persönlichen Notwendigkeiten einpackst, kannst du zugleich deine Abhängigkeiten feststellen. Das sind die Dinge, die du brauchst. Die du auch mit ins Grab nehmen würdest, wenn du könntest. Dabei fällt mir ein, dass ich bisher nur von den Dingen gesprochen habe, die der Körper braucht.
Hast du einmal daran gedacht, dass du auch einen Seelenkoffer packen könntest? Stell dir vor du fährst los mit deinem „Körperkoffer“ und hast nicht an deine Seele gedacht. Du denkst, dass sie schon irgendwie ankommen wird. Kofferpacken ist nicht notwendig. Welche Fragen beschäftigt denn wohl deine Seele, wenn du an deine Urlaubsreise denkst? Je besser du dich einfühlen kannst, desto entspannter wirst du reisen!
Manche Menschen wissen das instinktiv und packen Dinge in ihren Koffer, die der Körper gar nicht braucht, die eigentlich für die Seele bestimmt sind. Dazu gehören zum Beispiel Kuscheltiere und Glücksbringer.
Wenn ich an meinen „Seelenkoffer“ denke dann tauchen Fragen auf wie: Werde ich mich am Zielort wohlfühlen? Wird gut für mich gesorgt? Wird es mir an nichts fehlen? Gibt es dort nette Menschen? Werde ich mich mit den Menschen verstehen, mit denen ich reise?
Wenn mir die „Seelenfragen“ bewusst werden kann ich auch etwas konkret dafür tun. Ich erkundige mich nach den Schlafmöglichkeiten, recherchiere die Restaurants und Supermärkte. Setze mich mit der Vermieterin der Ferienwohnung in Ver-

bindung und erspüre, ob sie fürsorglich genug ist. Ich schaue mir die Fotos im Internet an, ob sich das nett und gut anfühlt. Ich inten-siviere die Freundschaft mit meinen Mitreisenden und frage die Bedürfnisse ab. So nach und nach füllt sich mein „Seelenkoffer“. Die Befürchtungen und Sorgen werden kleiner und das Vertrauen wächst.
Zwischendurch frage ich meine Seele: „Und? Alles gut? Fehlt noch was?“ Manchmal bemerke ich da noch ein leichtes Unbehagen und ich versuche zu erspüren, welches Bedürfnis dahintersteckt. Das erfordert ein wenig Zeit und Geduld. Die Seele mag es nicht, auf Kommando zu reagieren. Darum fange ich mit den Reisevorbereitungen für die Seele sehr früh an. Viel früher als mit dem „Körperkoffer“.
Was benötigt dein „Seelenkoffer“, wenn du auf die Reise gehst? Brauchst du da eher Sicherheit oder doch mehr Spontaneität und Abenteuer? Eher stille Stunden mit dir allein und Partner/in oder verstärkt Rudel-Erlebnisse? Oder übergehst du lieber deine Seelenstimme, weil sie so anspruchsvoll ist und weil du dich ihrer schämst? Es gibt nämlich Seelen, die sind sehr zaghaft und sehr bedürftig. Die trauen sich nicht hervor und ordnen sich eher der Mehrheit unter. Lieber die Bedürfnisse übergehen als schief angeschaut zu werden. Du möchtest ja schließlich niemandem den Urlaub verderben, oder?
Manche schenken dem „Körpergepäck“ unendlich viel Aufmerksamkeit und vernachlässigen die Seele dabei. Im Lukasevangelium (Kapitel 10) schickt Jesus zweiundsiebzig Menschen auf die Reise. Dabei gibt er ihnen vorher Hinweise für das Unternehmen. Keine Vorräte, keine Schuhe, kein Geld. Also ein kompletter Verzicht auf den „Körperkoffer“. Nada! Es braucht kein Gepäck denn es wird von allem reichlich da sein. Eine ganz schöne Herausforderung!
Typischerweise sorgt Jesus aber für den „Seelenkoffer“. Er geht davon aus, dass seine JüngerInnen den Frieden in sich tragen. Sie kommen mit diesem Frieden in fremde Häuser und es entsteht eine Atmosphäre von Wohlwollen, Behaglichkeit und Ankommen. Wenn der Mensch im Herzen vertraut und sich verbun-

den fühlt, wird alles gut. Wenig äußere Sicherheit und viel inneres Vertrauen - lautet sein Seelenkonzept.
Mich beschäftigt die Frage, wie ich in eine solche Haltung hineinkommen kann. Ich werde wohl immer einen materiellen Koffer mit auf die Reise nehmen, aber ich kann noch gezielter etwas mehr für meine Seele tun. Meine Einladung dazu heißt: Verlagere dein Bewusstsein in den Raum des Herzens. Was heißt das und wie geht das? Normalerweise bewegen wir uns mit unserem Bewusstsein im oberen Kopfbereich. Dort liegen das Gehirn, die Augen und die Ohren. Dort liegt auch der Schwerpunkt unserer Konzentration und Aufmerksamkeit. Quasi automatisch und naturgegeben. Sinnvoll und manchmal hinderlich. Wir sind dort räumlich sehr nah bei den Gedanken. Die Gedanken wiederum helfen uns dabei, das Leben gut zu organisieren. Das Ergebnis zeigt sich in einem perfekt gepackten Koffer und einer finanziell abgesicherten Reise.
Wir verbringen also den größten Teil des Tages in dieser oberen Region. Wenn du nun mit deiner Wahrnehmung und deiner Vorstellungskraft dich tiefer sinken lässt bis in den Raum, wo du dein Herz spürst, verändert sich etwas. Du denkst weniger und fühlst mehr. Das Herz hat eine ganz besondere Qualität und ganz intensive Kraft. Probiere es einfach einmal aus und beobachte den Unterschied. Wahrnehmung mit dem Verstand und Wahrnehmung mit dem Herzen.
Du stellst dir also deinen Urlaub einmal bildlich vor. Geh in den oberen Kopf und beobachte, welche Gedanken kommen. Wie geht es dir damit? Dann sinkst du mit deinem Bewusstsein ins Herz und beobachte wiederum, was dann an der Stelle geschieht. Wandere hin und her und lass es wirken. Und wenn du Lust hast, dann vollziehst du noch einen dritten Schritt. Lass dich tiefer sinken mit deinem Bewusstsein bis in den Bauch hinein. Wiederum wird sich etwas verändern. Du triffst dort auf ein anderes Nervensystem und bekommst wieder neue Impulse. Wundere dich nicht, wenn du auf einmal Hunger oder Durst bekommst!

Es wird ganz leicht, wenn du oben auf dem Berg stehst oder am Strand liegst. Dein Bewusstsein sinkt automatisch in dein Herz. Für einen Moment hört der Verstand auf mit seinen Gedanken. Es kehrt Stille in. Innerer Frieden. Deine Seele freut sich weil du ihr dort nahe bist. Das Müssen hört auf und das Wollen. Du verweilst in einem Zustand jenseits von Raum und Zeit.
Dann bist du so richtig im „Urlaub" angekommen. Bei deiner (ur)sprünglichen Er(laub)nis, einfach nur da sein zu dürfen ohne etwas dafür zu tun.

15 Die richtige homöopathische Dosis

Von allem, was es auf der Welt gibt kannst du sehr viel oder auch nur einen Hauch haben. Ein Hauch von Sonne, Winter, Mord, Film, Italien, Liebe, Tannenduft, Zärtlichkeit oder Zimt. Sogar das Nichts kann existieren mit einem kleinen Hauch.
Ein Hauch von Etwas ist nicht viel. Ein Hauch ist sehr wenig. Sogar weniger als wenig. Fast nichts. Aber eben nur fast nichts. Homöopathische Mittel enthalten auch nur einen Hauch von Etwas. Sogar weniger als einen Hauch. Eigentlich bleibt nur die Information übrig. Informationen in Tropfen oder Globuli.
Dabei hat es der Hauch in sich. Stell dir vor, dass es drückend heiß ist und die Sonne intensiv auf dein Haupt scheint. Nirgendwo findest du Schatten. Wie würdest du jetzt einen Hauch von Wind empfinden?
Das Gegenteil vom Hauch wäre die pralle Fülle. Mehr als genug von Etwas. Pralles Italien, fette Liebe, betörender Tannenduft, krasser Mord. Jesus würde in diesem Fall vom Leben in Fülle sprechen. Ich selber mag diese Fülle sehr. Ich sehe die Auslagen beim Bäcker und darf wählen. Ich sehe die vielen Sorten Eis und kann mich in einen Eisbecher reinsetzen. Ich muss keine Angst vor dem Mangel haben. Fülle ist das Rezept für alle, die als Kinder zu kurz gehalten wurden. Ab und zu Pommes essen bis zum Abwinken. Beim letzten Betriebsausflug waren wir in einem Flammkuchen – Restaurant mit dem Konzept: all you can eat. Eine junge Kollegin fragte mich, ob ich als Kind Hunger leiden musste. Sie hielt mich für ein Kind der Kriegsgeneration. Eine andere Kollegin erzählte voller Stolz, wie viele Flammkuchen sie beim letzten Mal mit ihrem Freund verdrücken konnte. Je mehr Flammkuchen uns gebracht wurden, desto schneller verschwand meine Lust. Es gab dann nur noch die Gier und die Befriedigung der Gier. Das Schmecken trat in den Hintergrund.
Ständig bewegen wir uns zwischen Hauch und Fülle. Ich wünsche mir die Fülle. Wenn sie da ist kann ich sie für einen Moment genießen. Aber es stellt sich irgendwann ein gewisses

Maß an Sättigung ein und dann wäre eine Pause sinnvoll und angebracht.
Eine Pause vom Essen? Eine Pause von der Liebe? Auf die Fülle verzichten? Ein Teil von mir sagt: „Lieber nicht! Das muss nicht sein. Der Krieg ist schließlich schon lange vorbei.“ Ich gehöre doch wohl zur Generation die manchmal „kriegsmäßig“ denkt.
Ich glaube dennoch, dass wir als Menschen für die totale Fülle nicht geschaffen sind. Das überfordert unser System. Zu viel von Etwas scheint für uns schädlich zu sein. Das gilt auch in der Gottesbegegnung. Die zwei Jünger auf dem Berg der Verklärung konnten das gleißende Licht kaum ertragen. Unser Geist und unsere Seele vertragen nur irdische Portionen. Nicht mehr als zwei Flammkuchen und eine homöopathische Dosis von Gott.
Wünsche dir also nicht wirklich eine vollkommene Gottesbegegnung. Sie würde dich umhauen. Du könntest sie nicht tragen. Besser nur kleine Schritte machen. Kein Sprung ins eiskalte Wasser, sondern eine langsame Gewöhnung.
Schau doch noch einmal mit mir auf die kleine Dosis. Dem Hauch von Etwas. Verlockender als du ahnst. Stell dir einmal einen Hauch von Berührung vor. Es findet kein Körperkontakt statt. Aber jemand kommt dir so nahe, dass du so gerade etwas spürst. Stell es dir jetzt vor! Gerade jetzt kommt die Hand eines Freundes, einer Freundin und möchte dich berühren. Was geschieht? Richten sich deine feinen Härchen auf? Läuft dir ein wohliger Schauer über den Rücken? Fühlt es sich warm an? Oder gehst du in Alarmstellung? Witterst du Gefahr? Bei mir reicht der Hauch einer Vorstellung aus, dass mein Körper reagiert.
Ich sehe die unglaubliche Kraft und Macht des Hauches. Der Hauch einer Chance kann mehr entfalten als die Chance selber. Der Hauch besitzt ein eigenes Potential. Wenn du hauchst, dann hat das ja mit deinem Atem zu tun. Du belebst das, was außerhalb deiner selbst ist. Du atmest ein und im Ausatmen belebst du die Welt. Du musst nicht pusten und nicht einmal kräftig ausatmen. Es reicht aus, wenn du hauchst.

Wenn du deine Kinder anbrüllst, weil sie etwas angestellt haben und du dich ärgerst, wirst du nicht weit kommen. Deine Kinder werden sehr schnell immun gegen dein Schreien. Wenn du aber deinen Ärger leise hauchst und zugleich voll körperlich fühlst kann sich daraus ein gefährlicher Sturm entfalten, der fast ohne Töne auskommt.
Erinnerst du dich an die Anfangsszene des Westerns: „Spiel mir das Lied vom Tod?“ Da geschieht minutenlang fast nichts. Ein Windrad quietscht. Eine Fliege surrt. Gesichter und langes Warten. Ein Hauch von Nichts in dem sich die Katastrophe nähert.
Der Hauch versteckt mehr als dass er etwas zeigt. Er deutet nur an. Das gilt auch für die Kleidung. Die Frau ist nicht nackt interessant, sondern in ihrem Hauch von Nichts, das sie trägt. Das Versprechen! Die Einladung! Die Verheißung! Das Spiel mit der Phantasie!
Ich möchte mit dir diese Erfahrung gerne auf die Spiritualität und den Glauben übertragen. Gott kann kein Interesse daran haben, sich in ganzer Fülle uns Menschen zu zeigen. Warum sollte er? Es gäbe kein Spiel mehr. Wir würden ihn bei zu großer Nähe irgendwann nicht mehr spüren. Wir würden uns möglicherweise langweilen. Wenn es aber nur einen Hauch von Gott gibt in dieser Welt, dann leben wir immer in der Nähe einer Explosion, die sich nie ereignet aber die stets verspricht, gleich zu kommen. Du hast keine Chance, in diesem Leben die Fülle Gottes zu erfahren. Wenn du aber bereit bist, dich auf seinen Hauch einzulassen, wirst du Wunder erleben. Ein Hauch von Rosenduft erscheint dir wie fast nichts aber dennoch sehr betörend. Ein Hauch von Gott wäre für deine irdische Existenz mehr als genug. Es sei denn du bist bereit zu sterben.
Stell dir vor, dass Gott in dieser Schöpfung und in deinem Leben millionenfachen Hauch ausgebreitet hat. Milliardenfache vibrieren-de Impulse, die von seiner Anwesenheit Zeugnis geben. Von dieser Fülle an Hauchimpulsen kannst du dich betören lassen!
Zugleich jedoch kannst du ihn komplett ignorieren. Du kannst sagen: „Ich spüre nichts! Ich sehe nichts! Ich höre nichts! Da ist

nichts!“ Zwei Menschen im gleichen Universum atmen den gleichen Hauch ein. Der eine wirkt auf dich wie im Rausch, der andere spürt nichts. Was macht der Mensch anders, der dem Hauch auf der Spur ist und ihm erliegt? Was unterscheidet ihn vom abgestumpften Trampel? Wer den Hauch von Etwas bemerkt erinnert sich zurück an den Anfang der Schöpfung. Er nimmt das wahr, was er immer schon kannte. Er riecht die Rose und erkennt den Duft wieder. Ein Hauch reicht!

Ich nehme Gott wahr, weil ich aus seiner Quelle komme und von seiner Art bin. Wenn ich mich erinnere kann ich ihn wahrnehmen. Ich erkenne ihn wieder von früher. Von der Zeit, als er und ich noch Eins waren. Und obwohl ich so weit entfernt von ihm bin, reicht der Hauch aus. Er ist mehr als genug. Der Hauch ist zugleich die Fülle!

Jesus war vertraut mit den Auswirkungen des „Hauch-Prinzips“. Er hauchte die Jünger nach der Auferstehung an mit den Worten: „Empfangt den Heiligen Geist.“ Die Bibel erzählt immer wieder davon, wie Gott sich dem Menschen eher behutsam und vorsichtig nähert im Wissen um seine umwerfende und kaum zu ertragende Präsenz. Weil wir seine Ebenbilder sind tragen auch wir dieses Prinzip in uns. Beobachte einmal die Kraft und Auswirkung deiner Gedanken. Nimm wahr was geschieht, wenn du dich mit deinem Körper einer anderen Person näherst. Spüre in den Raum deines Herzens hinein und nimm dort aus auf, was gerade in deiner Umgebung geschieht. Du wirst staunen, was dein „Hauch“ bewirkt und ausmacht.

Vertrau auf die homöopathischen Dosen im Leben und koste den Hauch aus. Ist dir schon einmal aufgefallen, dass der Hauch sich im Staunen offenbart? Im Staunen öffnest du deinen Mund und atmest hörbar aus. Darin wirst du zum Schöpfer und zur Schöpferin.

16 Der Schatzhüter und dein innerer Schatz

Der Held eines Märchens macht sich auf den Weg, um einen Schatz zu finden. Nach der Bewältigung zahlreicher Aufgaben stößt er irgendwann auf den Schatzhüter. Außermenschliche Wesenheiten wie Drachen, Zwerge, Gnome oder Feen sind in der Regel für diese Aufgabe zuständig. Sie halten die kostbaren Dinge zusammen und passen auf, dass kein Unberechtigter sich diese Schätze aneignet.

Welche Qualitäten braucht ein Schatzhüter? Nun, er kennt sich bestimmt aus mit den menschlichen Schwächen wie Gier und Neid. Er ist mutig und stellt sich entschlossen jedem Eindringling entgegen. Auch sein Leben setzt er dabei aufs Spiel. Er weiß um die Qualität und Bedeutung seines Schatzes und kennt hoffentlich jedes noch so kleine Teil. Er weiß von zahlreichen Sicherungstechniken und ist immer wachsam.

So weit zum Schatzhüter im Märchen und jetzt zu dir und mir. Auch du trägst einen Schatz in dir. Du bist so kostbar und wertvoll. Du bist so liebenswert! So einmalig! Kannst du vor dem Spiegel stehen und dich anschauen und alle Qualitäten sehen, die in dir schlummern? Oder findest du das peinlich? Du siehst eher deine Defizite? Die Körperteile, die du nicht magst? Du denkst oft, dass du etwas nicht richtig gemacht hast? Es hat nicht ausgereicht?

Manchmal bewegst du dich im Bewertungsmaßstab der Schulnoten von befriedigend über ausreichend bis mangelhaft und ungenügend. Leider sind wir von diesem Notensystem sehr geprägt. Solche Noten findest du nie: hervorragend, super, toll, klasse, außerirdisch. Da fehlt außerdem ein Satz, der vor und über allen Bewertungssätzen steht. „Bevor ich dir eine Note gebe sage ich dir, dass ich dich liebe! Und das ist mir wichtiger als jede Bewertung.“ Stell dir doch einmal vor, dass als erster Satz auf jedem deiner Schulzeugnisse stehen würde: „Du bist ein wertvoller Schatz unserer Schulgemeinschaft. Wir freuen uns, dass du da bist und wünschen uns, dass du dich hier bei uns wohlfühlst. Was wir dafür tun können, wollen wir dir gerne anbieten. Und wenn du etwas vermisst, dann sprich uns gerne an. Es ist uns eine Ehre, dass du diese Schule ausgewählt hast.“

Stell dir vor, dass du einen solchen Satz auf deinem Zeugnis lesen würdest. Welche Bedeutung hätten dann noch die klassischen Noten? So sehen unsere Zeugnisse leider bis heute noch nicht aus. Dein Leben wurde geprägt von Noten sehr gut bis ungenügend - ohne den wertschätzenden Vorsatz.

Im Wort Wertschätzung verbergen sich „Wert“ und „Schatz“. Kannst du dich selber gut wertschätzen? Wenn ja, dann bist du in deiner Kindheit gut genährt worden oder du hast dich prächtig entwickelt trotz schlechter Noten. Herzlichen Glückwunsch!

Vielleicht gehst du aber eher kritisch mit dir um. Ständig finden in dir Gerichtsverhandlungen statt mit dem Urteil: „Schuldig!“ Ich lade dich ein, dass du dich von diesem selbstzerstörerischen Spiel verabschiedest. Es hat genug Schaden angerichtet. Und es ist ungesund für Körper, Geist und Seele und hilft dir nicht bei deiner Weiterentwicklung.

Ich lade dich ein, dass du jetzt einmal Kontakt aufnimmst mit deinem Schatzhüter, deiner Schatzhüterin in dir. In dir gibt es eine Instanz, die genau weiß, worin deine Qualitäten bestehen. Sie passt auf dich auf, dass dich niemand kränkt oder verletzt. Sie verhindert aber auch manchmal, dass du auf deine Schätze zugreifen kannst. Du brauchst eine gute Verbindung zu ihr, damit du nicht ständig vor verschlossenen Türen stehst.

Bist du schon mal einem Schatzmeister oder Kassierer in einem Verein begegnet oder sogar selber einer gewesen? Wie gehen diese mit dem Geld um? Verteilen sie großzügig den Bestand bis nichts mehr da ist? Oder halten sie alles zusammen und feilschen um jeden Euro, den sie herausrücken sollen?

Ihr Job besteht darin, das Eigentum eines Vereins zu verwalten und zu beschützen. Aufpassen, dass nichts einfach so wegkommt. Nicht ohne Erlaubnis, ohne Sinn oder ohne Erklärung. Dabei kann ein Schatzmeister übertreiben in die eine oder andere Richtung. Er muss ja schließlich am Ende der Periode dafür Rechenschaft ablegen.

In dir gibt es auch so einen Schatzhüter, einen Schatzmeister, der aufpasst und abwägt. Ich möchte dir empfehlen, dass du dich mit ihm gut stellst. Wenn er dich mag, dann kann er sehr großzügig sein. In den Märchen werden Schatzhüter manchmal mit Brot oder Schmeicheleien gefüttert, damit sie ihre Achtsamkeit verlieren. Ein Schatzhüter kann zum Türöffner werden, wenn du ihn freundlich behandelst. Du möchtest ja schließlich einen Zugang erhalten zu deinen inneren Schätzen, oder?

Hast du schon einmal Kontakt zu dieser inneren Instanz aufgenommen? Ist sie bei dir männlich oder weiblich? Wo wohnt sie in deinem Körper und wie fühlt sie sich an? Was mag sie und was mag sie überhaupt nicht? Mit welchen Sätzen und Angeboten könntest du einen Zugang finden? Wirst du einen Drachen treffen oder doch eher einen Gnom oder eine gute Fee?

Wenn du dich vor einen Spiegel stellst, dich anschaust und dich so überhaupt nicht magst, dann macht dein Hüter einen tollen Job. Er hält dich fern von allen inneren Schätzen der Wertschätzung deiner selbst. Möchtest du, dass es so bleibt, oder hättest du lieber eine kleine Änderung? Wenn du magst, dann spreche ich jetzt mal mit ihm.

„Hallo Schatzhüter von (hier setzt du deinen Namen ein). Du machst einen tollen Job. Danke, dass du so gut auf alle diese Schätze im Inneren deines Menschleins aufpasst. So kann nichts verlorengehen. Und du bist ein wundervolles Wesen. Wie lange schon achtest du darauf, dass nichts passiert, was deinem Menschlein schaden könnte. Ohne dich wäre es da drinnen bestimmt ganz leer. Du bist ja schließlich extra gekommen, weil dein Menschlein oft beschimpft wurde mit solchen oder ähnlichen Sätzen wie: ‚Sei vorsichtig! Mach das richtig! Kannst du nicht aufpassen!' Solche Kränkungen kann auf die Dauer niemand ertragen. Da ist es besser, die innere Tür sicher zu verschließen.

Lieber Schatzhüter von ... Jetzt ist dein Menschlein im Laufe der Jahre ein erwachsener Mensch geworden. Kannst du wahrnehmen, wie er vor dem Spiegel steht und ständig Zweifel an sich hat und sich in Frage stellt? ‚Bin ich in Ordnung, so wie ich bin? Muss ich etwas verändern?' Wenn du dann immer die Tür zum Schatz zuhältst kann dein Mensch wirklich verzweifeln. Er glaubt tatsächlich, dass da gar nichts vorhanden ist. Nur, weil du deinen Job so gut machst, fühlt sich dein Mensch irgendwie klein und unbedeutend. Ich möchte dich einladen, die Tür einfach mal zu öffnen. Schau, wie dein Mensch sich auf einmal freut, wenn er die vielen Schätze sieht. Hol doch mal die eine oder andere Kostbarkeit heraus!"

Und jetzt möchte ich dich einladen lieber Lesemensch, dass du die Stimme deines inneren Schatzes hörst. „Hallo du ...! Du ... bist so kostbar und wertvoll. Wie schön, dass du da bist auf dieser Welt. Du ... bist mein Baby und mein Engel. Ich bin so gerne mit dir zusammen. In deiner Nähe fühle ich mich frei und geborgen zugleich. So lange wollte ich dir das schon sagen, aber der Schatzhüter hat mich nicht gelassen. Er dachte, es sei besser, die Türe zu schließen, damit eine eventuelle Verurteilung oder Bewertung nicht so weh tut. Leider hat er damit auch verhindert, dass ich dir Liebe schenken konnte. Aber jetzt darf ich ein wenig nachholen und nachnähren. Siehst du, wie der Schatzhüter staunt! Siehst du, wie er sich mit dir freut? Er darf mal Pause machen von seinem anstrengenden Job. Du bist ja auch inzwischen erwachsen. Du kannst es verkraften, wenn dich mal jemand nicht so liebevoll ansieht. Was hältst du davon, diesen Kanal offener zu halten? Das würde mich freuen. Ich hätte es viel leichter und ich könnte dir immer wieder etwas Nettes ins Ohr flüstern. Dein Schatzhüter könnte mich dabei unterstützen. Vielleicht als Übersetzer? Oder Postbote? Du könntest dir dann sagen, wie gerne du dich selber hast. Ist das ungewöhnlich? Neu für dich? Genieße es einfach! Du mein Baby und mein Schatz und mein Engel. Schön, dass ich bei dir sein darf!"

Wenn du Zugang bekommst zu deinen inneren Schätzen, kannst du mit deinem Schatzhüter besprechen, wie er seine Aufgabe verändern kann. Eigentlich geht es mir ja um den Schatz in dir und nicht um den Hüter. So ist das auch in den Märchen. Am Ende soll der Schatz gehoben werden. Aber der Weg dahin führt über den Schatzhüter. Eigentlich bist du ja selber dieser Schatz in dir. Du kannst zu diesem Anteil sprechen und dieser Anteil kann zugleich mit dir reden. Oder du sprichst einfach mit dir selbst.

So nebenbei fällt mir ein, dass die Natur auch den Schatzhüter kennt. Die Kastanie wird beschützt durch einen stacheligen Mantel. Die Erbsen haben ihre Schoten und die Nüsse ihre Schale. Das Innere will behütet sein. Zugleich liegt es als Geschenk für dich bereit. Du musst nur den Schatzhüter beachten und es auspacken.

Jesus sagt im Thomasevangelium: „Das Reich Gottes ist inwendig in euch.“ In dir gibt es also eine ganze Welt voller Liebe und Wertschätzung. Ich wünsche mir, dass du diesen Schatz entdeckst und für dein Leben nutzt. Als kleines Baby hast du diese Wahrheit noch wie selbstverständlich verkörpert aber durch die abweisenden Erlebnisse in der Kindheit verloren. Als erwachsener Mensch darfst du nun diese wunderbare Wahrheit wieder entdecken.

17 Spiele dein Leben und lebe dein Spiel

Als Mensch bist du ein soziales Wesen. Du lebst in einem Familienverband, einer Nachbarschaft, einer Stadt. Du bist vielleicht Mitglied in einem Verein oder in einer Gruppe. Du lädst ein zu Festen und Feiern und gehst unter die Menschen.

Als kleines Kind hast du die ernsten Seiten im Leben noch nicht so wahrgenommen. Du hast gespielt. In der Familie, auf der Straße und im Kindergarten. Im Spielen hast du dich ins Leben eingeübt. Deinen Stress damit abgebaut, deine emotionale Intelligenz gesteigert oder Krisen bewältigt. Und in dieser Phase hast du deine Persönlichkeit herausgebildet. Du hast mit anderen Kindern wahrscheinlich nicht einfach nur so gespielt, sondern du hast in der Regel gerne eine ganz bestimmte Rolle eingenommen. Und eine dieser Rollen spielst du auch noch heute. Ich möchte dich einladen doch einmal zu schauen, wie dein Weg vom Sandkasten bis heute verlaufen ist.

Der amerikanische Begründer des Institutes für Spielen Stuart Brown unterscheidet 8 Spieltypen. Du wirst feststellen, dass du wahrscheinlich nicht nur einem einzigen Typ entsprichst, sondern mehrere in dir vereinigst. Vielleicht wird dir bei der Beschäftigung damit auch klar, warum du mit dem einen oder anderen Menschen heute als Erwachsener besser oder auch schlechter klar kommst. Wo also findest du dich wieder?

1. Typ: Der Witzbold

Der Witzbold steht gerne auf der Bühne und unterhält die Menschen. Er findet und erfindet lustige Szenen und bringt alle zum Lachen. Er bekommt mit, wenn es in einer Gruppe dicke Luft gibt und findet ein Ventil, alle zum Lachen zu bringen. Du kannst dir vorstellen, wenn diese Rolle in einer Familie nicht besetzt ist, wird es dort nie Komödien geben sondern verstärkt das Drama.

Magst du den Witzbold? Wie viele Anteile davon hast du in dir? Wann kommt er hervor? Wenn schon ein toller Witzbold in diener Familie vorhanden ist, wirst du diese Rolle vielleicht eher im Kreis eines Vereines spielen. Dann hörst du manchmal den Kommentar: "Warum bist du immer so ernst? Bei deinen Freunden bist du so locker!"

Wenn du ein Witzbold bist von deinem tiefsten Wesen her, dann sei dankbar. Du hast die Gabe der Leichtigkeit. Du kannst andere zum Lachen bringen. Du nimmst das Leben nicht so schwer und findest schnell die positiven Seiten - auch in einem Konflikt oder einer Krise.

2. Typ - Die Bewegungsspielerin

Spielen heißt sich bewegen. Rennen, turnen, schwimmen. Es geht um die Freude, die entsteht, wenn sie sich beim Spielen bewegen darf. Brettspiele und herumsitzen ist nicht so prickelnd. Den Körper spüren, sich lebendig fühlen, das Gefühl von Freude und die innere Energie umsetzen in die Bewegung.

Bewegst du dich gerne? Findest du es schwer, lange Zeit herumzusitzen? Gehst du lieber zur Kaffeetafel oder zu einer Tanzparty? Auch, wenn du nicht mehr so viel herumturnst: Vielleicht findest du Staubsaugen oder Putzen deswegen toll, weil du dich dabei ordentlich bewegen kannst. Von außen betrachtet wirkst du vielleicht wie ein total fleißiger Mensch ob im Haus oder im Garten. Immer bei der Arbeit. Aber eigentlich bist du nur eine Bewegungsspielerin.

Wenn du vorwiegend Freude an der Bewegung hast, dann sei dankbar! Du hast es geschafft, ganz in deinem Körper anzukommen. Das schafft nicht jede! Du kannst mit deiner Lebendigkeit andere Menschen anstecken, endlich von der Lethargie aufzustehen und am Leben teilzunehmen. Das drückst du nämlich aus: Ich bin dabei! Auf jeden Fall! Du lebst die pure Energie!

Darum: Spiele dein Leben und lebe dein ganz persönliches Spiel!

3. Typ: Der Forscher

Der Forscher ist neugierig. Er möchte gerne etwas Neues entdecken. Fremde Wälder, unbekannte Tiere, komplizierte Spiele. Überall sieht er eine Herausforderung, den Dingen auf den Grund zu gehen. Schenke ihm ein Fernglas und sofort ist der Entdeckerdrang geweckt. Forscher erklären dir gerne die Zusammenhänge in der Welt, die Funktion von Geräten und die Vielfalt der Welt der Dinosaurier.

Bist du auch so ein Forscher, eine Forscherin? Interessierst du dich für die Welt der Gewürze und probierst aus, welches zu welchem Gericht passt? Fährst du gerne in den Urlaub fernab der Touristenhochburgen? Suchst du Fossilien und liest Bücher über den Klimawandel? Beschäftigst du dich mit der Wirksamkeit von Globuli oder dringst ein in die Geheimnisse deiner Waschmaschine? Möchtest du gerne ein neues Küchengerät erfinden und damit einen wichtigen Beitrag leisten für die Menschheit?

Wenn du so ein Forscher bist, dann sei dankbar. Du gehörst zu den Menschen, die dabei helfen, das Leben auf diesem Planeten besser zu verstehen. Du sorgst am Ende dafür, dass meine Alltagsabläufe leichter werden, weil ich nicht mehr mit der Hand waschen muss und ich trotz Kurzsichtigkeit mit meiner Brille dich erkennen kann. Auch wenn du dafür noch keinen Nobelpreis verdient hast - dein Haushalt wird nach den neuesten Erkenntnissen von Umweltfreundlichkeit und Technik ausgestattet sein. Forsche weiter! Spiele dein leben und lebe dein Spiel!

4. Typ: Die Wettkämpferin

Die Wettkämpferin sucht die Herausforderung. Den Vergleich. Gegen oder mit anderen Menschen, gegen oder mit der Natur. Rennen um zu gewinnen. Sie fordert heraus, sie kämpft und lässt sich nicht unterkriegen. Wenn alles aussichtslos erscheint mobilisiert sie immer noch eine Kraft - und hat Freude daran. Kampf ist ihr Spiel. Sich messen und sich selbst beweisen. Den inneren Schweinehund überwinden und am Ende die Faust in die Luft zu stemmen. "Ja!" Sie lieben Rekorde und achten auf das Einhalten der Regeln. Sonst ist ja kein Vergleich möglich. Sie nehmen gerne an Wettkämpfen teil und fiebern bei Olympiaden mit.

Bist du so eine Wettkämpferin? Triumphierst du, wenn du den günstigsten Handwerker gefunden hast? Gehst du beim Rudelwandern gerne vorweg und klopfst dir heimlich auf die Schulter wenn du zuerst oben auf dem Berg angekommen bist? Forderst du als Erwachsene immer noch gerne Kinder zum Wettkampf heraus? Wer ist Erster! Eroberst du dir gerne den ersten Platz in der Warteschlange im Supermarkt?

Wenn du die Qualitäten einer Wettkämpferin lebst, sei dankbar. Du lässt dich nicht unterkriegen. Du stellst dich dem Leben, das nicht immer nur ein Geschenk ist. Wenn es darum geht, für deine Familie einen Platz am Büffet zu erobern, ergatterst du den besten Platz. Du gehst nicht ohne Schnäppchen nach Hause und stellst dich bei einer Lohnerhöhung nicht hinten an. Du weißt, was du kannst und bist stolz auf deine Leistung. Du achtest darauf, dass in deiner Familie die Spielregeln eingehalten werden und das die Gerechtigkeit nicht verliert. Entfalte deine Kraft! Spiele dein Leben und lebe dein Spiel!

5. Typ: Der Direktor

Der Direktor organisiert gerne ein Spiel. Er sammelt Spieler um sich, schlägt vor, hält den Laden zusammen und besitzt Leitungsqualitäten. Er trommelt die Kinder einer Straße zusammen und bekommt heraus, was alle gemeinsam spielen wollen. Wenn er den Hut aufhat und im Mittelpunkt steht, geht es ihm gut. Er entscheidet, wann das Spiel beginnt und wann es endet. Dann ist er stolz auf sich, weil das Spiel ohne ihn nicht stattgefunden hätte. Erinnerst du dich daran, dass du manchmal frustriert nach Hause gekommen bist? "Immer will der ... bestimmen." Du bist lediglich einem Direktor begegnet.

Organisierst du gerne den Urlaub? Fragst, wer will wo hin. Hast den Überblick über die Koffer. Planst ordentlich den ganzen Urlaub? Mit einer professionellen Liste? Bist du schon einmal Vorsitzende in einem Verein gewesen? Wurdest du als Klassensprecher in deiner Schullaufbahn gerne vorgeschlagen? Bist du die Person, die die Familie zusammenhält? Schauen alle immer zuerst auf dich wenn es darum geht, eine Entscheidung zu treffen? Ergreifst du gerne bei einem Problem das erste Wort und nimmst Zettel und Stift in die Hand?

Wenn du dir gerne den Hut aufsetzt und Verantwortung übernehmen kannst, dann sei dankbar. Ohne dich würde es im Umfeld wahrscheinlich sehr chaotisch sein. Jeder macht was er will und vor allem fehlt da jemand mit Überblick. Du sorgst dafür, dass nicht Zeit sinnlos vertan wird. Du weißt genau, wer in deiner Familie wo am richtigen Platz ist. Unter deiner Anleitung geht es total sicher und entspannt von A nach B. In deinem Garten wachsen und gedeihen die Pflanzen, weil du die richtigen Orte kennst, einen guten Plan hast und den Überblick nicht verlierst. Dabei ist das für dich keine Anstrengung, sondern Ausdruck deiner Freude und deines Spielens. Also setze den Hut auf und übernehme die Verantwortung. Spiele dein Leben und lebe dein Spiel!

6. Typ: Die Sammlerin

Die Sammlerin sammelt: Glanzbilder, Murmeln, Bücher, Puppen, Kastanien. Das Sammeln selbst ist ihre Leidenschaft und der stolze Blick auf die Vollständigkeit. Ohne Sammelkinder gäbe es keine Fotoalben für Sportmeisterschaften. Sammlerinnen laufen mit hell wachen Augen durch die Gegend. Sie prüfen ständig, ob dieses oder jenes noch passend für die Sammlung wäre. Sie kennen sich aus in ihrer Umgebung und wissen um verborgene Plätze. Sie können hervorragend auf Dinge aufpassen, so dass nichts kaputt geht. Sie entwickeln Ordnungssysteme und haben immer einen reichen Vorrat.

Sammelst du gerne Vorräte, so dass es nie Mangel gibt. Könnte ich dich fragen, ob du dieses oder jenes hättest und du würdest deine Schränke öffnen und hättest tatsächlich etwas? Ich würde bei dir eine ganz bestimmte Schraube finden, eine Batterie, ein Pflaster und leere Dosen in unterschiedlichen Größen. Ich könnte zu dir mit meinem Butterbrot kommen und du hättest eine Tüte für mich? Ich könnte dich besuchen und etwas bewundern, was ich in dieser Fülle noch nicht gesehen habe? Tassen aus China oder Knöpfe aus Holz? Oder wenn ich mit dir ein Lied singen wollte, dann hättest du bestimmt den Liedtext irgendwo in deiner Sammlung...

Wenn du so viel Freude an den Dingen dieser Welt hast und so viel Geduld, dann sei dankbar. Du sorgst dafür, dass es auf dieser Welt Fülle und keinen Mangel gibt. Du liebst die kleinen und großen Kostbarkeiten und hast einen Sinn für Wertschätzung. Du kannst auch Freunde und Freundinnen sammeln und gehst behutsam mit ihnen um. Bei dir ist jeder Mensch gut aufgehoben, weil du den Wert erkennen kannst. Du streichelst und liebkost die Welt und siehst sie in ihrer wunderbaren Größe. Erfreue dich an den kostbaren Gütern dieser Welt! Spiele dein Leben und lebe dein Spiel!

7. Typ: Der Künstler

Ein Künstlerkind erfindet neue Spiele. Es kann auch spielen ohne etwas. Die Phantasie reicht aus. Es malt Kreidefelder auf der Straße und schlüpft in andere Rollen, wenn es einen Hut aufhat oder sich das Gesicht bemalt. Der Künstler singt gerne und findet Melodien oder neue Strophen zu alten Liedern. Er ist ein kreativer Kopf und in seiner Gegenwart kommt keine Langeweile auf. Und auch ein kaputtes Spielzeug ist für ihn noch von hohem Wert, weil er einfach damit ein neues Spiel erfindet.

Erfindest du neue Rezepte? Ist deine Wohnung einmalig und unverwechselbar? Keine Möbel von der Stange? Und wenn Möbel, dann wenigstens so verändert, dass sie wie ein Unikat wirken? Sind die Bilder an deiner Wand von dir selbst gemalt und du freust dich, wenn Besuchern das auffällt? Machst du aus allem, was du tust, letztlich ein Kunstwerk? Du füllst das Gemüse nicht einfach in eine Schüssel, sondern du arrangierst es? Du achtest auf die Zusammenstellung der Farben und Formen? Dich schmerzt es in den Augen, wenn jemand Kleidung trägt, die von der Farbzusammenstellung her nicht passt?

Wenn du durch dein Gestalten die Welt schöner machen kannst, dann sei dankbar. Du sorgst dafür, dass es heller und bunter wird. Du trägst dazu bei, dass die Menschen sich wohlfühlen und weiterentwickeln. Du sorgst dafür, dass es Räume der Zweckfreiheit gibt. Wo es nur auf das Dasein ankommt. Mit dir erstarrt das Leben nicht im Alltag und in der Routine. Mit dir wird die Welt farbenfroh. Gestalte also mit deinen Händen und mit deiner Phantasie! Spiele dein Leben und lebe dein Spiel!

Der 8. Typ: Die Geschichtenerzählerin

Sie liebt es, Geschichten zu erzählen und auch in ihnen abzutauchen in Form von Büchern und Filmen. Sie kann Menschen in ihren Bann ziehen und hilft, aus langweiligen Welten zu flüchten in Länder von Abenteuer und Phantasie. Rollenspiele sind ihre Leidenschaft und sie kann nie genug davon bekommen, Vater, Mutter und Kind zu spielen. Sie kann durch ihre Erzählungen trösten, aufmuntern, erheitern und Spannung erzeugen. Sie ist die Meisterin des Klavierspielens mit den Gefühlen.

Erzählst du gerne etwas von dem, was du erlebt hast? Breitest du dich dabei episch aus? Kannst du einen Spannungsbogen aufbauen? Die Zuhörer neugierig machen, sie in deinen Bann ziehen? Hören die Menschen dir gerne zu und bist du bei Gesellschaften zu gewissen Zeiten der Mittelpunkt, um den sich alles dreht? Kannst du eigene Erlebnisse ein wenig ausschmücken und kreativ aufbauschen? Kannst du dich in Bücher verlieren und Menschen davon begeistern? Kommen Kinder auf dich zu und fragen dich, ob du ihnen eine Geschichte erzählst?

Wenn du etwas zu sagen hast und das in Form von Geschichten erzählen kannst, dann sei dankbar. Auch wenn wir nicht mehr am Abend am Lagerfeuer sitzen brauchen die Menschen Geschichten. Du kannst damit trösten und aufheitern. Du kannst die Seele deiner Zuhörer berühren so dass sie wieder Mut fassen und sich aufrichten. Du sorgst für heilsame Tränen und stiftest Gemeinschaft, wenn die Menschen sich um dich versammeln. Du erschaffst neue und fremde Welten und sorgst für Abwechslung vom eintönigen Alltag. Du kommst ohne Technik oder Schnickschnack aus. Du bist da und fängst an zu sprechen. Und schon sind alle gefangen in deinem Bannkreis. Erzähle und berühre! Spiele dein Leben und lebe dein Spiel!

18 Dein Herzputzprogramm in vier Wochen

Wenn du ein Fest feiern willst, dann bereitest du dich vor. Du möchtest ja schließlich, dass alles rund läuft. Du bewegst Ideen, schmiedest Pläne und verwirfst sie wieder. Deine Gefühle gehen in Wellen hin und her je nach Freude oder Sorge. Und Vorbereitungen folgen bestimmten Fragen und Gesetzen. Ständig bereite ich etwas vor. Mahlzeiten, Feste, Urlaube und sonstige Arbeiten. Ich bereite mich vor für ein Ereignis, das in der Zukunft liegt.

Wenn ich mich nicht vorbereite oder wenigstens innerlich auf das Ereignis einstelle, dann könnte am Tage X etwas fehlen. Das wäre natürlich schade. Ich kann zu viel vorbereiten, so dass für spontane Dinge kein Raum mehr ist. Ich kann aber auch nichts vorbereiten und lebe damit, dass dann eventuell nur wenig möglich ist.

Hochzeiten, runde Geburtstag oder Weihnachten gehört klassisch zu den Festen, wo es vieler Vorbereitungen bedarf. Was wird gegessen und was wird geschenkt. Wohin mit den Emotionen und Ansprüchen. Welchen Raum spielen dabei religiöse Traditionen und Rituale. Und wie werde ich möglichst harmonisch und konfliktfrei durch diese Zeit kommen.

Ich finde es immer hilfreich, bei mir selbst anzufangen. In mir selbst, um es genauer zu sagen. Ich kann arbeiten an meinen Haltungen und Einstellungen. Ich kann es mir leicht oder auch schwer machen.

Ich möchte dich einladen, dein Herz zur reinigen. Was machst du zu viel und was zu wenig? Ständig bewegen wir uns zwischen diesen Polen und dürfen das für uns richtige Maß finden. Im Herzen findest du den Punkt, wo es sich für deine Persönlichkeit richtig anfühlt.

Immerhin schlägt dein Herz für dich so lange du lebst. Es verdient deine Aufmerksamkeit und mag die Zuwendung! Du wirst feststellen, dass das Programm auf 24 Tage ausgerichtet ist. Also weniger als vier Wochen? Der Sonntag ist frei. Da gibt es nichts zu bedenken und nichts zu tun. Am Sonntag darfst du genießen, was du in den Tagen von Montag bist Samstag erreicht hast.

1. Weniger meckern

Das Herz und die darin sich ausdrückende Qualität zeichnet uns Menschen als Menschen aus. Da fühlen wir und nehmen unser Wesen wahr. Verschließe dein Herz und du wirst einsam. Öffne dein Herz und es wird weit. Du spürst die Liebe und heißt alles willkommen, was ist.

Ich möchte dich einladen zu einem Herzens-TÜV. Überprüfe deine Herzensqualität. Ist es in dir hell und klar? Oder eher trist und grau? Bist du einverstanden mit dem, was du wahrnimmst oder wäre es gut, etwas zu verändern? Dabei kannst du putzen. Dich von Belastungen befreien. Von bestimmten Dingen weniger machen. Von anderen Dingen wiederum mehr. Ich lade dich ein, weniger zu meckern.

Grund genug gäbe es ja. Es ist zu kalt oder zu warm. Das Brot ist zu teuer, der Nachbar zu laut. Der Ehemann zu unaufmerksam und die Kinder zu faul. Die Ehefrau zu anspruchsvoll. Du hast bestimmt deine eigene Liste. Du wirst immer Möglichkeiten finden, deine Unzufriedenheit auszudrücken. Die Welt ist voller Fehler und Mängel. Es wird nie genug und nie ganz richtig sein. Du wirst immer meckern können.

Wenn du jedoch meckerst verändert sich nicht unbedingt etwas. Du erschaffst dir vor allem ein schlechtes Gefühl. Du schadest dir selber. Mit jedem Meckersatz gehst du tiefer in die Mängelgrube.

Wie sähe dein Tag, wenn du heute weniger meckern würdest? Denke mal

einen Meckergedanken und stoppe. Du wirst ihn nicht sagen. Du leitest den Gedanken um in dein Herz und verwandelst ihn in einen Wunsch.

Vielleicht stellst du fest, dass du schon seit vielen Jahren meckersüchtig bist. Dann hast du wirklich genug zu tun. Du könntest dir schnell das nächste Fest vermiesen bevor es überhaupt stattgefunden hat. Also: Wie wird dein Tag aussehen wenn du weniger meckerst?

2. Mehr wertschätzen

Ich lade dich ein, auf dein Herz zu achten. Schließe die Augen und nimm wahr, wie es sich anfühlt. Bist du in Übereinstimmung mit dir? Leuchtet und strahlt es? Oder siehst du grau und fühlst Trauer? Dein Herz freut sich über mehr Kohärenz! Mehr Freude! Du kannst weniger meckern oder umgekehrt mehr wertschätzen.

Da kocht jemand für dich. Das Essen steht auf dem Tisch. Du nimmst es für selbstverständlich. Kann ich verstehen. Mache ich auch. Das ist halt der Alltag. Du reduzierst im Laufe der Zeit. Schmeckt oder schmeckt nicht. Hunger ja oder nein. Du isst, bis du satt bist und lässt es dir schmecken.

Du könntest zur Abwechslung mal ein wenig mehr wertschätzen. "Danke, dass du heute gekocht hast. Wie lange hast du eigentlich dafür gebraucht? Wo hast du das tolle Rezept gefunden? War es leicht oder schwer? Ich bin jedes Mal erstaunt, dass du das so gut hinbekommst! Das macht so viel Arbeit und du hast das für mich und uns getan. Wir sind dir so wichtig, dass du für uns diese Zeit investiert hast."

Findest du noch mehr Sätze der Wertschätzung? Wertschätzung ist mehr als: "Das hast du toll gemacht!" Du schätzt den Wert! Das, was dir begegnet ist ein Schatz, der Wert hat. Es hat den Wert, dass du ihm Aufmerksamkeit und Beachtung schenkst. Und dass du diese Wertschätzung fühlst und zum Ausdruck bringst.

Du kannst wertschätzen, was deine Familienmitglieder alles so tun für dich und für das Ganze. Du kannst aber auch wertschätzen, dass sie auf dieser Welt sind. Sie sind da und du bist nicht allein! Wenn du genau hinschaust wirst du etwas finden, was du heute wertschätzen kannst!

3. Weniger trennen

Es geht darum, die Qualität des Herzens in den Blick zu nehmen. Ich werde selbstfreundlicher mit mir. Ich betrachte, wie es in meinem Inneren aussieht. Fühlt es sich dunkel an oder eher hell? Ich kann bestimmte Handlungen lassen oder Positives verstärken. Jetzt richte ich deine Aufmerksamkeit darauf, weniger zu trennen.

Kennst du Trennungstage? Du fühlst dich getrennt. Von der Natur, von deiner Arbeit, von den Menschen. Du fühlst dich nicht verstanden. Nicht gesehen. Nicht willkommen.

Dein Chef versteht dich nicht. Er will immer nur Leistung. Du gibst alles. Aber es ist nie genug. Er sieht nur, was noch fehlt. Du könntest dir deinen Chef oder wen auch immer vor dein geistiges Auge führen und merkst: Je mehr Gedanken in Richtung Ärger gehen, desto weiter entfernst du diesen Menschen von dir. Du schaffst einen Raum der Trennung.

Du kannst auch einen Spaziergang machen und die Natur kommt dir feindlich vor. Du fühlst dich kalt und nass an. Du frierst und möchtest sofort an den warmen Kamin. Dann bist du von der Natur getrennt. Trennungsgefühle und Gedanken mindern deine Lebensqualität und bringen dein Herz in einen Zustand von Einsamkeit.

Wenn du dich weniger trennst dann sorgst du dafür, dass du nicht noch einsamer wirst. Achte mal heute auf deine Trennungsgedanken. "Die hat mich heute nicht gegrüßt. Die ist so komisch. Die hat mich noch nie gemocht. Die schaut mich auch nie richtig an." - "Meine Frau spricht nie mit mir. Ich bin ihr völlig egal. Die macht eh, was sie will." Spürst du, was geschieht, wenn die Trennungsgedanken in dir zunehmen? Du wirst solche Gedanken kaum ganz verhindern können. Aber abmildern oder begrenzen. Du trennst mal nur für eine Stunde heute. Mehr nicht. Also weniger trennen...

4. Mehr verbinden

Wie geht es deinem Herzen? Und wie geht es dir in und mit dienem Herzen heute? Wenn du mal wieder für einen Augenblick die Augen schließt und dich im Herzraum umsiehst und in dich hineinspürst - fühlt es sich verbunden an? Oder gibt es eher trennende Gefühle und Gedanken?

Magst du es, wenn du mit Menschen zusammen bist? Wie fühlt sich das für dich an? Manchen kommt zuerst in den Sinn: "Der hat aber seltsame Ansichten." "Das, was die trägt, passt gar nicht zu ihr." Wenn solche Gedanken deine ersten Impulse sind, befindest du dich im Zustand der Trennung. Du bist isoliert auf deiner eigenen Seite und die Dinge und die Menschen befinden sich auf der anderen Seite. Zugleich hast du den Eindruck, dass da vielleicht eine Brücke fehlt. Es kann auch geschehen, dass du mit deinen Gedanken die Trennung noch verstärkst.

Wenn du das machst, dann trennst du dich immer mehr und rutscht schnell ab in die Depression. Wenn du eine Brücke baust, gehst du wieder in die Verbindung und damit in die Liebe. Ich möchte dich einladen, dass du dich wieder mehr verbindest. Du magst die Menschen in deiner Familie? In deinem Freundeskreis? Was findest du an ihnen liebenswert?

Wenn du deine Aufmerksamkeit auf die liebenswerten Eigenschaften richtet gehst du automatisch in die Verbindung. Wenn du dich verbindest erlebst du dich selbst vollständiger und geliebter. Du kannst dich mit allem verbinden, was ist. Mit Bäumen und Vögeln, mit Brot und Stühlen. Mit Kindern, Männern und Frauen. Wenn du in Verbindung bist, wird dein Leben automatisch zu einem Fest.

5. Weniger denken

Dein Herz hat viele Räume. Unendlich viele. Dein Herz ist selbst ein Universum. Du schaust in den Himmel und siehst das große Weltall. Du schaust in dein Herz und siehst wieder ein unendliches Universum - lediglich auf materiell gesehen kleinen Raum.

In deinem Herzen bist du die Schöpferin, der Schöpfer deiner Gedanken und Bilderwelten. Vielleicht bist du zufrieden mit dem, was du wahrnimmst. Vielleicht gibt es aber die eine oder andere Stelle, die deiner Aufmerksamkeit bedarf. Wovon ist zu viel und was gibt es zu wenig? Was könntest du mehr, und was könntest du mal weniger machen? Heute geht es darum, weniger zu denken.

Ich mache mir ständig Gedanken. Manche sagen von mir, dass ich sehr im Kopf bin. Da verorten wir ja unsere Gedanken. Wir sagen dann: "Der ist ganz schön verkopft." Ohne den Kopf und ohne meine Gedanken könnte ich hier auch gar nicht schreiben. Ich denke nach und schreibe dann auf.

Ich mag es, dass ich denken kann und darf. Ich kann mich sortieren und fühle mich dadurch sicherer. Ich plane meine Arbeit, einen Umzug, einen Einkauf und weiß, dass ich dann nichts vergesse und ein gutes Gefühl bekomme. Ich habe alles richtig gemacht. Ich würdige also ausdrücklich das Denken!

Oft jedoch scheinen meine Gedanken sich selbständig zu machen. Ich denke mir aus, was ich einkaufen muss und "jemand anders" plant einfach weiter. "Was muss ich noch einkaufen. Ich habe bestimmt etwas vergessen!" Ich gehe in Gedanken durch alle Schränke, die Regale des Supermarktes und die sonstigen Geschäfte am Weg. Ich kalkuliere die Zeit und bedenke schon mal die Rezepte für die ganze Woche. Ich schaue nach, ob ich noch genug Geld habe usw. Auf einmal befinde ich mich im Gedankendschungel und finde den Weg nicht mehr hinaus.

Ist dir diese Erfahrung vertraut? Willkommen im Club! Wie wäre es, mal ab und zu wenigstens weniger zu denken. Weniger

Gedanken und Grübeleien? Manchmal mache ich meine Einkaufsliste kurz und knapp. Wenn dann das Gedankenkarussell anspringen will sage ich: "Danke! Genug!" Und ich halte sofort an. Ich gehe nicht in Verhandlungen. Verhandlungen liebt mein Denken. Da hilft nur ein liebevoller, aber klarer Schnitt. Wie beim Essen. Du isst deinen Teller leer und es hat dir geschmeckt. Du bist satt. Aber es schmeckt doch so gut! Wenn du dich dann wieder wehmütig den Schüsseln auf dem Tisch zuwendest, beginnt dein Leidensweg. Du kommst von der Lust und gehst in den Frust. Darum: Weniger denken! Einfach Schluss machen weil es dir sonst nicht gut tut. Dein Verstand weiß das nicht. Der macht weiter wie eine Maschine. Da gibt es jedoch eine Instanz in dir, die das Denken beeinflussen kann. Der innere Beobachter ist in der Lage, für einen Stopp zu sorgen. Also weniger denken. Zugleich jedoch dem Verstand eine Aufgabe geben. Sonst hört er nicht auf. Geh in die Wahrnehmung. Was fühle ich jetzt in meinem Körper? Was sehe ich im Außen? Wie kann ich meine Dinge achtsam tun? Bitte deinen Verstand, dich dabei zu unterstützen. Seine Aufgabe ist es, dir zu dienen. Darum wird er es gerne machen.

6. Mehr fühlen

Wofür schlägt dein Herz? Du kannst dir einen Menschen vorstellen, den du magst. Vielleicht schlägt dein Herz aber auch für Frankreich oder Spanien. Für Rosen oder Tulpen. Für Pasta oder Kartoffeln. Wenn dein Herz für etwas schlägt, dann fühlst du dich lebendig.

Du kannst weniger von etwas Negativem machen oder mehr von etwas, was dich positiv stimuliert. Reinige dein Herz. Mache Inventur. Spüre mal in dich hinein. Heute heißt es: mehr fühlen.

Bist du schwerpunktmäßig eher ein Denker oder eher ein Fühler? Du siehst etwas, was dir gefällt und dann tut sich etwas im Körper. Es wird vielleicht weit, du spürst Wärme oder eine gewisse Leichtigkeit. Du denkst an den letzten Urlaub und dein

Herz klopft lauter. Es kribbelt in der Haut. Die Nasenflügel weiten sich, als ob sie sich an die Mittelmeerküche erinnern könnten.

Wenn du mehr fühlen kannst, dann weitet sich das Spektrum deiner Wahrnehmung und deines Wohlbefinden. Oft benennen wir die Gefühle ja mit einem Namen. Freude und Glück mögen wir, Trauer, Angst und Ärger vermeiden wir. Wir geben dem, was wir fühlen, einen Namen. Eigentlich aber gibt es so etwas wie ein Körperphänomen. Es fühlt sich manchmal angenehm an und manchmal unangenehm.

Du denkst an etwas und das löst etwas aus auf der Körperebene. Es wird weit oder eng. Es kribbelt oder es drückt. Es ist hart oder weich. Mehr im Unterbauch oder mehr im Herzraum. Du spürst die Haut oder den Hals. Es gibt vielleicht sogar heftige Wellen, die durch den ganzen Körper gehen. Manche Menschen erleben das sehr ausführlich und manche eher weniger davon.

In der Regel koppeln wir da etwas. Ich höre eine Nachricht oder sehe etwas und das wiederum löst etwas aus in mir. Bestimmte Körperreaktionen vermeide ich aber lieber. Wer mag schon Enge? Oder als Gefühlswort: "Angst"? Ich lade dich ein zu folgender Übung. Stell dir etwas vor, das in dir Freude auslöst. Dann lässt du die Geschichte einfach weg und beobachtest, was in deinem Körper geschieht. Du bleibst bei dem, was du "fühlst" und "spürst". Egal, was kommt. Egal, wie lange. Du bist wie ein Forscher neugierig und interessiert. Du bleibst so lange bei den "Sensationen", bis sie verklingen.

Dann denkst du an ein unangenehmes Ereignis und fühlst wieder in dich hinein. Du denkst wiederum nicht mehr länger an die Geschichte, sondern beobachtest wieder die Körpersensationen. Was geschieht jetzt im Unterschied zur Vorübung? Was ist stärker, was ist schwächer, was hat sich verändert. Vielleicht hast du sogar an eine so schlimme Erinnerung gedacht, dass in dir das auftaucht, was du sonst Panik nennst. Aber dieses Mal bleibst du einfach dabei. Du spürst mächtige Wellen, die da kommen und du bleibst dabei. Du kannst diesen "Gefühlen"

Nahrung geben, indem sie fütterst mit weiteren Geschichten. So wirst du vertrauter mit deiner Art zu Fühlen.

Du wirst feststellen, so ist das bei mir. Wenn ich Trauriges denke geschieht eher etwas an bestimmten Stellen in meinem Körper. Wenn ich an etwas Freudiges denke nehme ich vielleicht etwas anderes wahr. So wirst du vertrauter mit dir selbst und traust dich, mehr zu fühlen und den Reichtum in dir zu entdecken.

7. Weniger müssen

Es macht Sinn, sich von Zeit zu Zeit vom Alltagsgeschäft zurückzuziehen. Auch wenn du im Außen alle Termine wahrnimmst und deine Aufgaben erfüllst, kannst du innerlich in die Klausur gehen. Du kannst dich befragen, ob du mit dir und der Welt noch stimmig bist. Gibt es ein Ja auf allen Ebenen? Im Denken, im Fühlen und im Bauch?

Betrachte einmal dein Leben unter der Perspektive deiner Herzensqualität. Du hältst die Zeit innerlich an und schaust, wovon du mehr und wovon du weniger tun kannst. Heute geht es darum, weniger zu müssen.

Da fallen mir die vielen "müssen" und "sollen" Sätze ein, die ich im Laufe des Tages ausspreche und höre. "Ich muss los, sonst verpasse ich den Zug." "Ich muss da noch anrufen, sonst ist er weg." "Ich muss heute unbedingt einen Zahnarzttermin ausmachen. Ich habe ihn schon so lange verschoben." Ich muss, ich muss, ich muss... Ich spüre, wie der Ärger in mir wächst. Oft werde ich getrieben von diesem Satz. Als ob eine Stimme in meinem Inneren sitzt, die erst Ruhe gibt, wenn ich alles erledigt habe. Müssen duldet keinen Aufschub. Müssen will sofort erledigt werden. Müssen erlaubt keine Pausen. Schließlich habe ich Verantwortung übernommen. Ich werde bezahlt. Ich habe etwas versprochen. Ich möchte nicht, dass die Menschen schlecht über mich denken. Müssen ist sehr mächtig.

Aber wenn ich in mein Herz schaue, dann nehme ich auch wahr, dass mich das "Müssen" traurig macht. Dass es mich erschöpft. Dass es in mir Ärger verursacht. Das ist kein Zustand, in dem ich leben möchte. Am Schluss komme ich mir vor wie ein Sklave. Aber als Mensch bin ich zur Freiheit berufen. Darum "putze" ich mein Herz und befreie es so nach und nach von den Ansprüchen, die "müssen" ständig stellt. Hier und da mache ich heute eine Ausnahme. Ich muss nicht!

8. Mehr dürfen

Wenn du die Herzensqualität steigern kannst wirst du dich wohler fühlen in deiner Haut. Ich lade dich zum Herzputz ein. Von bestimmten Dingen machst du einfach weniger und von anderen Dingen mehr. Heute heißt es: mehr dürfen.

"Mama, darf ich noch ein Eis?" - "Nein Kind, gleich gibt es Abendessen!"

"Mama, darf ich Fernsehen schauen?" - "Nein Kind, du hast heute schon deine halbe Stunde gehabt!"

"Darf ich heute früher gehen, meine Frau ist krank." - "Muss das wirklich sein?"

"Darf ich heute aus dem Krankenhaus entlassen werden?" - "Ich weiß nicht, wenn dann nur auf eigene Verantwortung!"

Schon als Kinder haben wir gelernt zu fragen. Wir bitten um Erlaubnis. Dann dürfen wir oder wir dürfen nicht. Die Eltern haben die Macht. Die Kinder beugen sich der Macht. Denn die Eltern haben es ja zu sagen. Sie bestimmen.

Dann spielen Kinder miteinander und eines macht einen Vorschlag. Ein anderes Kind sagt: "Immer willst du der Bestimmer sein!" Kinder lernen schon früh, wie die Dinge laufen. In der Regel sind Erwachsene die Bestimmer. Sie bestimmen über das Leben der Kinder. Du darfst oder du darfst nicht. Wenn ein Kind

Glück hat bekommt es immerhin mal eine vernünftige Erklärung warum es darf oder nicht. Aber es muss auf das gültige "Ja!" der Eltern warten. Wir werden älter und fragen noch immer ob wir dürfen oder nicht. Vor einiger Zeit hielt ich ein Tagesseminar und eine Teilnehmerin fragte mich, ob sie auf die Toilette dürfte. Was hätte ich sagen sollen? "Ja klar, wenn Sie müssen!" "Nein, warten Sie doch noch eine halbe Stunde, dann machen wir sowieso Pause!" Ich habe ihr gesagt: "Wenn ich Sie wäre, täte ich das einfach selbst entscheiden."

"Dürfen" und "nicht dürfen". Natürlich ist es wichtig, dass Kinder noch nicht die volle Verantwortung für ihr Leben übernehmen können, weil sie nicht alle Folgen überblicken. Sie brauchen die Begleitung des Erwachsenen. Das "Dürfen" gibt die Möglichkeit für Eltern im positiven Sinne für die Sicherheit und das Wohlbefinden des Kindes zu sorgen.

Doch nach und nach können wir aufhören mit der Frage: "Darf ich?" Die Bibel erzählt viele Geschichten von Menschen, die etwas nicht oder nicht mehr durften. Sie durften nicht mehr ins Dorf wenn sie aussätzig waren. Sie durften nicht in den Tempel. Sie durften bestimmte Dinge nicht essen. Dazu kommt dann die große Unsicherheit! Darf ich vielleicht doch? Oder manchmal? Oder unter bestimmten Voraussetzungen?

Darf ich wieder heiraten obwohl ich geschieden bin? Darf ich zur Kommunion gehen auch wenn ich aus der Kirche ausgetreten bin? Manchmal bis oft kommt die Antwort wie bei einem Kind: "Du darfst!" oder "Du darfst nicht!" Solange ich um Erlaubnis bitten muss, denke und handle ich wie ein Kind. Ich übernehme keine Verantwortung sondern schiebe sie dem Erwachsenen zu.

Du musst nicht mehr fragen! Grundsätzlich darfst du! Du bekommst eine endgültige Erwachsenenerlaubnis! Du darfst das Spiel befehlen - gehorchen verlassen! Du bist aufgenommen in die Gemeinschaft all derer, die Lebenserlaubnis wie selbstverständlich in sich tragen. Es ist ein Wort mit einem Folgesatz: "Du darfst! Geh in die Selbstermächtigung!"

9. Weniger nehmen

Wenn das Herz die Nöte in der Welt sieht, was würde es wohl sagen? Es würde sich berühren lassen und hätte den Wunsch, diese Nöte abzustellen. Das Herz ist mit allem, was ist, verbunden. Der Verstand würde vielleicht sagen: "Das ist nun mal so. Dafür gibt es gute Gründe." Aber das Herz wäre nicht zufrieden.

Herzputz heißt, immer tiefer hinzulauschen auf diese Stimme, die so mitfühlend ist. Und vor allem geht es darum, sich berühren zu lassen. Es zuzulassen. Heute geht es mir darum, weniger zu nehmen.

Wenn du das hörst, was kommt dir da im Sinn? Ich wollte erst gar nichts darüber schreiben. Das klingt so moralisch. "Sei nicht so gierig!" "Es muss für alle reichen!" Ich stelle mir ein Hochzeitsbuffet vor. Eine Stimme in mir sagt: "Packe den Teller voll. Es wird toll schmecken und es ist genug da." Eine andere Stimme in mir sagt aber: "Nimm nicht so viel! Deine Figur! Was denken wohl die anderen! Es muss für alle reichen!" Auf dem Teller landet dann eine Mischung von beiden Stimmen. Genug um satt zu werden aber zu wenig für das absolute Freudegefühl.

Ich wandere aber mal hin zu meiner Gier. Vielleicht kann ich nicht genug bekommen. Ich bin jenseits dessen, was ich wirklich brauche. Ich habe Vorräte gesammelt, die ich nie aufbrauchen werde. Ein Prozent der Menschheit besitzt neunundneunzig Prozent der Ressourcen. Und sie wollen immer noch mehr. Was sagen uns wohl die Länder des Südens wenn sie unsere vollen Tische sehen und ihre eigenen leeren? "Gebt uns etwas ab?" Oder kommt eher die Klage: "Ihr nehmt euch zu viel von den Reichtümern der Erde?"

Wenn ich gierig bin, dann fühle ich mich eigentlich im Mangel. Ich muss unbedingt diesen Mangel ausgleichen. Es ist so, als ob ich vor dem Ertrinken so viel Luft schnappe, wie es nur geht. Ich müsste dem Mangelgefühl und den Mangelgedanken auf die Spur kommen. Ich wurde als Kind nicht genug geliebt. Ich fühle mich unterversorgt. Ich lebe den Glaubenssatz: "Nur wenn ich mir selber nehme, kann ich überleben. Die Zuwendung der anderen ist unsicher. Da bleibt nicht genug bei mir hängen. Und sterben möchte ich nicht."

Also, bevor du stirbst versorgst du dich lieber ordentlich mit den Gütern der Welt. Du nimmst dir so viel, dass garantiert nie etwas geschehen wird bis zum Ende deines Lebens. Deine Angst aber wird immer wieder Lücken der Versorgung finden. Sie wird nicht aufhören bis du die Augen zumachst. Weniger nehmen ist die Einübung darin, anders mit einem möglichen Mangelgedanken umzugehen. Dahinter steckt der veränderte Glaubenssatz: "Es ist genug für alle da. Auch für mich. Ich vertraue!" Umgesetzt für das Büffet: "Ich werde satt werden. Das Hochzeitspaar wird dafür sorgen. Der Festwirt und auch die übrigen Gäste. Ich bin ja schließlich eingeladen und alle geben ihren Beitrag zu einem schönen Fest."

10. Mehr geben

Das Herz ist großzügig! Es schenkt vor lauter Freude. Es hat Freude an der Freude des anderen. Die Freude des Gegenübers bringt das eigene Herz in eine kohärente Schwingung. Das Herz nimmt das Blut auf und gibt es weiter. Es pulsiert ein ganzes Leben lang. Ohne Pause. Das Geben und Nehmen hält es in Bewegung. Macht es lebendig. Und es folgt damit einem inneren Gesetz, das es einfach befolgt. "Nimm auf und gib weiter."

Das Herz freut sich, wenn es Teil eines großen Netzwerkes ist. Ein Netzwerk von Geben und Nehmen. Menschen, die nach diesem Gesetz leben wirken auf mich so im Reinen mit sich und der Welt. Manche haben Schwierigkeiten mit dem Nehmen und manche mit dem Geben. Wende dich doch mal wieder deinem Herzen zu und nimm wahr, wie du dich selber erlebst. Fühlt es sich an wie im Fluss? Taucht eine Angst auf? Gestern ging es um das Nehmen und heute heißt es: mehr geben.

Als Kinder bekamen wir in unserer Familie von den Tanten oft eine Tafel Schokolade geschenkt. 24 Stücke Schokolade auf fünf Kinder verteilen? Das war gar nicht so leicht. Jeder bekam einen Riegel und dann waren da noch die vier Stücke. Wie weiter? Mit dem Messer teilen bis es gerecht ist? Ein Kind verzichtet? Zwei Stücke jeweils für Mama und Papa? Ein Riegel in die Dose und sammeln, bis sich fünf Riegel eingefunden haben?

Wir bekamen also als Kinder eine Tafel Schokolade geschenkt. Ich dachte in der Regel nicht zuerst an das Geschenk der 4 Stücke Schokolade, die mir sicher waren. Sondern ich dachte an die schwere Aufgabe, den "unteilbaren" Riegel wieder herzugeben. Ich bekam etwas geschenkt und musste es sofort wieder loslassen. Es gab Phasen, wo ich Schokoladentafeln hasste. Und die Tanten, die sich nicht in unsere Verteilschmerzen einfühlen konnten. Unsere Eltern haben uns beim Verteilen nicht geholfen. Das mussten wir selber machen. Irgendwann habe ich die Lösung für mich gefunden. Ich nehme den einen Riegel und fertig. Der Rest war mit so viel Leid behaftet, dass ich diesen Teil nicht mehr für mich beanspruchte.

Es ist schwer zu geben, wenn ich etwas eigentlich lieber für mich hätte. Wenn ich Mangelgefühle bekomme, weil ich dann etwas nicht mehr habe. Wenn ich also an meinem Besitz festklebe. Ich hatte die Schokolade noch nicht mal in meinen Händen und schon klebte ich daran.

Wenn ich mich einübe in das Geben bearbeite ich meine Angst, es könnte für mich nicht reichen. Das Ziel heißt wiederum: Weg vom Mangelgefühl, das mein Leben einschränkt. Wenn ich mehr gebe dann deswegen, weil ich mich als Teil eines Großen und Ganzen sehe. Ich gebe und stelle fest, dass immer wieder etwas nachkommt. Wenn ich gebe muss ich immer wieder ins Vertrauen gehen, dass tatsächlich etwas nachkommt. Immer wieder. Das Geben könnte so zu einer großen Freude werden. Das Herz würde dir sagen: "So ist das Gesetz des Lebens. Empfangen und Geben und aus diesem Prozess die Energie verwenden. Nicht das Halten erzeugt die Energie, sondern die Bewegung von Aufnehmen und Weitergeben."

11. Weniger arbeiten

Wenn du mal dein Herz befragen würdest, ob es lieber spielt oder arbeitet, was würde es wohl sagen? Das hängt nach meiner Ansicht vom entstehenden Gefühl ab. Wenn du beim Wort „arbeiten“ ein leichtes Freudehüpfen bemerkst scheint dein Herz es zu mögen. Vielleicht verbindet es aber lieber mit „spielen“ ein positives Gefühl.
Vielleicht wirst du aber auch zurückkatapultiert in deine Kindheit. Die Eltern haben dir etwas erzählt vom Ernst des Lebens. Erst die Arbeit, dann das Vergnügen. Dabei möchte dein Herz sich ständig vergnügen. Es liebt das Spiel! Heute möchte ich den Aspekt beleuchten von weniger arbeiten.

Wie viele Stunden am Tag beschäftigen uns mit dem, was die Gesellschaft Arbeit nennt? Du arbeitest um Geld zu verdienen. Du arbeitest in deinem Haushalt. Du arbeitest Stunde um Stunde. Viele Dinge arten in Arbeit aus. Am Abend ruhst du dich vielleicht aus vor dem Fernseher und denkst: „Genug gearbeitet heute!“ Mit dem Fernsehen belohnst du dich für alle Mühe und hoffst, abzuschalten.
Wenn die Arbeit dich befriedigt ist das wunderbar. Warum solltest du davon weniger machen. Du bist doch ganz in Übereinstimmung mit dir. Du solltest arbeiten so lange und intensiv, wie es dir gut tut. Wenn du allerdingst mit „Arbeit“ Mühsal und Beschwer verbindest, solltest du innehalten. Es könnte sein, dass dich dann Gedanken plagen wie: „Wie lange muss ich noch!“ – „Bekomme ich auch genug Geld dafür?“ – „Wer sagt am Ende danke!“ – „Wann darf ich endlich in Rente gehen.“ Du stumpfst innerlich ab und schleppst dich durch den Tag. Fernsehen wird für dich zu einer Droge, um dein Elend zu überdecken.
Wenn du jetzt weniger arbeitest könnte da ein „Bewusstseinsloch“ entstehen. „Was will ich eigentlich vom Leben?“ „Was müsste ich verändern, damit ich mehr spiele!“ Wenn du weniger

arbeitest würdest du aufwachen und auf dein Herz hören. Es möchte spielen! Es könnte ein Wunder geschehen. Du würdest etwas machen und es als „Spiel“ bezeichnen. Du würdest eines Tages so intensiv spielen dass du das Wort „Arbeit“ aus deinem Sprachgebrauch streichen würdest. Um dahin zu kommen müsstest du einen ersten Schritt wagen: weniger arbeiten.

12. Mehr leben

Dein Herz liebt das Spiel! Da geht es auf! Da wird es weit. Kannst du eigentlich dein Herz steuern? Es beeinflussen? Es gestalten? Wenn du am Morgen aufwachst und dein Kopf füllt sich mit lauter Mangelgedanken hat es dein Herz schwer. Du denkst an alles, was du unbedingt noch erledigen musst. Dann bist du am Morgen schon fertig und sehnst dich nach dem Sessel am Abend. Du bist fertig, bevor du angefangen hast.
Wenn du es lernst, dein Herz zu „steuern“, hörst du auf mit Denkweisen, die dich fertig machen. Dein Herz ist wie ein „Emotionsmotor“, der bestimmte Nahrung bevorzugt. Dein Herz liebt die Freude des Augenblicks. Es kennt eigentlich nur das „Hier und Jetzt“. Darum meine Idee für heute: mehr leben.

Es geht mir nicht darum, mehr aus dem Tag herauszuholen. Weniger zu arbeiten um mehr vom Tag und vom Leben zu haben. Es geht mir nicht um die Verlängerung der Freizeit und die Ausdehnung der Wochenenden. Dann befindest du dich im inneren Kampf. Du kämpfst mit dir selber im Ringen um Arbeit und Freizeit. Du betrügst deinen Arbeitgeber und dich selbst. Vor allem kämpfst du!
Mir geht es darum, die Zeitqualität zu verbessern. Du kannst arbeiten um dir etwas leisten zu können wie Haus oder Auto. Oder du kannst arbeiten, weil du in der Arbeit dich total lebendig fühlst. Du hast nur eine bestimmte Anzahl von Minuten im Leben. Mehr steht dir nicht zur Verfügung. Du kannst da viel hineinpacken, damit du alle Räume ausnutzt. Du kannst aber

auch in den Augenblick hineingehen. Da verschwindet auf einmal die Zeit. Sie hört auf zu existieren.
Du schaust ein Kind an oder einen Vogel. Du liest ein tolles Buch oder schaust in die Augen eines interessanten Menschen. Du fängst an, die Geschenke des Momentes auszukosten. Dadurch vertiefst du dein Leben. Du hörst auf, es zu verlängern. Das schaffst du eh nicht. Du kommst nur in eine Kampfstimmung und in Rivalität mit den Möglichkeiten. Wenn du in den Augenblick hineingehst findest du den Weg in die Tiefe zu deinem eigenen Wesen. Je öfter du das machst, desto mehr wird dir bewusst, wer du als Mensch eigentlich bist.
Du siehst zum Beispiel einen Menschen und denkst: „Der ist mir so fremd. Die ist so eigenartig. Was der macht, würde ich nie tun!" Ich höre dann, was dieser Mensch so denkt und macht und erschrecke mich. „Hilfe, so möchte ich nicht sein." Wenn du dann in den „Augenblick" gehst, hören solche Konzepte schlagartig auf. Es ist egal, wie jemand denkt oder was jemand so macht. Im „Augenblick" findest du ein Gegenüber, das dein Leben verstärkt. Du bekommst einen Impuls. Von jemandem, der dir völlig fremd ist, bekommst du sogar die größten Geschenke!
Du könntest dich entscheiden für ein anders Konzept. Das gesellschaftlich gängige heißt: Das Leben ist ein Kampf nach dem Motto - arbeite um zu leben. Oder du entscheidest dich dafür, dass dein Leben ein großartiges Experiment der tausenden von Möglichkeiten ist, in die Tiefe und in die Weite zu wachsen.

13. Weniger behindern

Als Kind bist du mit deiner Mutter an einem Spielplatz vorbeigekommen. Dein erster Impuls war: „Da möchte ich hin." Deine Mutter jedoch hatte keine Zeit. Sie wollte ihren Haushalt erledigen. Sie hat dich überall mit hingenommen. Ständig wolltest du etwas und ständig sagte deine Mutter: „Nein! Jetzt nicht!"

„Später!" Du hast als Kind das Paradies gesehen und durftest es nicht betreten. „Schade!"
Dein Herz möchte im Paradies leben. Es sehnt sich ständig danach. Als Erwachsener hast du bestimmt gut von deinen Eltern gelernt. Erst alle wichtigen Dinge erledigen. Dann darf das Herz auch mal. Hier wäre ein Paradigmenwechsel wichtig.

Stell dir vor, du sitzt in einer Gruppe mit Freunden und ihr plant gemeinsam etwas. Ihr bereitet ein Geburtstagsgeschenk vor. Ihr plant den Besuch bei Verwandten. Ihr wollt über das Wochenende verreisen... Dann gibt es häufig in der Gruppe eine Person, die dann auf den Plan tritt, wenn alle in einer super kreativen Stimmung sind.
Diese Person meint es gut. Sie möchte, dass der Plan gelingt. Das ist ihr tiefes Ziel. Diese Person sieht allerdings überwiegend die Hindernisse. Sie sieht das mögliche Scheitern. Sie will nicht, dass es scheitert. „Oma kann keinen Besuch mehr vertragen. Wir müssen auf ihre Gesundheit achten." „Dieses Geschenk ist zu teuer." – „Wer kann denn überhaupt?" Da, wo es vorher noch freie Bahn gab, türmen sich auf einmal Hindernisse auf. Echte Hindernisse und auch lediglich gefühlte. Dabei wollen die Menschen, die diese Hindernisse aufrichten immer noch, dass es gelingt.
Sie haben eben Sorgen, weil es diese Hindernisse gibt. Sie glauben, dass diese Hindernisse in der Lage sind, das Scheitern hervorzurufen. Total berechtigt. Es gibt da nur eine kleine, aber häufig unbeabsichtigte Seite. So nach und nach sinkt die Stimmung. Die Bereitschaft insgesamt wird weniger und weniger. Das Herz wird immer trauriger. Es erinnert sich an die Zeiten in der Kindheit, wo die Mutter gesagt hat: „Das geht jetzt nicht!" Der „Hindernisbauer" will das Gelingen. Wenn aber die anderen Menschen in der Gruppe in diesen enttäuschten kindlichen Zustand abrutschen, hat er verloren. Wie viele Hindernisse dürfen auftauchen, dass immer noch etwas möglich ist?
Das Herz ist der Maßstab! Irgendwann krabbelt da in dir so ein Unwohlsein-Gefühl herum. Dann taucht da ein Alarmknopf im

Herzen auf. Das darf noch ein paar Augenblicke aufleuchten und dann... ist es zu spät! Plötzlich ist es aus und vorbei. Das Projekt ist gestorben.
Der „Hindernisbauer" will immer noch, dass das Projekt gelingt. Er hat nicht mitbekommen, dass das Projekt schon längst in den Herzen seiner Gruppenmitglieder gestorben ist. Darum macht es Sinn, weniger Hindernisse aufzubauen. Halte im Blick, dass irgendwann die Luft raus ist. Beschränke dich auf zwei oder drei große Hindernisse. Beharre nicht darauf. Mache deinen Job darin, aber übertreibe nicht. Bedenke, dass du es nicht mitbekommst, wann die Stimmung kippt. Du bist ja vielleicht ein Weltmeister im Errichten und Sehen von Hindernissen. Das ist deine Stärke! Wenn du nicht aufpasst, kann es schnell zu deiner Schwäche werden.

12. Mehr ermöglichen

Das Herz sieht interessanterweise immer die Möglichkeiten. „Möchtest du einmal nach Amerika?" Das Herz hört es und ruft: „Ja!" Es sieht sich quasi schon auf dem Weg und am Ziel. Es malt in Bildern die Reise aus und entwickelt positive Gefühle. Es ist bei der Frage schon voller Vorfreude und fragt nur: „Wann geht es los?" Der Verstand schaltet sich dann in der Regel sehr schnell ein und überprüft, ob es geht.
Du putzt dein Herz und hast die Chance, entweder hinderliche Einschränkungen zu minimieren oder es alternativ zum machen. Ich werde mit dir mehr ermöglichen.

Reise mit deinen Gedanken und inneren Bildern an die Nordsee oder an das Mittelmeer. Dann setzt du dich an den Strand und schaust hinaus in die Weite. Lass in dir die Sehnsucht wachsen nach wunderbaren Ländern. Nach Abenteuern und unberührter Natur. Du schaust auf das Meer hinaus und machst dich auf die Reise. Du steigst in das Boot, das du dir jetzt erschaffst und fährst auf das Meer hinaus. Du schwimmst auf dem Meer der tausend Möglichkeiten. Jeder Weg führt irgendwo hin. Es gibt keine Niete. Am Ende eines jeden Weges kommst du ins Paradies. Du musst nur los. Mehr nicht.

Stell dir vor, dass das Wort Hindernis für dich ein Fremdwort ist. Du hast es noch nie gehört und verbindest damit auch nichts. Kein Gefühl und keine Erfahrung. Du verbindest dich nur mit den paradiesischen Zielen und der Lust des Aufbruchs. Du willst reisen und irgendwann ankommen. Dein inneres Ja steigt auf 100 Prozent. Aufzubrechen ist deine Bestimmung. Deine Lebensbestimmung. Nur dafür bist du auf diese Welt gekommen. Du sitzt am Strand und weißt, dass es jetzt so weit ist.
Und nun wachst du wieder auf aus deinem Tagtraum und wendest deine Aufmerksamkeit hin zu den Alltagsaufgaben. Aber du nimmst die Energie deiner inneren Reise mit. Du verbindest dich mit den Möglichkeiten. Ob du auf das Meer hinausschaust oder dich dem Alltag stellst. Der Unterschied ist nicht von Bedeutung. Wieder hast du viele Möglichkeiten. Du hast sie nur noch nicht wahrgenommen. Vielleicht, weil du dich schon zu sehr festgelegt hast. Oder weil du ein Verhinderer bist. Oder weil du zu wenig Vertrauen hast. Dann geh wieder an den Strand und reise in dein Paradies. Bis du in der Lage bist, mit dem „Traumpotential“ deine neue Wirklichkeit zu konstruieren. Nur zu! Das Leben wartet nicht auf dich!

15. Weniger haben

Manchmal sehe ich eine neue technische Erfindung und es kommt der Gedanke: „Das will ich haben.“ Ich sehe Kinder im Supermarkt an der Kasse und höre immer wieder: „Mama, darf ich.“ Ich sehe die genervten Mütter, die ablehnen und sich dafür entschuldigen.
Manchmal also sehe ich etwas und mein erster Impuls heißt: Das will ich haben. Ich könnte es jetzt kaufen. Wenn ich es mir aber nicht kaufe und ein paar Tage abwarte mache ich eine neue Erfahrung. Der Reiz ist zurückgegangen. Manchmal wun-

dere ich mich, dass ich es gar nicht mehr haben will. Wie eine Welle schwillt es an und ebbt wieder ab. Ich darf nicht am Anfang der Welle kaufen. Lieber ein paar Wellen laufen lassen und dann neu entscheiden.
Etwas haben zu wollen ist wie die Erfüllung eines Versprechens. Das Herz mag das Haben. Aber nur auf den ersten Blick. Das Herz ist angebunden an die Ewigkeit und an Fülle. Es ist verführbar, aber nur unter bestimmten Umständen. Beim Herzputz lade ich dich ein, weniger zu haben.

Ich sehe etwas und möchte es haben. Ein elektronisches Gerät. Ein Stück Kuchen. Ein Auto. Was auch immer. Ich sehe es und ich will es haben. Wenn ich es ein paar Tage später auf einmal nicht mehr haben will – wie kommt es dazu? Du kannst etwas nur haben wollen wenn es ein Bedürfnis in dir anspricht. Wenn du satt bist, kann dich nichts verführen.
Du hast Hunger und ein Bedürfnis nach Essen. Klar bist du dann verführbar für Kuchen und/oder Pizza. Je nach Hunger und Verlangen. Wenn du die Freiheit liebst bist du ansprechbar für ein Auto, mit dem du in rasender Geschwindigkeit die ganze Welt bereisen kannst. Wenn du keine Bedürfnisse hast, kann die Werbung an dir nichts verdienen.
Wenn du deine Bedürfnisse ständig befrieden möchtest, sobald du einen Mangel spürst, musst du immer ein „Kaufhaus“ in deiner Nähe haben. Du wirst zum Junkie. Du musst ständig haben, damit deine Bedürfnisse gestillt werden. Wenn du den Gedanken zulässt, weniger zu haben könnte eine kleine Lücke oder eine Pause entstehen. Eine Lücke im Erfüllen deiner Bedürfnisse. Du könntest herausfinden, ob es etwas gibt, dass dich viel zufriedener macht als gerade dieser Gegenstand.
Du könntest bei deinem Hunger nach Freiheit eben kein Auto kaufen, sondern tiefer fragen: „Wer oder was kann meinen Hunger nach Freiheit stillen?“ Vielleicht kommst du dabei vom Auto hin zum Flugzeug. Und vom Flugzeug zur Rakete. Und von der Rakete hin zu.... Du wirst also weniger haben und dennoch mehr Wert erfahren. Wenn du satt bist brauchst du ja nichts

mehr. Ein wenig Hungergefühl kann dich antreiben nach dem tieferen „Mehr“ zu fragen.

16. Mehr sein

Wenn dein Herz etwas sieht, was gefällt, möchte es das haben. Und wenn es das bekommt freut es sich. Das Herz liebt das Erleben von Freude und kann nie genug davon bekommen. Dein Herz wünscht es sich für jeden Augenblick. Es kann keine Vorräte darin sammeln. Es möchte das immer frisch und unverbraucht. Es ist auch ständig auf der Suche nach neuer und frischer Freude. Es glaubt sogar, dass es Freude bekommen kann bei totlangweiligen Konferenzen und bei mürrischen Menschen.
Dabei möchte das Herz nicht wirklich etwas haben um es zu besitzen. Darum geht es dem Herzen nicht. Im Laufe des Lebens lernt das Herz immer mehr den Unterschied von Haben und Sein. Im Herzputzprogramm heißt darum heute: mehr sein.

Wenn du etwas haben möchtest bist du abhängig von dieser Habe. Diese Habe existiert ja außerhalb deiner selbst. Du siehst einen Pullover und möchtest ihn haben. Im Moment gehört er dir noch nicht. Du kaufst ihn und dann besitzt und ihn und du verbindest mit diesem Moment das Entstehen von Glück. Dann stellst du nach wenigen Tagen fest, dass dieser Glückszustand kleiner wird. Du brauchst wieder ein neues Teil um Freude zu erleben.
Wenn du aber etwas findest, was zu dir gehört und was in dir ist, bist du nicht mehr abhängig. Du bist kein Bettler mehr. Du suchst nicht mehr im Außen. Wenn dein Herz voller Liebe ist muss es keine „Liebe“ mehr von außen zuführen. Wenn du im Sein bist, dann kannst du die „Außendinge“ genießen ohne sie haben zu müssen. Wenn du dich „herzensreich“ erlebst, wirst du unabhängig.

Darin besteht die Kunst, immer „herzensreicher“ zu werden. Und wie wird ein Mensch herzensreich? Indem er lernt, dass er eingebunden ist im Meer der Liebe. Wie ein Fisch im Wasser das Wasser nicht als Wasser wahrnimmt und dennoch darin zu Hause ist. So ist es für den Menschen wichtig, das Bewusstsein zu entwickeln, im Meer der Liebe zu schwimmen, die immer und unendlich Nachschub bekommt. Das Haben versiegt irgendwann, die Liebe dagegen wächst. Du kaufst nicht Liebe, du bist Liebe. Lieben ist deine natürliche Wesensbestimmung.

17. Weniger jammern

Manchmal sammelt sich im Herzen Leid an. Das Herz freut sich über ein Ereignis, das noch kommt. Wenn es sich nicht so erfüllt, dann ist es enttäuscht und lagert Leid ab. Wenn sich in der Nähe ein anderes Herz aufhält, dann kann durch Leidteilen der Schmerz schnell überwunden werden.
Aber manchmal ist niemand in der Nähe oder das Herz hat schon öfter mal eine Enttäuschung erlebt, dass keiner zuhören möchte. Dann kann sich schon mal eine Menge Leid ansammeln. Das macht das Herz im Laufe der Zeit schwer. Denn es muss das ganze Leid ständig mit sich herumtragen.
Wenn du jammerst, dann ist das der Versuch, mit dem Leid im Herzen umzugehen. Ist das hilfreich? Du hast wenigstens einen Kanal gefunden, deinen Schmerz auszudrücken. Das ist ein erster wichtiger Schritt. Was ist aber, wenn du so richtig ins Jammern kommst. Ins Dauerjammern. So geht es heute darum weniger zu jammern.

Jammern erleichtert. Du redest dir einfach was von der Seele. Jeder von uns jammert mal und es gibt reichlich Grund dazu. Manche haben ein weites Herz und eine große Frustrationstoleranz. Die sind gesegnet, weil sie so schnell nichts erschüttert.
Wenn du aber genaue Vorstellungen vom Leben hast, konkrete Wünsche und klare Bedürfnisse, dann kannst du schon mal

schneller enttäuscht werden, wenn die Ereignisse nicht so eintreten, wie du es dir ausgedacht hast. Dann hast du viel Grund, die Abläufe deines Lebens zu beklagen. Es fühlt sich einfach nicht schön an. Das erste Jammern wird dich erleichtern. Wenn aber nichts passiert, wenn die Situation sich nicht ändert oder wenn du nichts anders machst, dann bleibt der Grund zum Jammern weiter bestehen. Es ändert sich nichts an der Situation und zum Ausgleich jammerst du. Dann hast du das Jammern als Lösung gefunden, die Situation zu ertragen. Du solltest dann auf keinen Fall weniger jammern. Jammern ist ja deine Lösung!
Nur, wenn du dich ändern möchtest oder deine unangenehme Lage, dann wäre es besser, weniger zu jammern. Aber nur dann.
Was geschieht, wenn du weniger jammerst? Sell dir vor, dass dein Ehepartner nicht mehr mit dir spricht. Das macht dich traurig und du sammelst Leid in deinem Herzen an. Dann bejammerst du mit Freunden und Freundinnen dein Schicksal. Vielleicht bekommst du Verständnis und Zuwendung. Aber irgendwann werden die Quellen versiegen weil niemand dich mehr hören mag. Wenn du jetzt aufhörst zu jammern, dann sammelst du immer mehr Leid an bis... Ahnst du, was passiert, wenn du nicht mehr jammerst?
Entweder stirbst du vor Kummer oder du möchtest das ganze Zeug irgendwann einmal loswerden. Vielleicht explodierst du und machst mit einem Wisch einen reinen Tisch. Oder du fängst tatsächlich an, etwas zu verändern. Du entschließt dich, nicht mehr länger zu leiden, sondern diesen Zustand zu beenden. Du schreitest zur Tat. Du machst etwas. Du hältst nicht länger das „Unerträgliche“ aus. Wenn du aufhörst zu jammern wird daraus etwas anderes wachsen. Denn du hast ja aufgehört, das Jammern als Lösung zu betrachten. Überlege dir also gut, ob du weniger jammern möchtest.

18. Mehr freuen

Tiefe Freude ist einer der Lieblingszustände des Herzens. Du kannst dich freuen wenn es einen Anlass dafür gibt. Wenn du einen guten Freund triffst, wenn du eingeladen wirst zu Menschen, die du magst. Du kannst dich über ein Geschenk freuen oder einfach über ein Lächeln.
Es braucht nicht viel, dass dein Herz in diese Freude-schwingungen gerät. In der Regel findet es sehr schnell die Quellen dafür. Es ist darauf programmiert. Das Herz kennt seine Tankstellen. In manchen Phasen deines Lebens kannst du sogar in der Freude sein ohne einen Anlass. Die Freude ist einfach da und dein Herz schwingt. Wie wäre es, wenn du mehr davon erleben dürftest? Mehr freuen?

Stell dir vor dass du eine Freundin oder einen Freund triffst. Du freust dich schon vorher. Es tauchen Bilder und Erinnerungen auf. Es kommen Gedanken und Wünsche, dass es sehr nahe und schön sein möge. Schon beim Nachspüren fühlst du dich verstanden, verbunden und getragen. Wenn es dann zur Begegnung kommt erfüllt sich diese Freude. Sie fühlt sich mächtig und stark an und erfüllt dein ganzes Herz. Du spürst förmlich, wie dein Herz auftankt und ganz präsent ist.
Wenn die Begegnung dem Ende zugeht, schleicht sich auch neben der Freude ein wenig Trauer und Schmerz ein. „Schade, wir müssen uns trennen. Wer weiß, wie lange es dauert, bis wir uns wiedersehen."
Du wünschst dir mehr von diesen Gefühlen? Mehr Freude? Wie kann das gehen ohne dass du dich treffen musst? Wie könntest du dich freuen ohne einen Anlass? Mit Anlass ist es vermutlich leichter. Aber wenn du dich erinnerst, dann konntest du schon vor der Begegnung diese Freude erleben. Allein der Gedanke an das Treffen hat dein Herz erfüllt. Wenn du dich mehr freuen möchtest musst du also nur an die Dinge denken, die Freude bewirken.

Ich schließe die Augen und blicke auf das Meer hinaus. Ich rieche das Meerwasser und spüre die Sonne auf meiner Haut. Ich entspanne mich und vom nahe gelegenen Restaurant aus wehen mediterrane Düfte herüber. Mein Herz verwundert sich. „Wie! Ist denn schon Urlaub? Yes, ich bin dabei!" Du kannst also die Macht deiner Vorstellung nutzen, in die Freude zu gehen. Das ist kein Rezept für Zustände, wenn du tief traurig oder verärgert bist. Dann ist etwas anderes dran. Aber dein Herz mag es sehr, wenn es mehr Freuen gibt.

19. Weniger schlafen

Manchmal schaust du am Abend auf deinen Tag zurück und weißt nicht mehr, was so alles passiert ist. Oder jemand fragt dich etwas und nur wenige Momente später kannst du dich nicht mehr erinnern. Dann stellst du vielleicht fest, dass du irgendwie gar nicht da warst.
Mit einem Teil von dir warst du in irgendwelchen Tagträumen, in Gedanken oder in einem Niemandsland. Dein Herz war nicht da. Es fühlte sich nicht angesprochen. Es gibt Tage, da hängt dein Herz in den Seilen. Es bekommt keinen „Gefühlsstoff". Dein Herz ist abgetaucht in einen Schlafzustand. Solche Zustände können durchaus hilfreich sein, besonders, wenn du überfordert bist. Zu viele belastende Gefühle können dich überfordern, aber auch wenn nichts passiert. Wie wäre es damit weniger zu schlafen?

Um es gleich zu sagen: Ich schlafe gerne. Ich schlafe auch gerne genug. Der Körper, der Geist und die Seele brauchen diese Zeiten, sich zu regenerieren. Und ich plädiere dafür, da achtsam mit umzugehen. Wenn ich mich dafür stark mache, weniger zu schlafen, dann meine ich den Schlaf am Tage.
Es gibt Zeiten am Tag, wo du den Eindruck hast, dass du nicht richtig da bist. Du nimmst einfach nicht wahr, wo du bist, was du tust und wer sonst noch da ist. Du bekommst nicht mit, dass da gerade jemand traurig ist. Du spürst nicht, dass du gerade

angesprochen wirst. Du schläfst! Ich sitze manchmal in Konferenzen, wo ich auch irgendwie schlafe. Schade! Gehört doch zu meiner Lebenszeit. Ich sitze mit einem Menschen zusammen und ich rede ihn müde. Dann bin ich eigentlich auch nicht mehr da. Da spricht eine Art Computer ohne zu bemerken, dass das Gegenüber schon lange abgetaucht ist. Schade! Wenn ich dann für mich selber das Wort „Jetzt" sage, werde ich wach. Durch das Wort „Jetzt" merke ich erst, dass ich gerade geschlafen habe. Rund um die Uhr bewusst leben geht vielleicht noch nicht – aber ich kann diese Augenblicke ausdehnen und vermehren, in denen ich den Schlaf mehr und mehr abstreife und ganz da bin.

20. Mehr wachen

Das Herz ist gerne hellwach. Was geschieht gerade? Wo ist etwas los? Wo begegne ich dem Leben? Das Herz möchte ja in eine kohärente Schwingung kommen. Dazu muss es Impulse erhalten. Es sucht ständig Impulse um festzustellen, dass es lebendig ist. Im Schlaf sinkt es ab und sorgt für eine gute Ruhephase.
Das Herz ist neugierig. Darum kannst du es ganz leicht schaffen, in einem anregenden Wachzustand zu kommen. Jetzt geht es also um mehr wachen.

Wenn ich nichts mehr vom Leben erwarte dann plätschere ich dahin. Worüber sollte ich mich freuen oder ärgern? Alles geht seinen Gang und ich gehe irgendwie mit. Wenn ich aber etwas erwarte, dann bin ich ausgerichtet. Ich bin ausgespannt auf etwas hin. Ich richte meine Antennen aus und mein Körpertonus kommt in eine gewisse Spannung.
Ich bin zum Aufbruch bereit. Ich erwarte zum Beispiel Besuch und richte meine Ohren aus. Gleich wird es klingeln. Ich möchte den Moment nicht verpassen. Mein Besucher soll nicht unverrichteter Dinge wieder nach Hause gehen.

In einem Wachzustand bekommst du mehr mit. Zu viel ist vielleicht auch nicht gut, damit du dein System nicht überforderst. Aber eine gewisse Wachheit lässt dich mehr teilnehmen am Leben. Du bekommst mit, was in der Welt so geschieht. Du glaubst nicht einfach den Medien und liest zwischen den Zeilen. Du interessierst dich mehr für die Zwischentöne und die verborgenen Nachrichten. Du hörst mehr von dem, was jemand verschweigt als von dem, was er dir verkauft. Du findest eher den Weg zum gesunden Gemüse und hältst dich in der Nähe von Menschen auf, die dir gut tun. Wenn du wach bist, dann meidest du energieräuberische Menschen und merkst sehr schnell, wenn jemand dich nur aussaugen will. Du merkst Veränderungen in der Welt. Je wacher du wirst, desto eher bemerkst du die Vogelarten, die nicht mehr in deiner Umgebung vorkommen. Du nimmst wahr, ob die Kassiererin im Supermarkt gerade zufrieden oder abwesend ist. Du wirst wacher und nimmst mehr wahr. Du nimmst mehr wahr und fühlst dich mehr als Teilnehmer am Leben.

21. Weniger reden

Manchmal sitze ich mit meinem Herzen in der Runde und frage mich: „Worüber sprechen die hier eigentlich?" Es berührt mich nicht. Es ist langweilig. Es geht um nichts. Um nichts Wichtiges. Ich höre die Worte und ich höre Sätze und es kommt nichts bei mir an. Ich schaue verwundert in die Runde und werde abgehängt. Ich bin nicht mehr da.
Das Herz mag es nicht, wenn es mit anderen Menschen zusammen ist und dann abgehängt wird. Es möchte gerne dabei sein. Wie wäre es mit weniger reden?

Es gibt ja Menschen, die nie reden. Denen man die Worte aus der Nase ziehen muss. Von denen man nichts mitbekommt. Die meine ich nicht! Ich spreche von mir und von den Menschen, die nicht mit dem Sprechen aufhören können. Ich erwische mich

dabei, dass ich einen Gedanken ausspreche und dann noch einmal mit anderen Worten und dann noch einmal ohne zu überprüfen, ob der Gedanke angekommen ist. Vielleicht habe ich mein Gegenüber schon müde geredet. Ihn eingelullt. Ihn mit Worten abgeschossen. Da wäre ein frühzeitiger Punkt hilfreich. Einen Gedanken einmal ausgesprochen und Punkt. Und abwarten, ob und was kommt. Das könnte ich mal tun. Wäre sinnvoll.
Ich denke aber auch an Menschen, die sprechen können, ohne dass das Herz dabei ist. Sie schalten es einfach gar nicht ein und wirken wie eine Sprechmaschine. Für alle Vielsprecher empfehle ich, einen Satz einfach auslaufen zu lassen und keinen Satz nachzuschieben. Einfach mal aufhören. Und schauen, was dann geschieht. Das mache ich jetzt.

22. Mehr schweigen

Wenn du dich selber in deinem Herzen besuchst gibt es die große Freude und zugleich auch das große Schweigen. Du kannst in der Nacht den Sternenhimmel betrachten oder in der Meditation in dein Herz gehen.
Das Herz kann schweigen, weil es sich depressiv zurückzieht. Es kann aber auch schweigen, weil es von der Größe des Daseins ergriffen wird. Und dazu lade ich dich ein.
Viele Menschen verbinden mit dem Schweigen ein unangenehmes Gefühl. Du streitest dich und fühlst dich verletzt. Dann schweigst du, weil du nicht noch mehr Öl ins Feuer gießen möchtest und du magst auch einfach nicht mehr. In einer Gruppe schweigen alle plötzlich, weil sie unangenehm berührt sind. Es gibt peinliche Schweigemomente. In solchen Augenblicken wünschst du dich sehr schnell weg.
Dann gibt es aber auch Zeiten des Schweigens, wo eine Stille heilsam und wohltuend ist. Du sprichst mit einem Menschen und es entsteht Nähe. Da berührt dich ein Wort und es darf sich in dir ausbreiten. Es wird nicht sofort wieder übertönt durch ein neues Wort. Ein Wort bekommt Zeit, sich in dir auszubreiten. Ich

glaube, dass wir das wieder lernen müssen. Bei uns geht alles so schnell. Ein Wort bekommt nicht mehr die Zeit, die es braucht, um wirken zu können. Je schneller die Welt und dein Leben abläuft, desto mehr geht die Qualität der Schweigezeiten verloren. Aber du kannst das wieder einüben.

Du setzt dich hin und schließt die Augen. Du gehst mit deiner Aufmerksamkeit in das Herz und atmest tief ein und aus. Du stellst dir vor, dass dein Herz ein Fenster hat, in das du hineinatmest und wieder ausatmest. In deinem Herzen nimmst du ein ganzes Universum wahr, das du beatmest. Dabei schaust du nur zu und nimmst wahr, was geschieht. Das machst du regelmäßig. Im Bus, auf der Parkbank oder vor dem Essen. Das Schweigen wird dir helfen, wieder Freiräume in dir zu finden. Vor allem, wenn es mir Worten vollgestopft ist.

23. Weniger suchen

Wenn du im Sehnsuchtsgefühl wohnst dann geht dein Herz auf die Suche. Es sucht Nahrung und möchte satt werden. Das Herz spürt hin und schaut sich um, ob es Zuwendung bekommt. Du kannst dabei merkwürdige Erfahrungen machen. Du gehst in die Stadt und fragst dich in der Fußgängerzone, warum du eigentlich hier bist.

Vielleicht hattest du Lust auf einen Bummel oder du wolltest irgendetwas einkaufen. Und plötzlich verliert sich die Idee. Der Impuls verschwindet.

Dann hat dein Herz dir vorher ein Signal gesendet. Ein unbestimmtes. „Suche mir etwas, das mir Freude bereitet.“ Möglicherweise verbringst du viel Zeit mit der Suche nach Dingen, nach menschlichen Zuwendungen und empfindest es als Zeitverschwendung. Vielleicht erfüllt dich das Suchen aber auch und du magst es einfach. Du wohnst in einer großen Unordnung, weil du das Suchen liebst. Dann behalte es und mach weiter so. Suchen macht dich glücklich. Wenn es dich aber nervt, dann lade ich dich ein, weniger zu suchen.

Ich habe drei Jahre in einem Pfarrhaus gelebt mit einem Pfarrer, der permanent auf der Suche war. Er suchte ein sinnerfülltes Leben. Er entwickelte Ideen von psychosomatischen Kliniken für spirituelle Menschen. Er stellte sich Wohngemeinschaften vor mit mehreren Generationen unter einem Dach. Oder auch einen Planwagen, mit dem er unterwegs sein wollte als Zeichen gegen Besitz- und Konsumdenken. Eine Frau in der Gemeinde fragte ihn einmal, ob er „es“ immer noch nicht gefunden hätte. Seine Antwort: „Der Mensch bleibt sein ganzes Leben lang auf der Suche.“

Bist du auch Sucherin/Sucher eines Weges? Was oder wen suchst du und was treibt dich an? Suchst du lediglich verlorene Schlüssel oder verlegtes Geld? Suchst du in Supermärkten die Produkte, die du haben willst? Oder suchst du Sinn in deinem Leben? Egal, was du suchst. Wenn du suchst, dann fehlt dir in der Regel etwas. Dir fehlt der Schlüssel, ein anderer Gegenstand oder sogar der Sinn. Du befindest dich in einem Mangel. Da gibt es ein Bedürfnis oder eine Lücke. Die Suche kann deinen Tag völlig bestimmen. Du kannst an nichts anderes mehr denken. Du suchst, bis du es gefunden hast. Du möchtest auf keinen Fall vorher aufgeben.

Je höher deine Sehnsucht ist, desto intensiver der Wunsch, ans Ziel zu gelangen. Dabei kann sich schnell dein Ärger oder auch deine Trauer immer mehr steigern. Du wirst im Suchen enger und enger. Du verlierst nach und nach die Freiheit und wirst zum Sklave deines Suchens. Ich übertreibe vielleicht ein wenig, aber das Suchen kann dir deine Abhängigkeiten klar machen. Erst, wenn du das Gesuchte gefunden hast, kannst du loslassen. Dein Suchen kann dich zermürben und dich blind werden lassen für die vielen anderen Möglichkeiten am Weg. Wie würde dein Leben aussehen, wenn du weniger suchen würdest. Du müsstest die Gegenstände und Dinge natürlich loslassen. Du suchst gar nicht erst, wenn du nicht weißt wo es ist. Oder du beschränkst zeitlich deine Suche. Du nimmst die Stoppuhr und hörst nach fünf Minuten auf. Nach fünf Minuten lässt du aber auch im Kopf los. Teste mal, ob dein Leben dann weitergeht.

Und ob du für dein „Problem" noch andere Lösungen findest. Vielleicht stellst du fest, dass du doch ein sehr kreativer Mensch bist.

24. Mehr finden

Ich kann finden als Ergänzung oder Gegensatz zum Suchen definieren. Ich kann aber auch sagen: „Ich finde dich toll!" Ich kann Dinge finden, obwohl ich sie gar nicht gesucht habe. Ich begegne ihnen einfach. Ich kann die Liebe meines Lebens finden im Sinne von antreffen.
Das Herz findet sehr gerne. Es liebt Überraschungen. Wenn das Herz überrascht ist, nimmt es eine körperliche Verlängerung zur Hilfe um sich auszudrücken. Es nimmt die Hände und klatscht sie zusammen. Das Herz trottet irgendwie dahin und plötzlich wird es wach. Es kommt ins Schwingen und bekommt einen totalen Energieschub. Das Finden kann ein Ergebnis des Suchens sein, sozusagen die Belohnung einer Arbeit. Es kann aber auch sein, dass das Finden sich einfach so ereignet. Und davon wünsche ich dir mehr.

Wie kann ich etwas finden ohne dass ich suche? Ich darf nichts Bestimmtes im Sinne haben. Dann fange ich an zu suchen. Ich muss mich von allem verabschieden. Darf keine Konzepte im Kopf haben. Es könnte auch sein, dass nichts passiert. Ich laufe und finde eben nichts. Wenn ich wach bin und mein Herz öffne, so meine Erfahrung, dann passiert immer etwas Überraschendes. Ich darf mich nicht fokussieren auf eine einzige Sache. Sondern ich muss defokussieren. Den Fokus also auf alles zugleich und nichts Konkretes richten. Ich bekomme an meinem Geburtstag Besuch und habe gar keine Erwartungen. Weder Geschenke noch Kuchen. Meine Erwartungen werden schnell enttäuscht, wenn sie sich nicht erfüllen. Ich befinde mich dann im Suchmodus. Im Suchmodus habe ich klare Vorstellungen von allen Abläufen. Im Findemodus lehne ich mich zurück und lass mich überraschen. Alles darf und nichts muss. Hast du Lust, in den Findemodus zu wechseln? Wann fängst du damit an? Vielleicht nähert man sich der göttlichen Quelle auch so. Nicht suchen, sondern finden. Wenn du findest, dann gehst du davon aus, dass es schon da ist auch wenn du es noch nicht siehst. Und wenn es schon da ist, kann es auch seine Kräfte entfalten. Du könntest auch einfach mal so tun, als hättest du es schon gefunden. Wie fühlst du dich als Finder?

Nach dem Herzputz!

Nun hast du dein Herz gereinigt im Laufe von 24 Impulsen oder in einem vier Wochen Programm. Spürst du Veränderungen? Fühlst du dich lebendiger? Leichter? Bewusster? Befrage dein Herz und befrage deinen Verstand. Ich erlebe es so, dass ich den Eindruck habe, jetzt mehr in Übereinstimmung mit mir zu sein. Ich fühle mich stimmiger. Nicht moralisch besser oder schlechter. Aber stimmiger. Ich fühle mich neu ausbalanciert. Mein Herz fühlt sich kohärent an. Und das finde ich sehr erstrebenswert.

19 Deine königlichen Gaben...

Die Gaben der Weisen aus dem Morgenland für das Jesuskind bestanden aus Gold, Weihrauch und Myrrhe. So erzählt es uns das Matthäusevangelium. Dazu gibt es natürlich die entsprechenden spirituellen Deutungen. Gold steht für die Königswürde von Jesus, Weihrauch für sein Priestertum und Myrrhe für seine Heilfähigkeiten.

Die Geschichte der Magier, Weisen oder Könige mit ihren wunderbaren Geschenken inspiriert mich zum Nachdenken. Diese Gaben unterscheiden sich von den üblichen Geschenken. Ich möchte mit dir mal einen Vergleich anstellen. Wenn du selber einem Freund oder einem Familienmitglied zum Geburtstag etwas schenkst suchst du ein Präsent aus? Aber nach welchen Kriterien? Schaust du in erster Linie, worüber sich jemand freuen würde? Oder fragst du dich, ob ihm etwas fehlt oder nützlich wäre. Überlegst du, was zu diesem Menschen passen könnte? Vielleicht verschenkst du auch etwas, was diese Person so noch nicht besitzt. Ein Buch, Blumen, ein Bild oder irgendeinen anderen Gegenstand. Oder eine Einladung zu einem Ereignis oder einen Gutschein. Durch dein Geschenk machst du das Leben des Beschenkten reicher. Du fügst also in der Regel etwas hinzu.

Wie war das bei den Königen aus dem Morgenland? Haben sie auch etwas zum Kind hinzugefügt? Etwas, was das Kind reicher machte? Wenn ich die Armut im Stall betrachte könnte es so sein.

Mich beschäftigt aber ein anderer Gedanke. Sie haben kein Geschenk im traditionellen Sinne mitgebracht. Sie wollten nicht das Leben von Jesus bereichern sondern eher etwas verdeutlichen. Sie haben etwas sichtbar gemacht, was bislang unsichtbar oder verborgen war. Sie haben durch ihre Gabe deutlich gemacht, wie sie dieses Kind wahrnehmen oder sehen. Sie sehen nicht mit ihren leiblichen Augen das arme Kind in der Krippe sondern mit dem Herzen und ihrer Weisheit den König, den Priester und den Heiler. Sie sagen also nicht: „Wie niedlich

dieser Kleine! Ach welch ein süßes Kind!“ Sie sehen vorweg, was in diesem Kind steckt und wohin es sich entwickeln wird.
Und diesen Gedanken finde ich interessant. Es kommt nicht auf die materielle Qualität der Gaben an. Nicht einmal der symbolische Wert ist wichtig. Es kommt darauf an, was die Weisen in diesem Kind Jesus sehen.
Spannend wird jetzt die Übersetzung auf dein und mein Leben. Stell dich doch einmal vor einen Spiegel und betrachte dich darin. Was oder wen siehst du? Welche Qualitäten nimmst du bei dir wahr. Kannst du so weit gehen, dass du in dir eine Königin, eine Priesterin oder einen Heiler siehst?
Oder siehst du einfach nur einen Mann oder eine Frau in einem bestimmten Alter mit mehr oder weniger Falten und grauen oder sonstigen Haaren. Siehst du die Spuren deiner Lebensgeschichte oder deine derzeitige psychische Verfassung?
Oder kannst du in den Spiegel schauen und entdeckst dort deine ganz ureigene Qualität. „Ich bin ein Zuhörer, eine Zuhörerin.“ „Ich bin ein Tröster, eine Trösterin.“ „Ich spiele mein Leben mit Leidenschaft und genieße alles was ist.“
Worin liegt also deine Qualität jenseits von Bewertung von richtig und falsch oder gut und schlecht. Was gehört so richtig zu dir. Ordnest du die Welt? Erfindest du? Machst du Beziehungen? Gestaltest du etwas mit Materialien oder besitzt du eine grüne Hand? Oder bist du vielleicht sogar ähnlich „gestrickt“ wie Jesus? Du blickst in den Spiegel und siehst erneut und jetzt noch aufmerksamer hin. Königin? Heilerin? Zuhörer? Tröster? Göttin? Findest du es vermessen, so über dich zu denken?
Was hat Jesus wohl bei sich wahrgenommen, wenn er sich gespürt hat. Sah er in sich auch den König, den Priester und den Heiler? Oder war er angewiesen auf das, was andere in ihm sahen oder über ihn sagten?
Ich vermute, dass es eher ein Wechselspiel ist. Wir brauchen ein Gegenüber, dass uns etwas widerspiegelt. Deine Freundin oder dein Freund sagt dir: „Du bist ein guter Zuhörer. Das schätze ich.“ Dann nimmst du den Gedanken auf und prüfst ihn. „Ja, wo du das sagst, kann ich dem zustimmen. Das könnte gut sein.“

Danach achtest du darauf und stellst mehr und mehr fest, dass du wirklich gut zuhören kannst. Und so baust du diese Qualität aus allein durch deine Aufmerksamkeit.
Wie viele Qualitäten und Fähigkeiten mögen in uns schlummern, die noch nicht zum Leben erweckt wurden. Du selber bist blind für dich, weil du nur die Runzeln und Macken siehst. Und die anderen haben es bei dir noch nicht gesehen oder dir nie gesagt. Oder du warst nie in einer Lebenssituation, wo diese Qualität gefragt war.
Haben deine Eltern früher deine Qualitäten gesehen und diese gefördert? Wunderbar, wenn ja! Oder wurde nur nach den Notwendigkeiten gefragt wie: „Mach ordentlich deine Schule! Sei aufmerksam. Sei höflich! Fall nicht auf!" Wer hat dich im Leben außerhalb des Elternhauses sonst auf deine Gaben aufmerksam gemacht? Wer waren deine Förderer und Entwicklungshelfer?
Vielleicht möchtest du die Chance nutzen und dich weiterentwickeln. Du könntest ja mal vertraute oder auch fremde Menschen fragen: „Welche Qualitäten siehst du in mir? Was nimmst du bei mir wahr?" Es braucht allerdings ein wenig Mut, solche ungewöhnlichen Fragen zu stellen.
Vielleicht könnte umgekehrt dein nächstes Geschenk für einen Menschen auch eine königliche Gabe wie bei den Weisen des Morgenlandes sein. Du gibst also kein „materielles" Geschenk sondern eher ein Symbol. Verschenke z.B. eine Schachtel Streichhölzer mit dem Satz: „Wenn ich mit dir zusammen bin, dann gibt es immer sehr zündende Ideen, weil du so lebendig bist. Danke für diese Gabe, an der ich Anteil haben darf." Oder du schenkst eine Kerze mit den Worten: „Wenn ich bei dir bin, dann strahlst du immer eine so willkommene Wärme aus, die mir gut tut."
Du überlegst also, welche Qualitäten sehe ich bei meinem Gegenüber. Wie kann ich das, was ich sehe ausdrücken mit einem Symbol und mit entsprechenden Worten.
Je mehr du deine eigenen Gaben kennst, desto bewusster kannst du sie einsetzen und damit arbeiten. Es wäre doch schade, wenn du am Ende des Lebens für immer deine Augen

schließt und in der Anderswelt aufwachst. Von dort aus siehst du auf einmal das Potential, dass in dir zu Lebzeiten schlummerte und nie geweckt wurde. Du würdest denken: „Wenn ich das gewusst hätte, wäre mein Leben anders verlaufen.“

Ich möchte dich einladen zu einer Entdeckungsreise. Finde deine eigenen königlichen oder göttlichen Gaben. Da werden die kritischen Stimmen auftauchen wie: „Sei nicht überheblich! Das ist aber ganz schön nazistisch! Eigenlob stinkt!“ Du wirst deine eigenen Hindernisgedanken und Sätze bestimmt kennen. Lass dich davon nicht beeindrucken. Diese Sätze stehen wie Wächter vor einer Schatzhöhle und verhindern, dass du deine Gaben entdeckst.

Sei gewiss: Sie sind auf jeden Fall da. Ohne jeden Zweifel! Du bist voller königlicher Qualitäten! Du kannst dir beim Entdecken nur selbst im Wege sein. Stell dich vor den Spiegel und bitte darum, dass du deine inneren Qualitäten wahrnehmen darfst. Bitte deine selbstzerstörerischen „Dämonen“ darum, für einen Moment mal Pause zu machen und zur Seite zu treten. Sieh die Schönheit deiner Augen und die Würde deiner Lebensgeschichte. Blicke in deine Fähigkeiten, grenzenlos zu lieben. Schau dich an oder spüre in dich hinein und wisse, dass du mit der göttlichen Quelle verbunden bist.

Stelle dir vor, dass jede Träne, die du vor Freude oder auch vor Trauer weinst ihren Ursprung in Gott hat. Mit diesen Tränen spülst du deine Qualitäten frei, so dass sie wie ein Diamant sichtbar werden. Du strahlst dich im Spiegel an und verstärkst damit die Idee, dass diese Erde in Wirklichkeit ein Paradies ist.

Die alten irischen Segen haben oft zum Inhalt, dass du die Welt und dich selbst wohlwollend wahrnimmst. Sei selbst wie ein alter irischer Segen voller Geschichte und Kraft. So brauchst du kein Segenswort von außen. Du bist selbst ein fleischgewordener Segen. Für dich, für deine Umgebung und für die Welt.

20 Wer trägt die Verantwortung für mein Leben?

An erster Stelle fallen mir mein Eltern ein. Sie haben dafür gesorgt, dass es mich gibt. Sie haben sich geliebt und ich bin das Ergebnis. So wünsche ich es mir jedenfalls. Aber gefragt wurde ich natürlich nicht. Ohne sie wäre ich wohl nicht. Meine Gene speisen sich aus ihrem Pool und aus den Linien vieler Vorfahren.

An zweiter Stelle fallen mir meine Lehrer ein, denn die haben dafür gesorgt, dass ich etwas lernen konnte. Ich mochte meine Grundschullehrerin. Wenn sie zu streng gewesen wäre, dann wäre aus mir vielleicht ein sehr ängstlicher Mensch geworden mit einem geringen Selbstwertgefühl. Die Jahre in der Realschule und dem Gymnasium erlebte ich aber eher als eine Heißmangel. Wie ein Stück Tuch wurde ich in der Schule durchgewalkt. Auf meinen Zeugnissen konnte ich das Endergebnis lesen. In Physik nur mäßig aber gut in Religion.

Mir fallen auch meine Pfarrer und Religionslehrer ein, denn die haben sich darum gekümmert, dass mein Glaube Konturen bekam. Manchmal war es wirklich interessant und herausfordernd. Und weite Strecken einfach nur langweilig. Am Schluss blieb auch ein wenig Angst und Respekt kleben.

Wer trägt noch die Verantwortung für mein Leben? Mein Hausarzt hat mich ins Krankenhaus gesteckt mit einer Blinddarmentzündung. Musste das sein? Jetzt habe ich vielleicht eine traumatische Erfahrung von Verlassenheit. Ein kleiner Junge so allein im Krankenhaus.

Mein Arbeitgeber trägt auch Verantwortung, denn er muss dafür sorgen, dass ich jeden Monat mein Gehalt bekomme. Zum Glück ist er zuverlässig und das Gesetz schützt mich.

Ich könnte noch ein paar Menschen zusammenrechnen, die Verantwortung für mein Leben tragen. Die Politik sollte ordentliche Gesetze machen und die Banken die Zinsen nicht zu hoch.

Ich schaue am Ende des Monats auf mein Gehalt und sehe, welche Behörden und Versicherungen etwas von mir haben möchte. Vor allem die Krankenversicherung lässt sich ihren Anteil an Verantwortung gut bezahlen.

Jetzt könnte ich die Hände in den Schoß legen und sagen: „Wenn es mir so geht, wie es mir geht, dann ist das kein Wunder! Ich werde einen Schuldigen finden an meinem emotionalen Zustand.“ Vor allem meine Eltern müssen bis zum Ende ihres Lebens meinen Ärger spüren für all das, was sie nicht ordentlich hinbekommen haben. Meine Eltern sind verantwortlich dafür, ob aus mir ein sozial verträglicher Mensch geworden ist.

Ich könnte meinen Religionslehrern und Pfarrern jeden Tag einen Vortrag halten, was sie aus meiner Seele gemacht haben. Wie haben sie es nur geschafft, dass in mir ein strafender Gott Platz nehmen durfte. Ich wundere mich, dass ich trotz und mit all meinen Ängsten überleben konnte.

Ja, wenn alle ihre Verantwortung ordentlich wahrgenommen hätten, dann würde es mir prächtig gehen. Ich wäre heil und gesund. Ich wäre liebenswert und voller Selbstvertrauen. Ich fühlte mich wie auf Händen getragen und könnte die Erde glatt mit dem Paradies verwechseln. Ich hätte eine große Familie, äußerst liebevoll und fürsorglich. Ich wäre reich und würde alle Fähigkeiten und Begabungen entdecken und ohne einschränkende Glaubenssätze entfalten. Ich wüsste nicht einmal, was ein schlechtes Gewissen wäre, weil meine Straße mit Vertrauen und Wohlwollen gepflastert wäre. Wenn alle, aber wirklich alle ordentlich ihre Verantwortung wahrgenommen hätten. Haben sie aber nicht! Bei dir?

Mir geht es schlecht, weil alle versagt haben. Ich könnte eine lange Liste des Versagens und der Anklagen schreiben. Anschließend würde ich mich zurücklehnen und vorwurfsvoll in die Runde schauen: "Da seht ihr nun, was ihr angerichtet habt. Jetzt seht mal zu, wie ihr das wieder hinbekommt. Vorher stehe ich hier nicht auf!"

Ich bin ein armes Opfer. Ein Opfer meiner Eltern. Ein Opfer meiner Ärzte. Ein Opfer meiner Pfarrer. Darum bin ich so verkorkst. Aus mir konnte nur dieses Wrack werden, das jetzt diese Zeilen schreibt.

STOPP!

Bei einer Weiterbildung gehe ich auf die Toilette und sehe einen Zettel am Spiegel hängen. Darauf steht: "Hier sehen Sie den Menschen, der für Ihr Leben verantwortlich ist!" Ich protestiere! "Ich bin verantwortlich? Ich? Nicht meine Eltern und das ganze Gefolge?" Unerbittlich hängt dort der Zettel und sagt mir, dass ich in den Spiegel schauen soll. "Du trägst die Verantwortung für dein Leben!"

Ja, es gibt Vorgaben. Die Eltern geben etwas vor, die Lehrer, die Ärzte und die ganze Liste der Menschen, die etwas zu meinem Leben beigetragen haben. Und dann kommt der Denkfehler. Ich denke dann: "Aha, das ist das Ergebnis. So bin ich jetzt und in Ewigkeit."

Ich denke um. Ich schaue in den Spiegel und nehme wahr, was ich alles im Leben erlebt habe. Das waren die Vorgaben. Die Geschenke! Und dann aber komme ich! Ich mache etwas mit dem Material, das vor dem Spiegel steht. Ich kann mich dazu verhalten. Ich kann etwas gut oder schlecht finden. Ich kann meinen Eltern danken oder mich davon distanzieren. Ich kann zur Arbeit gehen oder wegbleiben. Ich kann mich verhalten zu dem, was ich da im Spiegel sehe. Ich stehe also vor dem Spiegel und übernehme die Verantwortung für den Menschen, den ich dort sehe. Es ist mein Leben und nicht das Leben meiner Eltern oder meiner Lehrer oder meiner Pfarrer. Die Liste meiner "Förderer" und "Behinderer" existiert zwar. Aber ich mache etwas damit - oder auch nicht.

Ich gehe auf die Toilette und lasse dort etwas los. Ich übernehme die Verantwortung für mein „Geschäft". Die Exkremente außen und die einschränkenden Bilder und Vorstellungen innen. Ich wasche meine Hände und übernehme die Verantwortung.

Ich nicke mir freundlich zu und bestätige mich. In Ordnung! Jetzt bin ich dran!

21 Dehne dich aus!

Ich atme ein und ich atme aus. Im Winter zieht sich die Natur zurück und im Frühling kehrt sie wieder. In der Nacht ziehe ich mich in mein Bett zurück und kuschle mich in meine Decke ein. Ich ziehe mich zusammen, damit ich mich gut geschützt fühle. Aber am Morgen, wenn ich aufwache, dann dehne und strecke ich mich. Ich kehre ins bewusste Leben zurück.

Mein ganzes Leben kann ich verstehen als einen Wechsel von Zusammenziehen und wieder Ausdehnen. So, wie das Herz pulsiert, lebe ich dabei meinen ganz eigenen Rhythmus. Ich gehe unter die Menschen als soziales Wesen und genieße den lebenswichtigen Kontakt. Ich ziehe mich wieder zurück und bin mit mir selbst allein. Sicherlich hat jeder Mensch ganz eigene Bedürfnisse und einen unterschiedlichen Rhythmus.

Wenn alles fließt, dann empfinde ich diesen Wechsel als ganz natürlich, sinnvoll und kraftgebend. Ich befinde mich in einer Balance von selbst gewähltem Rückzug und gewünschten sozialen Kontakten. Leider befinden wir uns Menschen nicht immer in dieser Balance. Es fühlt sich immer wieder mal unausgewogen an.

Manchmal betrete ich einen Raum und es zieht sich etwas in mir zusammen. Es wird eng und ich spüre die Kontraktionen. Zu viele Menschen, dicke oder schlechte Luft, Aggressivität, fehlendes Licht. Ich fühle mich nicht gesehen und nicht willkommen. Mein Körper signalisiert: Alarm! Schnell weg von hier!

Oder ich treffe einen Menschen, der mir sehr nahe kommt. Zu nahe. So nahe, dass mir nichts anderes übrigbleibt als mich innerlich zurückzuziehen. Auch hier habe ich wieder das Bedürfnis, möglichst schnell diesen Ort der Enge zu verlassen.

Ich beobachte auch, dass ich nicht das tue was mir gut tut, sondern das, was schädlich für mich ist. Ich gehe hinein in den Raum mit der „dicken“ Luft und halte es aus. „Stell dich nicht so an!“ lautet meine Devise. Vielleicht entspannt es sich ja noch.

Vielleicht geschieht ein Wunder. Zur Not kann ich immer noch wieder gehen.

Oder ich nehme wahr, dass mir ein Mensch zu nahe kommt und ich schweige wiederum. Ich möchte ihn nicht verletzen oder zurückweisen. Ich könnte ja sagen: „Bitte geh doch einen Schritt zurück. Das ist mir zu nahe." Ich will ja schließlich diesen netten Menschen nicht kränken. Das Ergebnis jedoch ist, dass ich diese erdrückende Nähe aushalten und ertragen muss. Ich übergehe meine eigenen Bedürfnisse und Wünsche. Ich stelle mich hinten an.

Das richtige Verhältnis von Nähe und Distanz sieht für jeden Menschen unterschiedlich aus. Wie viel Zeit hättest du gerne für dich alleine wenn du nur für dich entscheiden dürftest. Ohne mal an deine Familie zu denken. Aber du erlaubst es dir nicht? Aus falscher Rücksicht? Ich will ein guter Ehemann sein, eine perfekte Mutter, ein...

Vielleicht hast du aber auch von dem Rückzug zu viel. Du verbringst zu wenig Zeit in der Nähe mit denen, die du magst. Möchtest du gerne mehr und intensiveren Kontakt als dein Gegenüber? Bist du dir dessen bewusst?

Oder umgekehrt drängst du dich vielleicht unbewusst auf? Hat dir schon mal jemand gesagt: „Du, du kommst mir zu nahe. Das nimmt mir echt die Luft weg." Du könntest dich ja mal selber beobachten bei deinen sozialen Interaktionen.

Meine Wahrnehmung geht dahin, dass sich das nicht immer von selbst reguliert. Besser ist es, seine Wünsche und Bedürfnisse zu kommunizieren. Niemand schaut in meinen Kopf und niemand kennt die Regungen meines Herzens. Ich sorge also gut für mich und übernehme die Verantwortung für mich, auch wenn ich mal zurückgewiesen werde oder ich es für andere eng mache.

Eines steht fest: Jedes Lebewesen braucht Platz und möchte sich ausdehnen. Im Garten dehnen sich im Frühling die Pflanzen aus. Da gibt es die Starken und Prächtigen. Sie fragen nicht einmal, ob sie dürfen und geben keinen Kommentar dazu. Sie dehnen sich einfach aus und beanspruchen ihren Raum. Und es ist ihnen völlig egal, ob die kleinen Blümchen noch Sonne und Wasser bekommen. Viele Pflanzen finden zum Glück ihre Nische und behaupten sich trotz der Großen und Starken. Oder sie hängen sich einfach dran wie es der Efeu macht.

Bei Menschen erlebe ich das auch so. Da gibt es diejenigen, die den Raum beherrschen, wo auch immer sie auftauchen. „Platz da! Hier bin ich!" Gehörst du auch zu den Königen und Königinnen, die einen automatischen Rechtsanspruch auf ein Weltreich haben? Oder gehörst du eher zu denen, die schauen, ob es irgendwo ein kleines Plätzchen gibt, wo es sich einigermaßen ruhig überleben lässt.

Viele Menschen finden es moralisch richtiger auf die eigenen Entfaltungen zu verzichten, sich kleinzumachen oder sich zu beschränken. Asche auf mein Haupt! Entschuldigung, dass ich da bin!

Wenn du das schon viele Jahre erfolgreich gemacht hast, dann könntest du ja mal das andere Ende des Pendels ausprobieren. Das Gegenteil sozusagen. Dehne dich aus. Nimm deine Schultern zurück und hebe den Kopf. Schaue deine Mitmenschen auf Augenhöhe an und lächle ihnen zu. Lass alle wissen: „Hier bin ich! Ich nehme diesen Raum hier ein und genieße es!" Geh in ein Zugabteil und besetze mal einfach deinen Nachbarsitz mit oder sogar noch die Plätze gegenüber. Warum nicht vier auf einmal? Geh durch die Fußgängerzone und lass dich nicht von den Menschenmassen beeindrucken. Da, wo du stehst, steht niemand sonst. Unter Tausenden von Menschen bist du einmalig!

Besuche eine deiner sozialen Gruppen wie Familie, Freunde oder Vereine und schaue alle strahlend an. Du bist ein König und du bist eine Königin. Die Bühne gehört dir. Du musst diese Ideen nicht praktisch umsetzen, aber du kannst sie denken und fühlen. Du wirst merken, wie ein Ruck durch deinen Körper geht. Du ziehst dich nicht zusammen. Du dehnst dich aus.

Die Ausdehnung beginnt im Herzen und im Denken. Manchmal erlebe ich es bei Ehepaaren, dass sich einer aus Rücksicht immer zurückhält. „Mein Mann ist ja so krank. Er ist so beansprucht in seinem Job.“ - „Meine Frau kann ja nicht so, wie sie will. Ihr geht alles immer so zu Herzen.“ Es ist nicht nötig, so zu denken. Das macht mein Gegenüber klein. So kommt es in der Partnerschaft schnell zu einem Oben und Unten und die Liebe auf Augenhöhe geht verloren.

Ich lade dich also ein, in den Wochen bis Ostern in die Ausdehnung zu gehen. Mit jedem Atemzug. Hier bin ich! Ich lebe!

22 Begegnung mit der inneren Hebamme

In dem Dorf, in dem ich aufgewachsen bin, gab es zu meiner Kinderzeit ein paar wenige Menschen, über die wir nicht mit ihrem Nachnamen sprachen sondern mit ihrer Berufsbezeichnung. Zu diesen Personen gehörten der Doktor, der Pastor, der Polizist und der Apotheker.

Die Hebamme gehörte auch dazu. In meiner Erinnerung gab es für viele Jahre nur eine davon im Dorf. Darum hieß sie „die" Hebamme. Sie war bei meiner Geburt dabei und bei den Geburten meiner Geschwister. Meine Mutter sprach mit Respekt von ihr und zugleich spürte ich im Reden auch ein Tabu. „Frag nicht näher! Darüber spricht man nicht! Das ist mir unangenehm." Warum, das kann ich nur vermuten. Immerhin wurden wir von unseren Eltern sexuell nicht aufgeklärt. Überhaupt nicht. Sexualität war ein Thema, das einfach in der verbalen Kommunikation nicht vorkam.

Aber mir geht es hier und heute um die Hebamme. Ich finde, dass es sich lohnt, ihr mehr Aufmerksamkeit zu widmen und ich lade dich zum virtuellen Spaziergang ein.

Ich stelle mir vor, wie ich im Bauch meiner Mutter aufwuchs in den ersten Monaten meines Lebens. Im Bauch meiner Mutter erlebte ich meine erste geschlossene Welt. Dort gab es nur mich und meine Mutter. Dann gab es noch Geräusche, Licht und Traumzustände. Und es gab Veränderungen. Am Ende der Schwangerschaft die erste richtig große. So wie du und jeder andere Mensch musste ich raus in die Welt. Raus aus der dunklen Höhle und hinein in das grelle Licht der großen und weiten Außenwelt.

Ich wusste nicht, dass da draußen in der Nähe des Bauches meiner Mutter eine andere Frau stand. Eben die Hebamme. Eine, die spürte. Die hörte. Die beruhigte. Die ermunterte. Die ermahnte. Eine Frau, die eine Fülle von Möglichkeiten kannte, Mütter zu begleiten und Kinder zu unterstützen, auf die Welt zu kommen. Zum Zeitpunkt meiner Geburt konnte ich meinen Ver-

stand noch nicht voll und ganz nutzen. Sonst hätte ich diese Hebamme als ersten fremden Menschen bewusst wahrgenommen. Eine fremde Frau hat mich „gehoben“ und stellvertretend „bemuttert“. Die Übersetzung des Wortes „Hebamme“ bedeutet so viel wie „Hebemutter“.
Meine „Hebemutter“ hat schon Wochen vor meiner Geburt angefangen mich zu beobachten und wahrzunehmen. Wie geht es meiner Mutter und wie weit bin ich in meinem Reifungsprozess. Erst, als alle Parameter stimmten, ging es los mit der Geburt. Alles an mir war fertig und ich war bereit zum Aufbruch durch den Geburtskanal. Es fehlte nur noch der letzte Impuls. Die Hebamme machte ihre Arbeit von mir völlig unbemerkt. Im Hintergrund. Hätte ich es ohne sie geschafft? Erst viele Jahre später nahm ich sie bewusst wahr. „Das ist die Hebamme! Das war auch meine Hebamme!“ Die erste fremde Frau, die mich nackt sah!
So viel erst einmal zur „biologischen Hebamme“. Ich finde es interessant, dass „Hebammen“ auch in anderen Zusammenhängen auftauchen. Ich entdeckte die Internetseite eines Therapeuten und Coach, der sich auch als eine Art mentale Hebamme verstand. Auch Flaschenöffner besitzen eine Hebammenfunktion. Damit kann ich den Kronkorken entfernen und an die flüssigen Inhalte kommen. Hebammen geben also eine Hilfestellung, irgendetwas auf die Welt zu bringen. Ein Kind, ein Gegenstand, einen Gedanken, ein Gefühl, einen Traum. Da entsteht etwas im Verborgenen, reift heran und kommt dann zum Vorschein.
Leider nicht immer! Manchmal ergeben sich Komplikationen. Das Kind kommt nicht heraus! Warum auch immer. Hier ist die Hebamme gefragt mit ihrer Erfahrung und Kompetenz.
Auch Gedanken und Pläne mögen manchmal nicht auf die Welt kommen. Alles scheint fertig zu sein für die Geburt und dann passiert nichts. Und damit komme ich langsam zu meinem Kerngedanken und Grundanliegen. Wie kann ich das, was in mir ist und leben möchte, auf die Welt bringen? Oft geschehen meine Geburten total leicht. Es ist heiß, ich habe Lust auf ein Eis

und Geld in der Tasche. Ich komme an eine Eisdiele vorbei und zögere keinen Augenblick. Ich kaufe und genieße!
An einem anderen Tag ist es wieder heiß. Ich habe Lust auf ein Eis und Geld in der Tasche. Ich komme an eine Eisdiele und gehe vorbei und nicht hinein. Ich wundere mich dann, warum ich es nicht geschafft habe, dieses Eis zu kaufen und zu genießen.

Ich kenne einen jungen Mann, der viel Zeit braucht, seine Gedanken auf die Welt zu bringen. Er kann ganz fasziniert sein von irgendeiner Idee und ich sehe förmlich, wie er einen Gedanken bewegt. Er fängt mit einem Halbsatz an, den er ganz langsam ausspricht. Dann macht er eine lange Pause und ich beobachte, wie seine Augen hin und her wandern auf der Suche nach Worten. Er wiederholt den gleichen Halbsatz und es kreist weiter. Manche Zuhörer halten die Situation nicht aus und führen diesen Halbsatz weiter mit einem eigenen Vorschlag. Ich selbst spüre auch meine Ungeduld, zügle mich aber und warte ab und beobachte, was geschieht. Erster Halbsatz, denken. Ersten Halbsatz wiederholen, weiter denken. Den ersten Halbsatz anders betonen, und noch eine Schleife drehen. Und? Wirst du selbst schon ungeduldig? Oder möchtest du wie eine Hebamme seine Gedanken aus dem Hirn ziehen? Kannst du geduldig warten wenn du diese Zeilen liest? Dieser junge Mann ist für mich eigentlich ein geborener Philosoph. Der wiederholt in der Regel auch seine Sätze und kaut sie von allen Seiten mit einerseits und andererseits.
In der Begegnung mit meinem jungen Freund wird mir das Wunder im eigenen Verstand bewusst. Ich kann fast gleichzeitig denken und diese Gedanken auf die Welt bringen. Leider wird mir manchmal erst nach dem Aussprechen bewusst, was ich da zur Welt gebracht habe. „War das wirklich mein eigener Gedanke?"
Als ich diesem jungen Mann länger zuhörte kam mir zum ersten Mal die Idee, ob wir Menschen in unserem Inneren so etwas wie eine Hebamme besitzen. Eine innere Hebamme, die ständig damit beschäftigt ist, das, was in uns lebt, auf die Welt zu bringen.

Mein junger Freund besitzt vielleicht keine Hebamme, die ihn unterstützt. Oder seine innere Hebamme arbeitet hauptsächlich in seinem Bauch und in seinem Herzen. Aber nicht so sehr in seinem Gedankentopf.

Zurück zur „Baby-Hebamme“. Wenn du im Bauch deiner Mutter eingekuschelt bist weißt du nichts von einer Hebamme. Deine Mutter erzählt dir irgendwann einmal davon. Genauso weißt du nicht, dass du im Inneren auch eine Hebamme besitzt. Du bist so damit beschäftigt, deine Gedanken zu denken und sie ins Wort zubringen, dass du die Hebamme im Hintergrund nicht bemerkst. Findest du die Idee verrückt? Abwegig? Wo sollte sie denn sitzen? Da hat doch noch nie jemand drüber gesprochen!

Ich möchte dir noch eine Geschichte erzählen. Ich war als junger Mann eingeladen zu einer Geburtstagsfeier. Im Garten standen Stehtische und alle waren gut besetzt. An einem Stehtisch standen ein junger Mann und eine junge Frau. Ich kannte beide, stellte mich dazu und freute mich auf einen netten Abend. Doch wenige Augenblicke später wurde ich vom Tisch weggezogen und aufgeklärt. Die beiden sollten unbedingt für sich bleiben! Keine Störungen durch dritte Personen.

Und das war die Situation: Er liebt sie und sie liebt ihn. Er weiß über Freundinnen von ihr, dass sie ihn liebt. Und sie weiß über Freunde von ihm, dass er sie auch liebt. Sie wissen also definitiv beide voneinander, dass sie sich lieben. Inzwischen wissen es alle – auch ich jetzt. Die beiden laufen um den Häuserblock und reden über alles. Nur nicht darüber, dass sie sich lieben. Sie stehen am Stehtisch bei der Party und es knistert. Aber kein Händchenhalten und keine körperliche Annäherung. Alles ist klar und leider auch völlig verzweifelt unklar. Wann endlich kommt das Kind der Liebe auf die Welt! Alle warten! Es ist schon längst überfällig. An dem Abend wurde es übrigens wieder nichts. Es dauerte noch ein paar Wochen bis die Liebe auf die Welt kam. Im Verhältnis zur Geburt ging das Heiraten dann schnell. Ich weiß aber bis heute nicht, wie sie die Liebesgeburt geschafft haben.

Ich frage mich auch hier, warum das so lange gedauert hat? Ahnst du meine Vermutung? Die Hebamme dieser beiden war nicht an der richtigen Stelle. Sie saß vielleicht die ganze Zeit im Kopf, aber nicht im Herzen und vor allem nicht im Bauch!

Ich komme nun zu meiner Hypothese. Im Inneren eines jeden Menschen wohnt eine Hebamme. Sie übernimmt die Aufgabe, uns an einem ganz bestimmten Punkt der Entwicklung zu unterstützen. Sie möchte helfen, das auf die Welt zu bringen, was reif ist. Die innere Hebamme wechselt dabei je nach Bedarf ihren Aufenthaltsort. Sie muss sozusagen „mentale Drillinge" betreuen. Im Verstand sitzt sie und sorgt dafür, dass die Gedanken ins Wort kommen. Am Herzen sitzt sie und sorgt dafür, dass die Gefühle ihren Ausdruck finden. Und im Bauch sitzt sie, damit wir in die Umsetzung unserer Pläne kommen.

Sie hofft, dass wir ganz eigenständig mit diesen drei Körperzentren zusammenarbeiten. Sie freut sich, wenn wir wie selbstverständlich unsere Gedanken ins Wort bringen, unsere Gefühle fühlen und in die Tat umsetzen, was Herz und Verstand sagen. Wenn die „Drillinge" gut miteinander klarkommen hat sie nichts zu tun.

Leider sind wir Menschen sehr störanfällig! Wir lassen uns leicht kränken. Aufgaben überfordern uns. Wir fühlen uns irgendwie nicht richtig. Nicht genug geliebt. Manchmal erleben wir unsere Existenz wie eine Riesenbaustelle und sind erstaunt, noch nicht gestorben zu sein.

Weil wir also so sensibel und störanfällig sind ist es gut, wenn wir uns eine innere Hebamme vorstellen können, die uns unterstützt beim Aussprechen der Gedanken und dem spüren der Gefühle.

Ist die Existenz einer inneren Hebamme nun eine Hypothese oder doch vielleicht reale Wirklichkeit? Bei einer Konferenz wurde gefragt, wer eine bestimmte Aufgabe übernehmen könnte. Ich zögerte nur einen kurzen Augenblick und zeigte dann meine Bereitschaft. Hinterher fragte ich mich, wer mich denn da wohl angestoßen hatte. Zugleich hätte ich nämlich gar nicht gewollt. Ich hatte ja genug zu tun. War da jemand anders mit am Werk?

Die innere Stimme, die mir sagte: „Hey, mach mal. Ist genau richtig für dich! Die Zeit ist reif, dein Zögern aufzugeben!“
Ich gehe noch einen Schritt weiter. Die innere Hebamme muss nicht in Wirklichkeit existieren. Mir persönlich reicht es aus, dass ich sie mir vorstelle. Wenn du dir deine innere Hebamme vorstellen kannst, dann kannst du auch mit ihr in Kontakt treten. Das Kind im Bauch der Mutter weiß nichts von der Frau da draußen und kann auch nicht Wünsche und Bedürfnisse äußern. Die Hebamme ist angewiesen auf ihre eigene Intuition, ihre Erfahrungen und ihr Können.
Stelle dir doch einmal jetzt in diesem Augenblick deine innere Hebamme vor. Du beendest jetzt die vielen unbewussten Jahre eures Nebeneinanders und sprichst mit ihr. Spür einfach mal hin. Schließe dazu die Augen und gehe mit deiner Aufmerksamkeit nach innen. Wo vermutest du sie? Wo hält sie sich gerne auf? Wo muss sie oft sein, weil du dich schwer tust. Bist du blockiert in deinen Gefühlen und deine Hebamme versucht verzweifelt, ständig Steine und Geröll vom Herzen zu entfernen? Oder sitzt sie verstärkt in deinem Verstand und rettet dich wenigstens nachts, damit du nicht immer herumgrübelst. Oder sitzt sie im Bauch uns stößt dich permanent an, damit du endlich zur Tat schreitest.
Bislang hast du nichts gewusst von deiner inneren Hebamme. Du hast sie arbeiten lassen. Und sie hat treu alles für dich gemacht gut für dich gesorgt. Jetzt aber weißt du von ihr und du könntest anfangen, mit ihr gemeinsam zu arbeiten.
Hast du dich von deiner leiblichen Hebamme aus dem Bauch deiner Mutter ziehen lassen? Oder hast du deinen Teil dazu beigetragen? Warst du voller Angst im Bauch deiner Mutter und hast dich nicht getraut, den Weg nach draußen zu wagen und die Hebamme hat dich einfach gepackt! Egal ob mit oder ohne Angst? Oder hast du die Angst gespürt und bist trotzdem mutig einfach dadurch geflutscht?
Was würde sich in deinem Leben ändern, wenn du ab jetzt mit der hypothetischen inneren Hebamme arbeiten würdest. Würden

sich deine Möglichkeiten ausweiten? Wenn ja, in welchem „Energiezentrum"?
Erinnerst du dich an meinen Freund mit dem ersten Halbsatz? Ich stelle mir vor, wie er ab jetzt mit seiner Hebamme arbeitet. „Hallo Hebamme! Hilf mir mal. Ich hab da so einen Gedanken und kann ihn nicht gut aussprechen. Ich bräuchte dich mal. Kannst du mich unterstützen?" Dann würde seine Hebamme vielleicht sagen: „Mach ich gerne. Du machst deine Gedanken zu lang. Bis du sie aussprichst, hast du die Hälfte wieder vergessen. Verkürze deine Sätze. Dann geht es leichter."
Das junge Liebespaar könnte ihre Hebamme um Unterstützung bitten und diese würde dann einfach einen Impuls in die Hände schicken für eine mutige Berührung.
Wie beginnst du nun mit deiner Arbeit? Der erste wichtige Schritt besteht darin, sich dieser Instanz bewusst zu werden. Ich stelle mir also vor, dass sie da ist. Ich gehe mit meiner Aufmerksamkeit in den Kopf, im Raum meines Herzens und in den Bauch. Ich spüre in mich hinein. Ich wandere durch meinen Körper, durch meine Gefühle und durch meine Gedanken wie der Besucher eines großen Parks. Ich suche dort nicht den Gärtner sondern meine Hebamme. Wo könnte sie sein? Was sagt mein Verstand dazu, was das Herz und was der Bauch? Ich frage sie um Rat. „Hallo Herz! Hast du die Hebamme gesehen?" Vielleicht antwortet das Herz: „Ich wollte, sie wäre hier, aber sie ist bestimmt beim Verstand. Der hat gerade eine schlimme Gedankenattacke und ich komme nicht dazwischen."
Ich lade dich ein, in deinem inneren Park spazieren zu gehen. Du trägst den Wunsch in dir, mit deiner Hebamme in Kontakt zu treten. Wie heißt sie oder wie möchtest du sie nennen? Ein vertrautes „Nanni" oder lieber doch „weise Frau"? Gibst du ihr den Namen oder wartest du auf einen Impuls aus der Höhe oder der Körpertiefe? Du wirst deinen eigenen Weg gehen müssen. Dein inneres Land gehört dir und du bist dort die Schöpferin oder der Schöpfer.
Manchen Menschen hilft auch die Vorstellung eines Engels. Aber ich finde die Idee der Hebamme ganz sympathisch. Heb-

ammen sind so körperlich. Die wissen, wo der Schuh drückt und der Magen grummelt. Sie kennen sich aus mit Kopfschmerzen und sehen auch die Verbindungen vom Kopf zum Herzen und vom Herzen zum Bauch. Du kannst sehr viel von ihnen lernen und im Laufe der Zeit wächst deine Vertrautheit mit deiner inneren Landschaft. Du kannst mit ihrer Unterstützung lernen, deine Parklandschaft zu pflegen und immer bewusster eigenständig für eine blühende Landschaft zu sorgen. Eine Hebamme zieht sich zurück, wenn sie ihre Arbeit erledigt hat. Vielleicht wirst du bei deiner Wanderung nach innen keine finden, weil du schon gut unterwegs bist. Du brauchst sie nicht mehr. Du kannst inzwischen gut die Verantwortung für dich übernehmen weil du das auf die Welt bringst, was in dir lebt. Dann stehe ich vor dir und staune und freue mich mit dir. Toll! Du lebst! Du füllst dein Leben aus! Herzlichen Glückwunsch!

23 Ferien vom Ich

Wie wäre es einmal mit „Ferien vom Ich?“ Den Alltag hinter sich lassen. Keinen Stress mehr! Keine Termine im Kalender! Super! Wirst du es genießen können? Bist du frei von Sorgen und Aufgabenpaketen? Fühlst du dich frei im Herzen? Oder wirst du deinen ganzen Gedankenmüll mit auf die Reise nehmen. Vielleicht möchtest du ja auch verreisen in der Hoffnung, am Urlaubsort dein Zeug loszuwerden. Der Nordseestrand sozusagen als Sammelplatz von Sorgenhaufen!

In meiner Erinnerung tauchte vor ein paar Tagen der Gedanke auf: „Ferien vom Ich“. Bei meiner Recherche stellte ich fest, dass so der Titel eines Buches von Paul Keller heißt. Eine Idee daraus wurde dreimal verfilmt. Ein gesundheitlich lädierter Milliardär steigt aus seinem reichen Leben aus und macht anonym eine Art Reha. Pause von den lästigen Kakerlaken, die nur sein Geld wollen. Flucht vor denen, die sich in der Sonne seines Reichtums mit bescheinen lassen möchten.

„Ferien vom Ich!“ Geht das überhaupt? Und wenn ja – wie? Und vor allem: Was hätte ich davon, wenn ich es täte?

In dem Spielfilm gehört ja zur Identität des Milliardärs sein Geld. Er macht also mal Ferien von seinem Reichtum und taucht ein in die einfache bürgerliche Welt. Bis zur armen Hütte reicht es allerdings nicht. Er bleibt „gutbürgerlich“.

Wenn ich Ferien vom Ich machen wollte müsste ich zuerst wissen, was denn zu meinem „Ich“ so dazu gehört? Ist das ein Ganzes? Besteht es aus Teilen? Wenn ich mit meinem Namen gerufen werde, dann rufe ich: „Das bin ich!“ Und ich meine mich irgendwie ganz. Ein Namensvetter könnte sich zur gleichen melden mit dem gleichen Satz. „Das bin ich!“ Ich bin dann immer irritiert wenn ich nicht gemeint bin. Für den Bruchteil einer Sekunde versinke ich in die Existenzlosigkeit. Ich bin für einen Moment nicht mehr da. Ich wache auf und denke: Menschen mit meinem Namen gibt es also viele.

Zu meinem „Ich“ gehören zugleich viele Teile. Mein Aussehen und das Bild, das ich selbst von mir habe. Da gehören meine

Familienangehörigen zu und meine Freunde. Meine Ausbildungen und mein Beruf. Meine guten und meine schwierigen Kindheitserlebnisse. Meine Fähigkeiten und Eigenschaften, Meine Werte und meine Persönlichkeit. Meine Wünsche, meine Träume und meine Scham. All dieses und noch viele Teile mehr würden ein buntes Mosaik ergeben. Ich könnte da die Überschrift hinsetzen und sagen: „Das bin Ich!" Auch wenn es mehrere Menschen mit meinem Vornamen gibt unterscheide ich mich doch recht deutlich. Ich stelle mich vor den Spiegel und erkenne mich wieder. Da sehe ich niemanden, der so ähnlich ist wie ich. Ich sehe mich selbst.

Wenn ich mein Lebensmosaik betrachte könnte ich auf die Idee kommen, dass das Mosaik irgendwie willkürlich ist. Gebastelt. Könnte auch anders aussehen. Mehr davon oder sogar weniger? Ich könnte im Urlaub mal reduzieren. Ganz schön viel, was ich da vom „Ich" mit herumschleppen muss. Ständig erwartet jemand etwas von mir. Und ich möchte zugleich meinem eigenen Bild entsprechen. Es gehört ja zu meinem Ich dazu. Ich gehe regelmäßig zur Arbeit. Ich möchte mich selber so sehen und auch, dass die anderen mich so wahrnehmen. Ich bleibe nicht einfach so zu Hause! Ich bin ein Freund und entscheide mich nicht, mal jeden zweiten Tag ein Feind von meinem Freund zu sein. Die vielen Puzzleteile meines „Ich" stärken meine Identität und geben mir Halt und Sicherheit. Sie bilden einen Rahmen, so dass ich nicht auseinanderfalle. Wer wäre ich denn ohne all diese Teile meines Ich-Mosaikes?

In meinen Beratungen fällt mir auf, dass manche Menschen sich auf eine eigenartige Weise selbst beschreiben. Sie sagen zum Beispiel nicht direkt und einfach: „Ich mag gerne Milch." Oder „Ich komme oft zu spät." Sie sagen stattdessen: „Ich gehöre zu den Menschen, die immer noch Milch trinken." Sie fühlen sich einer Art Gruppe zugehörig. Die Gruppe der „Milchtrinker " oder der „Zuspätkommer". In einer Gruppe kann man gut abtauchen oder sich verstecken. Oder durch die „Gruppe" fühlt sich der Mensch nicht mehr so allein und unverstanden. Zugleich klingt es wie eine Rechtfertigung oder Aufklärung. Ich selbst höre allerdings immer auch mit: „Ich gehöre zwar zu den Menschen, aber ich weiß nicht, ob das wirklich so stimmt. Und ich schäme mich ein wenig dafür!" Ich höre also eine gewisse Unsicherheit mit. So jemand könnte ja auch mal diese Gruppe verlassen. „Ich gehöre zu den Menschen, die Milch trinken. Aber jetzt verlasse ich die Gruppe, weil es für mich nicht mehr so notwendig ist."

Wenn ich mir mein „Ich-Mosaik" betrachte komme ich zugleich auf die Idee, dass es da Teile gibt, die schon lange nicht mehr so richtig passen. Teile, die früher mein „Ich" ausgemacht haben, die ich immer noch mit mir herumschleppe, obwohl ich es nicht mehr bin. Wenn ich meine Eltern besuche, dann bin ich immer noch „Sohn". Ich fühle mich dann auch manchmal wie 10 oder 15 Jahre. Ich finde das nicht angemessen. Klar bin ich immer noch Sohn für meine Eltern, aber erwachsener Sohn und nicht kindlicher Sohn. Dieser hilflose „Ich"-Anteil ist aber immer noch lebendig und wartet auf einen angemesseneren Platz.

In meinem „Ichmosaik" kommen manchmal Dinge hinzu und manchmal verschwindet auch was. Mein „Kirchen-Ich" hat sich im Laufe der Zeit stark reduziert. Manchmal leuchtet er noch auf. Aber vor ein paar Jahren machte der noch einen ganz großen Teil meines Lebens aus. Mein „Ich" ist also gar nicht so starr festgelegt. Ich dachte lange Zeit, dass ich alle diese Anteile brauchte. Sie gehören zu mir dazu. Ich brauche sie. Dann stellte ich fest, dass ich weiter existierte, auch wenn bestimmte Ich-Anteile verschwunden sind. Trotz weniger „Kirchen-Ich" existiere ich noch. In die freigewordene Lücke findet sich schnell ein neuer Anteil. Mein Mosaik ist selten leer.

„Ferien vom Ich!" Ich könnte mal anonym irgendwo Urlaub machen. Da könnte ich dann meine Geschichte verbergen, meinen Namen, meinen Beruf und meine sozialen Verbindungen. Wer wäre ich dann stattdessen? Was bliebe von mir noch übrig? Würde es mir damit gut gehen? Immerhin bekomme ich ja ganz viel Zuwendung für mein „Ich-Mosaik". „Toll, dass du so ein schönes Haus hast!" „Du hast ein tolles Brot gebacken. Schmeckt fantastisch!" Der Zuspruch und die Anerkennung stärken mein „Ich!" Wenn ich jetzt anonym in den Urlaub fahren

würde, bekäme ich möglicherweise keine Anerkennung mehr. Mein Ich würde nach und nach verhungern. Demnach müsste ich dich warnen, Ferien vom Ich zu machen. Das wäre ein höchst riskantes Unternehmen. Du müsstest jemanden mitnehmen, der auf dich aufpasst!
Auf der anderen Seite gibt es aber auch Menschen, die bewusst in die Einsamkeit, in die Wüste gehen. Da wird das „Ich" entlarvt. Ausgehungert! Da zählt nicht mehr, was du kannst und wer du bist! Kannst du dir vorstellen, Ferien vom Ich zu machen? So wie Jesus – vierzig Tag ab in die Wüste?
Ich brauche also mein Ich. Es hält mich aufrecht, gibt mir Identität und stabilisiert mich. Nicht umsonst ist es schwer für einen Ehepartner, wenn nach vielen Jahren die „andere Hälfte" geht. Wer ist die Frau ohne den Ehemann und umgekehrt? Bei der Trauer geht es nicht nur um den Abschied, sondern auch um die Aufgabe, sich wieder selbst zu finden. Wer bin ich ohne den anderen?
„Ferien vom Ich!" Macht es nun Sinn? Unter bestimmten Voraussetzungen schon. Dann kann es sogar heilsam sein. Es kann ja passieren, dass ich mich einfach zu sehr in meine Arbeit vergraben habe nach dem Motto: „Arbeit ist alles!" Dann kann ich mich in den Ferien für eine Auszeit entscheiden um wieder in einen Normalmodus schalten zu können. Oder ich hatte gedacht, dass zu meinem „Ich" gehört, dass ich ständig mit vielen Leuten im Kontakt sein muss. Hier ein Anruf, da ein Treffen, noch ein WhatsApp. Ich mache Ferien von meinen Kontakten und ... stelle fest, dass ich vielleicht ein Junkie bin. Ich bin abhängig davon, dass das Leben um mich herum zirkuliert. Ich bin, weil die anderen sind. Ich könnte Ferien machen von diesem Teil meines Ich. Vielleicht wird es auf einmal still. Beängstigend still. Ich spüre die Leere. Halte das Schweigen aus. Überlebe es. Merke meine Abhängigkeiten. Mache einen ordentlichen Entzug und nehme mir die Zeit, wieder mich selber mehr zu spüren. Ich kann es mit mir aushalten, auch wenn nichts läuft.

Ab und zu einmal Teile meines Ich in die Ferien schicken. Um Platz zu schaffen für neue Impulse. Ich erlaube mir eine Weiterentwicklung. Gebe auf, was ich nicht mehr wirklich brauche und halte mal eine Lücke aus.
Wir müssen ständig Teile unseres Ich aufgeben. Eines Tages verabschieden wir uns vom Beruf, von den Kindern, von Freunden und Verwandten, von der Gesundheit, von Gepflogenheiten, von Häusern... Was bleibt von mir, wenn alle Ich-Anteile sich verabschieden? Breche ich zusammen? Löse ich mich auf? Gibt es etwas hinter allen „Ich-Anteilen“, was mit mir zu tun hat? Auf einer tieferen oder höheren Ebene? Verschwinden die Teile und es bleibt trotzdem das Ganze?
Wenn ich nach und nach meine Ich-Anteile loslassen kann werde ich vielleicht erfahren, dass ich mich nicht auflöse sondern auf einer tieferen Ebene mehr zu mir selbst komme. Zu meinem Selbst. Zu meinem Ursprung und Ziel, zu dem, was jenseits meiner Masken und der Materie liegt. Dort, wo ich „eigentlich“ bin. In meinem Eigenen.
„Ferien vom Ich?“ Eine interessante Ergänzung zu dem Satz „Ich mache Ferien!“ Wir legen ja viel Wert auf die „Ferien“. Wo fahre ich hin? Wie lange und mit wem? Viel weniger fragen wir: „Wer ist das Ich, das Ferien macht..“ oder „Welches Ich macht da jetzt Ferien?“ Da gibt es ja ein „Ich“, das sich ständig überlastet und gestresst fühlt. Dieses Ich braucht eine Pause. Aber das „Ich“ der Beziehungen hat das vielleicht gar nicht nötig. Das braucht keine Ferien. Das „Ich“ der Freundschaft findet Urlaub vielleicht völlig überflüssig oder sogar bedrohlich. Früher machten die Menschen auch keine Ferien und haben nichts vermisst. Vielleicht bekommst du jetzt eine Ahnung, warum reisen für dich unangenehm ist. Du hast es nur nie zugegeben oder zugelassen, weil alle Welt Urlaub toll findet. Dein „Geborgenheits-Sofa-Ich“ will nicht weg!
Für das „Ich“ der Beziehungen kann Urlaub ganz schädlich sein. So weit weg von den Menschen, die du liebst! Wir sollten nicht die Menschen bedauern, die nicht wegfahren. Die pflegen ihre anderen „Ich“-Anteile, welche auch immer das sind.

Ich besaß bislang übrigens kein „Garten–Ich“. In meiner Kindheit war das die Aufgabe meiner Eltern. Gartenarbeiten fand ich furchtbar. Später im Leben wohnte ich immer zur Miete ohne Garten. Jetzt entwickle ich seit ein paar Wochen ein Garten-Ich. Ich hätte nie gedacht, dass das zu einer Facette meines Lebens gehören würde. Noch schaue ich ein wenig irritiert dabei zu und schüttle den Kopf. Ich benutze lauter Geräte, zu denen ich bislang kein Verhältnis hatte.

Aber besteht nicht das Abenteuer des Lebens darin, ständig neue Ich-Anteile zu entdecken und zu entwickeln? Das bin ich und das bin ich auch. Das eine war ich einmal und das andere bin ich nicht mehr. Das könnte ich noch werden, muss es aber nicht. Und alle diese Anteile vom Ich sind nur vorläufig und keines davon ist endgültig. Und viele werden zusammengehalten von der Angst.

Die Angst, dass ich aufhören könnte zu existieren, wenn das „Ich“ nicht mehr da ist. Und das ist wohl die größte Herausforderung an mich.

Und? Machst du Ferien? Möchtest du Ferien machen vom Ich? Von einem Teil davon? Oder ist dieser Gedanke für dich abwegig und fremd? Ich wünsche dir auf jeden Fall eine Ferienzeit, in der du gut mit dir sein kannst, mit welchen Anteilen oder welchem Ich auch immer. Die Fußballvereine nutzen die Zeit, ihre Mannschaft neu zu sortieren. Nach dem Sommer fängt eine neue Saison an. Wer wird dabei sein?

24 Wenn ich könnte wie ich wollte!

Wenn ich könnte wie ich wollte, dann würde ich was machen? Ich will ja wohl, aber ich kann nicht.

Ich würde gerne eine Reise um die ganze Welt machen. Alle Länder der Welt besuchen. Auch nach Nordkorea. Fremde Kulturen erleben. Von jeder Sprache wenigstens ein paar Sätze verstehen. Das wollte ich wirklich, aber mir fehlen leider Zeit und Geld.

Wenn ich könnte, würde ich gerne Einfluss nehmen auf die Politik unseres Landes. Weg von der Scheindemokratie mit dem Ankreuzen von irgendwelchen Parteien hin zu mehr Mitgestaltung an der Basis. Ich würde mich dafür stark machen, dass es mehr Gerechtigkeit und Vertrauen gäbe in unserem Land. Ich wollte das wirklich, aber ich habe keinen Einfluss auf notwendige Veränderungen im Grundgesetz.

Wenn ich könnte, dann würde ich echt die Kirchen abschaffen, sowohl die evangelische als auch die katholische. Ich hielte es für ausreichend, wenn Christen nur Christen wären, ohne Konfession. Wenn ich könnte, dann würde ich vielleicht sogar alle Religionen abschaffen, damit die Menschen ihre Unterschiede leichter überwinden und sich besser verbinden könnten. Das wollte ich wirklich, aber ich bin kein Papst und kein Bischof.

Und wenn ich könnte, dann würde ich nur noch ökologisch korrekte Produkte einkaufen. Ganz ohne Gentechnik oder Pestizide und völlig fair gehandelt. Das wollte ich wirklich, aber ich durchschaue bei der Komplexität des Marktes einfach nicht, was denn nun wirklich absolut korrekt wäre.

Wenn ich könnte wie ich wollte! Manchmal will ich etwas, was nicht geht. Weil die Welt es nicht so vorsieht. Weil es für mich eine Nummer zu groß ist. Darum wäre es besser, manche unrealistischen Dinge gar nicht erst zu wollen. Am Ende frustriere ich mich nur selbst.

Zu mir kommen immer wieder Menschen in die Beratung, die etwas wollen. Verständlich! Jeder will etwas! Eine Mitarbeiterin will wirklich gut und erfolgreich arbeiten. Aber sie scheitert, weil der

Abteilungsleiter keine klaren Aufträge erteilt. So macht sie irgendetwas so ungefähr und ist frustriert.
Ein anderer Mitarbeiter weiß nicht, wie er sein Pensum bewältigen soll, weil seine Führungskraft ihm viel zu viel Verantwortung übertragen hat. Wenn er könnte, würde er alles wegarbeiten.
Eine Führungskraft findet, dass die gesamte Firmenpolitik sich in eine völlig falsche Richtung entwickelt. Unter diesen Voraussetzungen will sie nicht weiterarbeiten.
Wir leben alle in kleinen und großen Systemen wie Familie, Nachbarschaft, Firma oder Gemeinde. Dabei gibt es Bereiche, die ich beeinflussen kann und Bereiche, wo ich eher ohnmächtig bin. Ich kann mein Kreuz bei der Bundestagswahl machen und an Demonstrationen teilnehmen. Ich kann Petitionen stellen und über Probleme diskutieren. Aber ich sitze nicht im Bundestag und stimme mit ab. Es gibt klare Grenzen.
Ein Mitarbeiter in seiner Firma kann seinen eigenen Arbeitsplatz begrenzt mitgestalten. Er kann alle Chancen nutzen, die er zur Verfügung gestellt bekommt. Er kann sich mit seinen Führungskräften auseinandersetzen und seinen Gestaltungsraum ausdehnen. Aber er wird immer wieder an Grenzen stoßen. Er ist nicht der Chef!
So wird es immer im Leben sein, dass wir etwas wollen, aber nicht können. Wir können nicht, weil es nicht zu unserem Einflussbereich gehört. Es ist zu groß für uns. Da liegt leider auch die Quelle für viel Frust und Enttäuschung. Manche Menschen wollen dann auch nicht loslassen nach dem Motto: „Das muss doch jetzt aber gehen!“ In manchem von uns zeigt sich gerade da ein kleiner Revolutionär oder Rebell.
Auf die Dauer ist es ungesund, ständig gegen Wände zu laufen und sich eine blutige Nase zu holen. Oder frustriert durchs Leben zu gehen und nie zum Ziel zu kommen. Ich finde es hilfreicher, eher bei sich selbst anzufangen. Ich kann aufhören, etwas zu wollen. Ich kann meine Haltungen ändern. Meine innere Freiheit und Unabhängigkeit bewahren. Priorisieren... Vor einiger Zeit hörte ich den Satz: „Die Antwort auf jede Frage

heißt: Liebe!“ Da ist etwas dran. Lieben kann ich immer. In jeder Situation.

Ich kann denken, dass mein Vorgesetzter nicht sehr qualifiziert ist in seiner Position, aber lieben kann ich ihn trotzdem. Ich kann wahrnehmen, dass ich überlastet bin und zu viel Verantwortung trage. Zugleich kann ich aber lieben. Wenigstens einen Kollegen oder die Tasse Kaffee am Morgen.

Wenn ich könnte wie ich wollte... Wenn ich das ständig täte würde ich im Möglichkeits- Unmöglichkeitsmodus leben. Im Spagat von wollen und nicht können. Das kann nur Frust zur Folge haben.

Wenn ich könnte wie ich wollte beinhaltet aber noch einen anderen Zugang. Es geht oft darum, dass ich nicht wirklich will. Ich will es nur nicht sagen. Wenn ich könnte wie ich wollte, dann würde ich dich am Wochenende besuchen. Leider muss ich in den Garten und noch zu meiner pflegebedürftigen Mutter, die auf mich wartet. Wenn ich könnte wie ich wollte, dann würde ich dich treffen. Ich schiebe aber lieber die Mutter und den Garten vor, weil ich eigentlich nicht will. Ich möchte dich nur nicht zurückweisen um dich nicht zu kränken.

Wenn ich könnte wie ich wollte, würde ich... schafft zugleich eine eigenartig lähmende Atmosphäre. Manchmal erlebe ich Gruppen und Teams in dieser emotionalen Verfassung von Stagnation. „Wir würden uns ja alle gerne bewegen wenn wir könnten. Aber wir dürfen ja nicht. Es geht einfach nicht!“ Jemand hat eine Idee und viele finden diese Idee gut. Dann kommen die Bedenkenträger und sagen, was nicht funktionieren wird. Sie sehen die Hürden und Hindernisse und nicht die Möglichkeiten. Sehr schnell sind alle frustriert und die Konferenz endet mit dem Frustgefühl: „Wir würden alle sehr gerne wenn wir könnten. Aber wir können nicht.“

Oft ist dabei die „große Lösung“ im Sinn. Die Weltreise, die Basisdemokratie, die Abschaffung der Religion. Wenn das Große nicht geht, dann geht gar nichts. Und da möchte ich gerne einhaken! Es geht immer etwas. Immer! An irgendeiner

Stelle. Ich kann eine kleine Lösung finden. Einen ersten Schritt mal probeweise gehen. Eine Ausnahme machen.
Ich kann aufhören, die großen Dinge zu wollen und darauf vertrauen, dass ich doch etwas kann. Wie sieht meine Welt aus, wenn ich mit dem „wollen“ aufhöre. Je mehr ich will, desto mehr Leid schaffe ich. Besonders für mich selbst. Wenn es nicht geht bleib ich am Ende im eigenen Frustgefühl stecken. Und ich muss sehen, wie ich da wieder herauskomme.
Wenn ich nichts mehr will – werde ich dann gleichgültig? Wird mir dann alles egal? Die Gefahr besteht, es muss aber nicht sein. Ich kann mich für bessere Arbeitsbedingungen einsetzen mit der ganzen Kraft meines Herzens und zugleich loslassen, dass es unbedingt gelingen muss.
Ich kann von ganzem Herzen lieben ohne die Erwartung, dass mein Geschenk angenommen wird. Deswegen bleibt die Liebe dennoch kostbar und wertvoll.
Ich kann alle Religionen der Welt bestehen lassen ohne sie zu bekämpfen und zugleich nach dem suchen, was alle Menschen spirituell verbindet.
Ich kann voller Leidenschaft ansprechen, wo es ungerecht zugeht aber dennoch den Menschen würdigen, der anders denkt als ich.
Wenn ich könnte wie ich wollte ... hält aber auch noch die Möglichkeit zum Träumen offen. Wenn ich könnte wie ich wollte, dann würde ich eine Politik erfinden, wo die Parteien sich nicht gegenseitig beschimpfen, sondern würdigen, was der andere für tolle Ideen hat. Wenn ich könnte wie ich wollte, dann würde ich einen Ort schaffen, wo Menschen aller Religionen friedlich in der Meditation verbunden sind. Und wenn ich könnte wie ich wollte, dann würde ich das Zauberwort finden, dass dir und mir die Fähigkeit geben würde, grenzenlos und ohne Angst zu lieben.

25 Leben im Pilgerschritt oder als Tanz!

Die Zeit rast dahin. Sie reicht nie aus für all die Projekte, die ich vorhabe. Die Tage sind zu kurz. Die Wochen sind erfüllt. Ich könnte noch effektiver werden. Ich könnte mich noch mehr konzentrieren. Die Abläufe besser planen. Aber wenn ich eine Aufgabe erledigt habe ruft die nächste mir zu, dass sie auch noch dran ist. Innerlich gibt es seit einigen Jahren einen völlig entspannten Teil von mir, dem klar ist: „Es gibt nichts zu tun!“ Angesichts der Ewigkeit sind meine Lebensaufgaben doch eher bescheiden und überschaubar.

Ein anderer eher praktisch orientierter Teil von mir sieht aber den ungepflegten Garten, die Bügelwäsche, die Kunden und die hohen eigenen Ansprüche. Der Terminkalender erzählt mir, dass ich in der nächsten Woche einen Vortrag halten muss, in zwei Wochen ein Seminar, viele Beratungen und, und, und.

Ich möchte das Leben gerne entschleunigen. Langsamer werden. Auf dem Markt finde ich dazu viele Bücher, die mich unterstützen wollen. Aber irgendwie habe ich den Eindruck, dass diese Bücher mir nicht helfen. Sie versetzen mich in eine noch größere Unruhe. Ich werde mir meiner Unfähigkeit bewusst, wirklich langsamer zu werden. Die Ratgeberliteratur bringt meinen Verstand durcheinander. „Das müsste ich auch noch bedenken?“ - „So könnte ich es noch besser machen?“ – „Eigentlich müsste ich meine ganze Persönlichkeit umkrempeln!“

Wie gehe ich aber damit um, wenn ich in meinem Leben dahineile? Ich erinnere mich an einen Meditationskurs, wo die Kursleiterin uns einen meditativen Tanz beigebracht hat. „Wir gehen im Pilgerschritt.“ Mit langsamer Musik drei Schritte vor und einen Schritt zurück. Wer langsam läuft kommt auch ans Ziel. Mir gefällt diese Form der Entschleunigung. Ich laufe in der Regel schnell. Sehr schnell! Ich rase durchs Leben. Wenn ich jetzt drei Schritte vorlaufe befinde ich mich im gängigen Arbeitsmodus. Wenn ich dann den Schritt rückwärts setze unterbreche ich und mache einen Stopp. Jetzt sehe ich für einen

Moment noch einmal den „Filmausschnitt", wo ich beim zweiten Schritt war.
Dieser eine Schritt zurück macht einen Unterschied. Ich unterbreche die Abläufe. Überprüfe noch einmal, ob sich alles so richtig anfühlt. Ich kann die Richtung korrigieren. Ich werde zwar langsamer, aber ich komme trotzdem ans Ziel.
Das sage ich meinem Kopf! Wenn da nur nicht dieser Turbo im Inneren wäre. Klar komme ich auch ans Ziel wenn ich langsamer bin. Aber ich möchte gerne schnell ankommen. Der Antreiber! „Mach voran! Fürs Ausruhen wirst du nicht bezahlt!" Ich erinnere mich an meine Kindheit. Mein Vater hat als Schuhmacher in einer Fabrik gearbeitet. Schuhe produzieren im Akkord. Dieser Rhythmus übertrug sich auch auf unser Familienleben. Irgendwie kann ich diesen Rhythmus nicht wirklich abstellen. Er ist mir in Fleisch und Blut übergegangen. Automatisiert.
Wenn Menschen bei der Arbeit trödeln fange ich an, mit den Fingern auf Tische zu trommeln. Wenn bei einer Konferenz der Moderator durch die Tagesordnungspunkte schleicht, steigert sich bei mir der Stresspegel von Minute zu Minute. Der Pilgerschritt mit drei nach vorne und eins zurück bedeutet für mich eine echte Herausforderung.
In eine meiner Beratungen habe ich eine Frau begleitet während ihrer Trennungsphase vom Ehemann. Es hat lange gedauert, bis sie sich wirklich trennen konnte. Ich an ihrer Stelle hätte den Schritt schon viel früher gemacht. Es war alles klar. Die Beziehung war nicht mehr zu retten. Ich musste all meine Geduld aufbringen, mich ihrem Tempo anzupassen. Dann schaffte sie endlich die Trennung und zog in ihre neue Wohnung ein. Ein paar Wochen später erzählte sie mir, dass sie immer noch die Wäsche ihres Mannes waschen würde. Und kochen würde sie auch noch für ihn. Und sie litt, dass das mit der Trennung wohl nie völlig klappen würde.
Für einen Augenblick dachte ich: „Es ist alles zwecklos. Die trennt sich nie!" Im nächsten Augenblick jedoch wurde ich völlig heiter und gelassen. Jetzt hatte ich verstanden. Diese Frau lebt im Rhythmus des Pilgerschrittes. Und das erzählte ich ihr. „Ja,

Sie machen das wie beim Pilgerschritt. Drei vor und eins zurück." Als ich ihr den Ablauf erklärte brach sie in ein Gelächter aus. „Davon habe ich ja noch nie was gehört."
Der Pilgerschritt wurde für diese Frau zu einer Erlaubnis. Die Erlaubnis, sich so zu trennen, wie es ihrem Tempo entsprach. Zugleich fand ich darin einen Hinweis für mich selbst. Es ist auch in Ordnung durchs Leben zu eilen. Ich darf mir dazu die Erlaubnis geben.
Irgendwann kam mir die Erinnerung, dass es da auch noch die Echternacher Springprozession gibt. Mir erzählte mal ein Pfarrer, dass man bei dieser Wallfahrt auch ein paar Schritte vor und dann wieder zurückging. Ich konnte mir nie vorstellen, wie eine große Schar praktisch gemeinsam springen könnte. Ich stellte mir so etwas wie den Pilgerschritt vor.
Nach meiner Trennungsberatung machte ich mich schlau und suchte bei YouTube nach der Echternacher Springprozession und wurde fündig. Am Dienstag nach Pfingsten wird zu Ehren des Heiligen Willibrord prozessiert. Unzählige Musikkapellen begleiten das Geschehen, Tausende Zuschauer am Straßenrand. Das „Springdetail" sieht folgendermaßen aus: Zuerst die Musiker und dann eine feste Gruppe von Springern. Fünf in einer Reihe, die sich gegenseitig an einem Dreiecktuch festhalten und miteinander verbinden. Die Kapelle spielt eine Einleitung und dann ertönt so etwas wie eine Polka. Und immer die gleiche Polka für die ca. 45 Fußgruppen. Die Leute gehen aber nicht im meditativen Pilgerschritt drei Schritte vor und einen zurück sondern alle tanzen eher vorwärts und von links nach rechts. Manche tanzen eher ernsthaft versunken aber die meisten fröhlich und beschwingt. Nur die Bischöfe und Prälaten laufen andächtig. Ich hätte sie gerne auch springen gesehen.
Jetzt schaute ich mir also die Echternacher „Tanzprozession" an und dachte dabei an meine Frau aus der Beratung. Wie wäre es, wenn sie ihr Leben umdeuten könnte? Der mühsame Prozess der Trennung mit drei Schritten vor und einen zurück? Oder lieber doch tanzend durch die Krise?

Bei der Springprozession geht es wie beim Pilgerschritt langsam voran. Aber eben mehr zur Seite als nach vorne. Es sieht nicht sehr fromm aus und man kann bestimmt nicht gleichzeitig beten. Wenn ich im übertragenen Sinne zur Seite trete, dann verschaffe ich mir Platz. „Könnten Sie mal bitte zur Seite treten? Danke!“ Ich tanze zur Seite und mache mir selber Platz. Oder der Zukunft oder dem Schicksal. Oder der Lösung? Wenn ich mich in einer Krise befinde tanze ich zur Seite damit sich mir eine Lösung zeigt. Sie hüpft von hinten an mir vorüber und lacht mir zu: „Hier bin ich!“
Welche Schüsse ziehe ich nun aus den unterschiedlichen Arten des Pilgerns? Ich kann laufen in meinem Tempo und erlebe darin meinen Alltag. Da geht es mal langsamer und mal schneller. Eben normal. Hilfreich finde ich dabei, sich nicht zu verurteilen für welches Tempo auch immer.
Daneben kann ich im Pilgerschritt durchs Leben gehen. Das wirkt besinnlich und hat den Vorteil, mal innezuhalten. Ich gehe einen Schritt zurück und entscheide mich vielleicht noch einmal neu. Ich bin mir sicher, dass ich auch langsam ans Ziel komme.
Oder ich wähle zwischendurch mal die Echternacher Variante. Ich tanze und hüpfe durchs Leben. Weg von der Mühe und der Anstrengung. Und mit mehr Leichtigkeit. Pilgerschritt als Aufgabe und den Tanz als Geschenk.
Meine Empfehlung: Wenn du mal eine etwas dunkle Stunde hast mit schweren Beinen, dann besuche einen YouTube Kanal und schau dir die Echternacher Springprozession an. Bleib dabei nicht sitzen sondern hüpfe mal eben so durch dein Wohnzimmer. Schon nach wenigen Minuten kannst du die Melodie mitsummen. Sie klingt irgendwie nach Kinderreim. Mach es, auch wenn dir gar nicht zum Tanzen zumute ist. Es könnte eine gute Therapie sein.

26 Von Fruchtfliegen lernen!

Wenn es so richtig kalt wird, werden die Fruchtfliegen hoffentlich verschwinden bis zum nächsten Jahr. Seit ein paar Tagen scheinen sie sich jedoch noch einmal zu vermehren und bevölkern die Küche. Sie sitzen im Schrank bei der Schokolade oder auf dem Rand der Rotweinflasche. Vor allem mögen sie unseren biologischen Abfall. Ich mag sie nicht und darum wird es Zeit, sie einmal zu würdigen. Nicht die Fruchtfliegen an und für sich. Ich möchte das beleuchten, wofür sie stehen und was sie mir über das Leben sagen können.

Erste Erkenntnis: Fruchtfliegen halten sich dort auf wo es gärt.

Wenn Obst reift fängt es irgendwann an zu gären. Da ist dann ordentlich was los im Obst. Bakterien verrichten ihre Arbeit. Dabei wird Energie freigesetzt! Da laufen starke Veränderungsprozesse. Es fängt an zu riechen und der Geruch wird immer stärker. Das Obst befindet sich sozusagen in einer existentiellen Krise und geht über in einen Sterbeprozess.

Wir Menschen machen um Veränderungen und Krisen oft einen weiten Bogen. Wir haben es gerne beständig. Mit Wachs behandeltes Obst vermittelt die Illusion ewiger Jugend. Alles soll bleiben wie es ist. Wenn Veränderungen, dann bitte sanft und ohne Krise. Und vor allem ohne Gestank. Leider sind menschliche Veränderungen oft mit Konflikten verbunden. Unsere Konflikte gleichen den Gärprozessen im Obst. Die Fruchtfliege haut da nicht ab sondern fliegt mitten hinein. Sie liebt diesen Veränderungsprozess, weil sie ihre Eier ablegen kann. Dort gibt es Nahrung und Energie. Sie weiß, dass dort etwas zu holen ist. Sie macht ihre Geschäfte mit dem, was andere nicht mehr wollen.

Davon könnte ich doch lernen! Dort, wo es gärt im Leben, finde ich zugleich Energie. Auch wenn Konflikte nicht so gut aushaltbar sind, bergen sie doch spannendes Material. Wo sich etwas verändert geschieht Leben. Da ist was los! Sterben kann ich auch noch morgen. Wir suchen ja manchmal unsere Quellen in der Ruhe und in der Erholung. Im Abschalten und im Urlaub. Und – wenn es dort tot ist? Wenn sich dort nichts findet? Die Fruchtfliege nutzt die Gärungsprozesse für ihre eigenen Angelegenheiten. Ein sehr geschickter Umgang mit Veränderungen und Krisen.

Zweite Erkenntnis: Fruchtfliegen kommen hartnäckig wieder.

Die Fruchtfliege lässt sich nicht abschrecken. Wenn ich sie mit der Hand verscheuche dreht sie ein oder zwei Runden und kommt wieder. Nur wenn ich sie töte, gibt sie auf. Zwangsweise! Sie steht einfach auf gärendes Obst. Um ihr Ziel zu erreichen riskiert sie ihr Leben.

Mir fehlt manchmal diese Hartnäckigkeit. Ich lese eine Gebrauchsanweisung und wenn ich sie nicht verstehe dann kann ein Gerät schon mal ein paar Wochen liegen bleiben. Ich bitte einen Freund um Unterstützung und wenn dieser ablehnt, dann gebe ich auf. Aber einmal habe ich mich auf die gleiche Stelle zwei Mal beworben. Auf die Stelle, wo ich jetzt arbeite. Beim ersten Mal erhielt ich einen ablehnenden Brief. „Vielen Dank, aber wir haben uns schon entschieden." Ein paar Wochen später stand die gleiche Anzeige wieder in der Zeitung. Ich bewarb mich noch einmal. Mit dem gleichen Text. Nach dem Prinzip der Fruchtfliege! Ich wollte da hin. Dann musste ich eben noch einmal fliegen. Es gab zu mir jedoch eine Alternative. Ich blieb hartnäckig und so wurde ich genommen.

Weißt du, wie oft du im Leben einfach nur zu früh aufgegeben hast? Du hättest nur noch einmal nachfragen müssen? Wie viele Chancen hast du dir dadurch vergeben? Es gibt ja diese lästigen Werbeanrufer von Energieunternehmen oder Weinhändlern. Die machen es wie die Fruchtfliegen. Sie bleiben einfach dran. Wenn es nicht ab und zu erfolgreich wäre würden sie es doch nicht machen, oder? Fruchtfliegen denken nicht nach. Sie machen einfach. Immer dem Geruch nach und ab auf die Nahrungsmittel. Ich glaube, dass wir manchmal zu viel nachdenken. Ich könnte ja mal überlegen, auf welchem Feld des Lebens sich mehr Hartnäckigkeit positiv auswirken würde. Ein paar Monate lang habe ich zum Beispiel in jeder Bäckerei nachgefragt, ob sie auch Kuchen mit Dinkelmehl hätten. Lange Zeit tat sich nichts. Inzwischen jedoch finde ich das Gewünschte bei dem einen oder anderen Bäcker. Ich sollte diese Hartnäckigkeit wieder aufnehmen.

Im Lukasevangelium wird von einer benachteiligten Witwe erzählt. Sie versucht, bei einem gewissenlosen Richter ihr Recht durchzusetzen. Der gibt irgendwann nach, nur weil er seine Ruhe haben will.

Hartnäckigkeit setzt voraus, dass ich mit Ablehnungen und Zurückweisungen umgehen kann. Ich kenne solche Menschen, die das wunderbar können. Da bleibt mir manchmal der Mund offen stehen. Sie bleiben unbeeindruckt einfach dran. Wenn ich abgelehnt werde mit einem Anliegen dann gehe ich erst mal in heftige Gefühle von Ärger oder Trauer. Das wiederum macht mich unfähig, wieder nachzufragen.

Vielleicht können andere das besser als ich, weil sie sich nicht so ärgern oder weil sie Zurückweisungen besser verkraften können. Aber ich könnte mich doch wie die Fruchtfliegen einfach weiterentwickeln. Ich muss ja nicht bis zum Ende meines Lebens angsterfüllt bleiben. Das Leben ist doch sowieso ein Abenteuer, nicht wahr? Wenn ich nichts wage kann ich mich auch gleich in einen Sarg legen. Oder ich richte mich nur ins Überleben ein. Die Fruchtfliege sagt mir: „Überleben ist überflüssig wie Fußpilz. Sterben muss ich sowieso. Aber jetzt will ich ran an die Töpfe!“

Dritte Erkenntnis: Fruchtfliegen machen eine ordentliche Metamorphose vor ihrem ersten Flug.

Die Larve ernährt sich vom gärenden Obst und danach verpuppt sie sich. Während dieser Zeit nimmt sie keine Nahrung mehr zu

sich und wartet ab. Sie wartet ab, bis sich der Körper umgebaut hat zur Fliege.
Ich lebe oft ein anderes Prinzip. Hier noch was tun und da noch was tun. Ist es jetzt gut? Nein, noch nicht ganz! Ich könnte da noch mal anrufen und da noch mal nachschauen. Und wenn alles getan ist, bin ich in Gedanken immer noch damit beschäftigt. War es richtig so? Nicht doch besser anders? Erst, wenn das Ereignis herum ist tritt Stille ein. Die Fruchtfliege „gönnt" sich eine Zeit der völligen Stille. Sie macht nichts und wartet einfach ab. Was geschehen muss, geschieht von selbst.
Zum Wachsen und Werden gehören solche Phasen unbedingt dazu. Phasen, in denen die Dinge wie von selber geschehen. Ich habe den Eindruck, dass wir uns solche Zeiten immer weniger gönnen. Alles muss kontrolliert werden. Prozesse werden perfektioniert und genormt. Zeitabläufe sollen verkürzt werden. Aber Wachstum folgt in einer bestimmten Phase den eigenen Gesetzen. Wenn ich mich schlafen lege lasse ja auch los. Ich höre auf, noch etwas zu regeln. Die Welt läuft eine ganze Nacht weiter ohne mich und ich steige währenddessen aus.
Aber wenn ich wach bin, dann muss ich wieder mitmischen im Weltgeschäft. Ich kann ja Einfluss nehmen. Aber die Fruchtfliege lässt für eine wichtige Phase ihres Lebens einfach los. Metamorphose. Umwandlung von A nach B. Vorher fressen und hinterher fliegen. Alles zu seiner Zeit. Hefeteig muss auch gehen. Kann ich loslassen? Lange genug loslassen? Zum richtigen Zeitpunkt? Wenn ich loslasse werde ich zum Beobachter meiner selbst. Diese Position kann ich empfehlen. Manchmal zum Beobachter seiner eigenen Prozesse zu werden. Irgendwann ist es so weit und die Metamorphose ist abgeschlossen.
Auch in Zukunft werde ich alles dafür tun, die Fruchtfliegen loszuwerden. Es bleiben aber ein paar Erkenntnisse: Ich darf da sein, wo das Leben heftig tobt. Ich bleibe hartnäckiger bei den Wünschen und Bedürfnissen. Und ich nehme mir die Zeiten, die es braucht damit wachsen kann was wachsen will.

27 Mit den Kräften des Unterbewusstseins!

Manche Menschen fassen hin und wieder neue Vorsätze. Dabei geht es häufig um Beschlüsse, etwas in Zukunft besser zu machen. Laster aufgeben. Geduldiger werden. Abnehmen. Nach wenigen Tagen bis Wochen lässt der Eifer nach und man fällt zurück in die alten Gewohnheiten. Die Vorsätze werden eingemottet für das nächste Jahr. Zurück bleibt ein Gefühl der Unzulänglichkeit.

Ich möchte dich einladen zu einer ganz anderen Art von „Vorsatz". Ich lade dich ein zu einem Satz, der vor allen anderen Sätzen steht. Deine üblichen Vorsätze scheitern schließlich oft daran, dass du nicht mit deinem Unterbewusstsein rechnest. Dein Kopf sagt: „Nimm ab!" Dein Unterbewusstsein macht dir einen Strich durch die Rechnung und sagt etwas, dass am Ende in ein „Nein!" mündet. Wenn du diese Sätze, diese Botschaften deines Unterbewusstseins mit einkalkulierst, werden viele Vorhaben in Zukunft besser gelingen.

Die „Vorsätze", von denen ich spreche, sind Sätze, die vor allen Sätzen kommen. Diese Sätze berücksichtigst du, bevor du etwas in die Tat umsetzt. Du wirst feststellen, welche Macht in ihnen steckt. Sie schwingen bei jedem Gedanken mit! Mehr oder weniger. Bei manchen Sätzen wirst du immun sein. Bei anderen Sätzen wirst du sagen: „Erwischt! Das bin ja ich!"

Der erste Vorsatz: „Es ist sicher!" statt „Es ist nicht sicher!"

Manchmal triffst du eine Entscheidung und kannst sie nicht umsetzen, weil dein Bedürfnis nach Sicherheit nicht erfüllt wird. Es existieren zu viele Unsicherheitsfaktoren. Du möchtest abnehmen aber du weißt nicht zu hundert Prozent, ob deine Maßnahmen sinnvoll und richtig sind. Du hast so viele unterschiedliche Meinungen gelesen. Der Eine sagt dieses, der Andere sagt etwas ganz anderes. Bei dir bleibt ein Gefühl der Unsicherheit zurück. Dabei kann der Kopf das Terrain abklopfen und behaupten, dass alles abgesichert sei. Der Arzt gibt sein Einverständnis, die Krankenkasse bezahlt, ein halbes Duzend Bücher sprechen eine Empfehlung aus. In dir ertönt eine Stimme: „Es ist nicht sicher!“ Diese Stimme ist nicht mit 99 % Sicherheit zufrieden. Es möchte wirklich 100 %. Und weil diese Stimme es für unmöglich hält, je auf hundert Prozent überhaupt zu kommen bleibt die Unsicherheit egal wie sehr du dich auch abmühst.

Du kannst zwar den ersten Vorsatz umwandeln in „Es ist sicher!“ weil du alles geprüft hast. Aber dein inneres System glaubt dir nicht. Welche Alternativen gibt es? Aus der energetischen Psychotherapie, der „Klopfakupressur“ gibt es den wertvollen Hinweis, mit diesen unsichtbaren Faktoren aktiv zu arbeiten. Du nimmst den Satz: „Auch wenn es nicht sicher ist bin ich in Ordnung so wie ich bin.“ Damit schickst du deinem Unterbewusstsein eine Botschaft. Mach dich nicht selbst fertig, wenn es sich unsicher anfühlt. Das ist jetzt so. Das heißt aber nicht, dass etwas mit dir nicht stimmt. Im Gegenteil! Du bist in Ordnung! Du musst nichts!

Meine Übung für dich: Umfasse mit der rechten Hand deinen linken Daumen und spüre nach, bis dort ein Puls zu fühlen ist. Es fühlt sich an als ob es strömt. Fühle das Gefühl der Unsicherheit und schenke dem, was du fühlst, deine Aufmerksamkeit. Mache dabei nichts! Vertraue darauf, dass dein Unterbewusstsein jetzt für dich arbeitet und „Sicherheitsimpulse“ tankt. Beobachte, wo du bei einer inneren Skala von 1 bis 10 dich hinbewegst. Von „Es ist nicht sicher“ hin zu „ Es wird immer sicherer!“

Der zweite Vorsatz: „Ich verdiene es!“ statt „Ich habe es nicht verdient!“

Bist du nach dem Grundsatz erzogen worden: Das Glück wird dir nicht geschenkt. Du musst es verdienen? Stell dir vor, dass du abnehmen möchtest. Bisher hast du viel zu viel gegessen. Du hast dich komplett falsch ernährt und hast nun den „Salat“ – oder eher eben nicht. Du fühlst dich schuldig und betrachtest deine vielen katastrophalen Ernährungsgewohnheiten. Du erlebst die Körperfülle jetzt als gerecht Strafe. Du hast es nicht verdient, dass du abnimmst. Du zahlst für dein bisheriges Versagen.

Vielleicht kommen dir Sätze von deinen Eltern in den Sinn: Kind, dir wird nichts geschenkt, du musst es dir hart erarbeiten. Ohne Fleiß keinen Preis! Du warst unartig und wolltest ein Eis. „Das hast du dir jetzt nicht verdient! Erst, wenn du lieb bist!“ Dann bist du eine ganze Zeit lang lieb und weißt, wann du dir das Eis verdient hast. Manche Kinder mussten eine Stunde lieb sein, andere viele Wochen.

Wenn dieser Satz in deiner unterbewussten Eisberghöhle haust, dann entfaltet er dort gnadenlos seine Macht. „Ich habe es nicht verdient!“ Und die böse Fee im Hintergrund bestätigt dich. „Ja, du hast es nicht verdient!“ Dieser Satz wird dich blockieren in der Umsetzung deiner Pläne. Gnadenlos zeigt dieser Finger auf dich und lässt dich nicht hochkommen.

Kannst du den Satz umwandeln in: „Ich habe es verdient!“ Du kannst es versuchen. Du kannst aufzählen, wo du überall auch toll warst. Wie oft hast du dich beim Essen gezügelt! Wie oft hast du „Nein!“ gesagt. Du hast es dir wirklich verdient. Vielleicht! Wenn du ein inneres „Ja!“ bekommst, gibt es nichts weiter dazu zu sagen. Wenn du aber einen Widerstand spürst, dann arbeitet dein Unterbewusstsein. Geh doch mal einfach in dieses Gefühl der Niederlage hinein. „Du hast es nicht verdient!“ Rufe dir die Gesichter deiner Eltern herbei, die das gesagt haben. Schau ihnen in die Augen – so lange, bis deine Eltern deinen Blick nicht mehr aushalten können. So lange, bis der Blick deiner Eltern sich vielleicht in ein Smiley verwandelt.

Umfasse mit der rechten Hand deinen kleinen Finger, atme tief und spüre, wie der Puls dort anfängt, immer regelmäßiger zu schlagen. Bleibe bei dem Gefühl des „Nichtverdienens“. Sage: „Auch wenn ich es nicht verdient habe, bin ich völlig in Ordnung so, wie ich bin.“ Spüre dabei, wie die Last langsam geringer wird. Kannst du etwas mehr Frieden spüren? Erleichterung? Du kannst am Ende auch zu der Erkenntnis kommen. „Ich habe es zwar nicht verdient, dass ich abnehme, aber ich mache es trotzdem. Ich nehme es als Geschenk. Und wenn ich es nicht schaffe bin trotzdem ganz wertvoll.“

Der dritte Vorsatz: „Es ist erlaubt!“ statt „Es ist verboten!“

Ich kann mich noch gut an alle die Verbotssätze aus meiner Kindheit erinnern. Es war nicht erlaubt während des Essens aufzustehen. Zanken war verboten und mit Schuhen durch das Haus zu gehen. Naschen war strengstens verboten. Lügen auch! Lege ja nicht mehr als eine Scheibe Wurst auf das Brot. Die Eltern schauen zu. Den ganzen Tag. An jedem Ort. Streiten auf der Straße mit den Nachbarskindern war auch verboten. Wir ließen uns trotzdem hinreißen. Dann kam aber der Moment, wo die drohende Hand des Vaters vor dem geistigen Auge erschien. Bloß nicht erwischen lassen.

Die Einhaltung der Verbote wurde lückenlos beobachtet. Lückenlos? Da, wo das Auge der Eltern nicht hinreichte, reichte Gottes Auge allemal hin. Lehrer und Priester unterstützten das Verbotsgeschehen.

Wie stark mag dieser Satz dein Unterbewusstsein prägen? Es ist nicht erlaubt. Du denkst vielleicht. „Jetzt bin ich erwachsen! Mir kann niemand etwas verbieten!“ Da gibt es aber die leise Stimme des schlechten Gewissens. „Du weißt es doch besser! Bist du sicher, dass Gott dir das erlaubt? Du kannst es so machen, dann ist es aber Sünde! Kannst du mit einem schlechten Gewissen leben? Dann mache es. Aber beschwer dich hinterher nicht. Ich habe dich gewarnt!“

Dein Tiefenprogramm läuft immer mit. Folgende Übung wird dir helfen. Umfasse mit deinem rechten Daumen den linken Zeigefinger. Nach der Lehre des japanischen Heilströmens liegt dort die Angst. Nimm wahr, was beim Halten des Fingers geschieht und warte, bis es dort mit ein wenig Geduld regelmäßig pulsiert. Denke dabei an deine Angst, erwischt zu werden bei etwas „Verbotenem“. Dann sagst du: „Auch wenn ich manchmal etwas Verbotenes mache, bin ich ganz in Ordnung so wie ich bin.“ Spiele mit dem Wort Erlaubnis. „Ich erlaube mir, heute unpünktlich zu sein!“ „Ich erlaube mir, heute total schlechte Laune zu haben.“ Spüre dem nach, ob es einen Widerstand gibt. Taucht da ein Verbotsschild auf? Visualisiere das Verbotsschild in rot und verwandle es in ein Smiley in leuchtend Gold.

Der vierte Vorsatz: „Es ist gut für mich!“ statt „Es ist nicht gut für mich!“

Kannst du dich an solche Sätze auch erinnern? Wie geschickt manche Eltern doch sind! „Klar kannst du ein Eis haben wenn du möchtest. Aber das ist nicht wirklich gut für dich! Du bekommst davon Bauchschmerzen und die willst du doch nicht haben, oder?“ Eltern wissen, was gut für Kinder ist und als Kind lernst du, was gut für dich ist. Du vertraust deinen klugen Eltern, weil sie viel wissen. Sie sind ja erwachsen.

Der Arzt weiß, was gut für deine Gesundheit ist. Der Priester weiß, was gut für deine Seele ist und der Lehrer weiß, was gut für deine berufliche Zukunft ist. Die Eltern wissen, was sonst im Leben gut für dich ist. Und alle wissen, was nicht gut für dich ist. Nur du selber weißt es nicht.

Dann wirst du erwachsen. Die äußeren Autoritäten verlieren zwar an Bedeutung, aber sie haben in dir einen Stempel hinterlassen. „Überprüfe, ob etwas gut für dich ist.“ Du wirst dir nie ganz sicher sein. Wie kannst du deiner eigenen Stimme vertrauen, wo du es nie gelernt hast. Wenn du deine Eltern gefragt hättest: „Ist das gut für mich?“ Was wäre die passende Antwort. „Ja“ oder „Nein“? Wäre vielleicht passender: „Was meinst du denn selbst?“

Wenn deine eigene Stimme in dir nicht gut ausgeprägt ist, dann wirkt der Satz der Autoritäten manchmal mächtig und zugleich unbewusst: „Das ist nicht gut für dich!“ Wenn du dir nicht sicher bist, ob etwas für dich gut ist, wirst du bestimmte Dinge einfach nicht tun und Hemmungen entwickeln. Du möchtest ein Stück Torte. Die innere Stimme sagt: „Das ist nicht gut für dich. Die Kalorien bringen dich um!“ Wirst du dann essen?

Stärken wir also das Bewusstsein dafür, dass du selber weißt, was gut für dich ist. Umfasse mit deiner rechten Hand wieder den kleinen Finger und spüre hinein, bis es dort pulsiert. Sage dabei den Satz: „Auch wenn es nicht gut für mich ist, was ich jetzt vorhabe, bin ich total in Ordnung, so wie ich bin!“ Sage diesen Satz drei Mal. Sage ihn laut, damit dein Unterbewusstsein den Satz hören kann.

Bringe zugleich dein inneres System durcheinander. Kein Mensch kann zu hundert Prozent wissen, was gut ist und was nicht gut ist. Gut ist immer relativ. Torte essen kann gesund machen, weil es dein Herz erfreut. Torte essen kann krank machen, weil dein Körper die Kalorien nicht möchte. Lass den Satz mal in dir wirken: „Es ist gut für mich!“ Sage diesen Satz ganz wohlwollend und nicke dabei mit dem Kopf. Lächle dir dabei zu! „Ja, es ist gerade echt gut für mich!“ Steigere dich in eine Euphorie hinein! Vielleicht wird dein Unterbewusstsein für einen Moment die Fassung verlieren. Ist ganz gut für dich!

Der fünfte Vorsatz: „Ich will das!“ statt „Ich will das nicht!“

Etwas kann ganz gut für dich sein. Du fühlst dich auch sicher dabei. Es ist erlaubt und du hast es verdient. Dennoch machst du es nicht. Die Sperren in deinem Unterbewusstsein zeigen dir an, dass du etwas noch nicht bedacht hast.

Da ist ein junges Ehepaar. Beide bleiben kinderlos obwohl sie sich ein Kind wünschen. Sie gehen zum Arzt. Körperlich ist alles gesund. Mit einem kinesiologischen Muskeltest wird festgestellt, dass ein Partner nicht wirklich will. Es reicht manchmal nicht aus, dass der Kopf will. Das Herz und der Bauch müssen auch wollen. Du kannst also denken, dass du willst, aber du willst nicht wirklich! Fatal dabei, dass du es nicht merkst. Vom Kopf bist du dir ja ganz sicher!

Geh einmal in Gedanken vergangene Situationen durch, wo du scheinbar etwas wirklich wolltest, es aber doch nicht gemacht hast. Dir fehlte einfach die Bauch- oder die Herzensenergie dazu, deinen Wunsch tatsächlich umzusetzen.

Ich lade dich zu folgender Übung ein: Umfasse mit deiner rechten Hand jetzt den Mittelfinger und halte ihn so für eine Zeit. Spüre, bis dort ein Pulsieren entsteht. Der Mittelfinger steht für Wut und Aggression, aber auch für die Durchsetzungskraft. Parallel sagst du den Satz: „Auch wenn es nicht wirklich will, bin ich ganz in Ordnung, so wie ich bin." Wiederhole den Satz laut, damit es dein Unterbewusstsein hört. Beobachte dann deine Gedanken und beobachte Herz und dann den Bauch. Meldet sich da etwas? Kommen Bedenken? Gibt es ein Bauchgrummeln? Stell dir vor, wie der Strom fließt durch Kopf, Herz und Bauch und alle Anteile in Übereinstimmung bringt. Warte geduldig, bis du deinen Willen auf allen Ebenen wahrnehmen kannst. „Ja, ich will!"

Der sechste Vorsatz: „Ich kann das!" statt „Ich werde es nicht schaffen!"

Glaubst du an deine Fähigkeiten? Traust du dir etwas zu? Traust du dir viel zu? Wie zuversichtlich bist du, wenn du an deine Talente denkst? Klingen auch noch Sätze deiner Eltern im Ohr wie: „Das kannst du nicht! Du bist noch zu klein!" „Das schaffst du nicht! Du bist nicht klug genug dafür!"

Wie viele Tests und Arbeiten haben dich in der Schule bis an den Rand der Verzweiflung gebracht? Wie hat sich das in deinem Berufsleben fortgesetzt? Dir wird eine neue und bislang unbekannte Aufgabe gestellt. Wie ist deine erste Reaktion? „Gerne! Mit Freude! Das schaffe ich!“ Oder reagierst du eher so: „Hilfe! Warum ich? Lass diesen Kelch an mir vorübergehen!“

Wenn du als kleines Kind nicht probieren durftest hast du es vielleicht heute schwer. Durftest du Fehler machen? Wurdest du so lange gefüttert, bis du schlabberfrei selber essen konntest? Wurde dir immer wieder etwas aus der Hand genommen, weil deine Eltern so ungeduldig mit dir waren?

Du wirst dich nicht mehr an die Details deiner frühen Kindheit erinnern. Aber glaube mir, diese Erfahrungen haben dich geprägt! In der Zeit konntest du Selbstsicherheit lernen. Du brauchtest ein wohlwollendes und fehlerfreundliches Umfeld, damit du dich ausprobieren konntest. Fallen und wieder aufstehen! Herumsauen, bis du das Essen zuerst auf dem Löffel und dann auf der Gabel mühelos in den Mund hineinbalancieren konntest. Und heute?

Du magst dir sagen: „Heute bin ich erwachsen und ich kann das! Das ist ja auch ganz einfach. Ich bin erfahren und werde die neue Aufgabe gut bewältigen.“ Wenn kein Widerstand kommt und du gelassen bleibst, dann herzlichen Glückwunsch. Sollte es aber in deinem Magen grummeln dann merkst du die Anzeichen, dass du dir nicht ganz glauben kannst.

Ich lade dich wieder zu einer Übung ein. Umfasse mit dem rechten Daumen den kleinen Finger der linken Hand. Nimm wahr, was in dieser Hand geschieht und lass es dort pulsieren. Der kleine Finger steht für die Bemühung und Anstrengung. Während du den Finger hältst sagst du drei Mal laut hörbar für dein Unterbewusstsein: „Auch wenn ich es nicht kann, bin ich völlig in Ordnung so, wie ich bin!“

Schließe die Augen und lasse Bilder in dir entstehen, wo du etwas geschafft hast. Jede noch so kleine Erinnerung ist hilfreich. Du hast schon einmal erfolgreich Nudeln gekocht, die Schuhe zugeschnürt, einen Knopf angenäht. Einen Brief geschrieben und den Führerschein gemacht. Du kannst anknüpfen an viele Dinge, die du inzwischen geschafft hast.

Der 7. Vorsatz: „Ich bin geliebt!“ statt „Wenn ich das mache, mag mich keiner mehr!“

„Bist du mein liebes Kind?“ Wie gerne möchten Kinder von ihren Eltern geliebt werden! Welche Frage! Doch – was ist der Preis der Liebe? Bin ich geliebt nur weil ich da bin? Oder werde ich geliebt, wenn ich die Wünsche meiner Eltern erfülle. Liebe als Belohnung von gutem Betragen, Fleiß und Artigkeit!

Wenn die Liebe in deiner Kindheit nicht vorbehaltlos war, dann wird sich das bis heute auswirken. „Mag mich mein Mann noch, wenn ich dieses Kleid kaufe?“ „Wird mein Freund noch mit mir sprechen wenn er erfährt, dass ich ihn versetzt habe!“ „Habe ich mich gut genug benommen um gemocht zu werden?“

Bestimmte Dinge wirst du heute einfach nicht machen, weil du es dir nicht verscherzen möchtest mit deiner Familie, deinen Freunden, Nachbarn oder Arbeitskollegen. Du versuchst vielleicht, es immer allen recht zu machen. Du möchtest die Freundschaft nicht verlieren und siehst deine Beziehungen in permanenter Gefahr. Dir kann es bewusst sein, es kann aber auch ganz unbewusst so ablaufen. Du merkst gar nicht, dass du Dinge tust, nur um anderen zu gefallen.

Mit folgender Übung kannst du einen Ausgleich schaffen. Wieder nimmst du die rechte Hand und umfasst jetzt den Ringfinger. Nicht umsonst steckt an diesem Finger der Ehering. Der Finger steht für Beziehungen, Verluste und die Trauer. Halte diesen Finger, bis du wieder das Pulsieren spürst. Zugleich sagst du laut deinem Unterbewusstsein: „Auch wenn mich keiner mehr mag, wenn ich dieses oder jenes tue, bin ich ganz in Ordnung so, wie ich bin.“

Schließe deine Augen. Lade im inneren Bild und Gedanken alle Menschen, die du kennst, zu dir ein. Nicke ihnen freundlich zu und versammle sie in einen Kreis um dich herum. Es werden mehr da sein als du angenommen hast. Welche Menschen kommen ganz überraschend zu dir?

Zusammenfassung: Arbeite mit den ungeahnten Möglichkeiten deines Unterbewusstseins!

Wir haben uns mit sieben Glaubenssätzen, Wahrnehmungen des Unterbewusstseins beschäftigt. Es ist sehr mächtig und es ist hilfreich, das Unterbewusstsein als Verbündeten zu gewinnen für die zukünftigen Pläne, Wünsche, Ideen und Vorsätze.

Du kannst es unterstützen, indem du weißt, wie es gerne arbeitet. Es liebt Bilder! Also visualisiere viel! Schenke ihm viele heilsame und wohlwollende Bilder.

Ideal ist ein Entspannungszustand, wo die Gehirnwellen sich im Alpha Bereich bewegen. Lass dazu die Gedanken wie Wolken am Himmel vorüberziehen. Schau absichtslos in der Gegend herum. Betrachte die Fische in einem Aquarium. Nach und nach verlangsamen sich deine Gehirnwellen und lassen dich mehr und mehr entspannen.

Es gibt keine Verneinung. Das Wort „Nicht“ existiert nicht. Wenn du denkst: „Ich möchte keinen Unfall bauen.“ Hört das Unterbewusstsein: „Bau einen Unfall!“

Es unterscheidet nicht zwischen „Vorstellung“ und „Realität“. Ob du dir einen Film anschaust, ein Buch liest, oder ob dir ganz wirklich im realen Leben etwas geschieht, kann das Unterbewusstsein nicht unterscheiden. Da ist alles „wirklich“. Achte also darauf, welche Filme du dir anschaust!

Du kannst dein Unterbewusstsein unterstützen, indem du das Gefühl entwickelst, als hättest du dein Ziel schon erreicht. Dann läuft es wie von selbst.

Und zu guter Letzt. Das Umprogrammieren braucht 21 Tage Zeit. Wenn du nicht mehr etwas aufschieben willst, dann musst du 21 Tage hintereinander immer eine von deinen „to do“ Aufgabe erledigen. Ohne Unterbrechung!

28 Betriebssystem Lebensfreude!

Wie tiefenentspannt und vertrauensvoll erfährst du deinen Alltag? Stehst du am Morgen auf und begrüßt den Tag mit unbändiger kindlicher Vorfreude und Neugier? Wie viele Stunden hält dann dieses Lebensgefühl an? Befindest du dich schon dauerhaft im Betriebssystem Lebensfreude?

Meine Eltern und Großeltern erlebten ein oder zwei Weltkriege. Sie sind tief traumatisiert und hatten nie die Möglichkeit, ihre Erlebnisse therapeutisch aufzuarbeiten. Das Leben musste weitergehen. Aufräumen, aufbauen, Arbeit suchen, Familie gründen.

Um weiterleben zu können mussten sie ihre Erlebnisse irgendwie verdrängen. Ich erinnere mich noch daran, dass meine Mutter zusammenzuckte, wenn die Tiefflieger der Bundeswehr ihre Manöver probten oder wenn Fremde an der Tür klingelten. Sofort wie auf Knopfdruck aktivierten sich ihre Kriegsbilder. Das mit dem Verdrängen funktionierte nur so ungefähr.

In der Atmosphäre der Nachkriegsangst wurden wir gezeugt und ins Leben „geworfen". Die Botschaft hieß: „Das Leben ist immer gefährdet. Der Feind lauert vor der Tür. Schon morgen kannst du tot sein. Der Mensch ist dem Menschen ein Feind!" Nach außen war alles in Ordnung! Es gab genug zu essen, ein Dach über dem Kopf. Weit und breit kein Feind in Sicht. Das ganze Land im Aufbau. Zwischen meiner Geburt und dem Krieg lagen schon 16 Jahre.

Aber was sind 16 Jahre für eine ganze traumatisierte Gesellschaft? Trotz äußerer Sicherheit lief im Inneren meistens unbewusst das Betriebssystem Angst. Unsere Generation hat diese Angst mit der Muttermilch aufgenommen ohne dass es einen äußeren Hinweis gab.

Unsere Elterngeneration stirbt jetzt aus. So nach und nach ist keiner mehr von den Traumatisierten da. Richtig? Unsere Elterngeneration stirbt und hinterlässt uns das Betriebssystem Angst. Und wir haben es unbewusst übernommen. Unser Körpersystem ist auf Angriff und Gefahr ausgerichtet.

Wir lesen die Zeitung und schauen die Nachrichten in der Hoffnung, dass die Welt auch morgen noch steht. Gibt es Anzeichen für Terror? Wirtschaftskrise? Untergang? Verschwörung? Können wir es aushalten, dass es irgendwo eine temporäre Unsicherheit gibt?
Wenn ich die Nachrichten höre, höre ich das Betriebssystem Angst. Ein Terrorangriff wurde geplant, aber die Polizei konnte es verhindern! Die Welt rast der Klimakatastrophe entgegen! Wie gebannt schauen wir hypnotisiert auf den Präsidenten der USA, welchen Dominostein er jetzt wieder umstößt und ob irgendjemand ihn noch bremsen kann.
Wenn wir in einem Angstszenario jeden Tag leben, dann macht das was mit uns. Mit unserem Körper, mit unserem Geist, mit unserer Seele. Wir sind vollgepumpt mit Adrenalin und Kortisol und verlernen mehr und mehr, uns zu entspannen. Wir versuchen es, ab und zu mal runter zu kommen. Aber das ändert nicht unser Betriebssystem. Von woher wittere ich die nächste Gefahr?
Natürlich ist die Erde kein Paradies! Es gibt Vulkanausbrüche, Überschwemmungen, Krankheiten und Gewalt. Es gehört zum Dasein dazu. Auch die Unsicherheit, ob ich morgen noch leben werde. Darum ist es gut, dass uns für diese Zwecke das Betriebssystem Angst zur Verfügung steht.
Mir geht es eher darum, dass wir dafür kein Bewusstsein haben. Es ist uns in Fleisch und Blut übergegangen. Es ist unser bevorzugtes und fast ausschließliches Betriebssystem. Es pulsiert wie selbstverständlich in unseren Adern und wird täglich geschürt durch die Medien.
Ich möchte dich einladen, dass du mit dir selber Kontakt aufnimmst. Überprüfe mal dein Betriebssystem. Lebst du mit einer latent vorhandenen ganz diffusen und tief sitzenden Angst? Du stehst am Morgen vor deinem Auto und hoffst, dass es noch anspringt? Du schlägst die Zeitung auf und überfliegst die Seiten, ob eine Bedrohung in der Luft liegt? Du kommst am Arbeitsplatz an und wartest auf irgendeine Hiobsbotschaft? Dich

begleitet ein immer wiederkehrender Gedanke wie: „Hoffentlich ist nichts Schlimmes passiert!“?
Vielleicht gibt es in deinem Verstand nicht einmal Gründe, die du benennen kannst, sondern eher ein Gefühl, eine Art „zelluläres Unbewusstsein“. Eine schleichende chronische Ahnung?
Herzlichen Glückwunsch, wenn dir dieses Gefühl völlig fremd ist. Wenn du beim Lesen meiner Zeilen den Kopf schüttelst und dich nicht angesprochen fühlst. Dann lebst du vielleicht schon in der neuen Wirklichkeit oder in dem Betriebssystem, das ich dir empfehlen möchte. Das Betriebssystem der Lebensfreude.
Stell dir mal im Geist eine Skala vor von 1 bis 10. 10 wäre die pure Lebensfreude, kurz vor der Explosion und 1 wäre kurz vor Todesangst. Wo schätzt du dich selbst ein? Wie viele Stunden am Tag oder Wochen im Jahr lebst du in diesem Modus?
Wenn ich mein Leben der letzten fünfzig Jahre betrachte dann stelle ich fest: Ich hatte jeden Tag mehr als genug zu essen. Ich hatte immer ein Dach über dem Kopf. Es gab immer Menschen an meiner Seite, die mich mochten und denen ich vertraute. Es war nie wirklich knapp. Es gab immer genug! Eigentlich müsste mein Köpersystem voller lebensbejahender Hormone sein. Ein Überfluss an Serotonin, Oxytocin und Dopamin. Infolgedessen müsste ich kerngesund sein.
Mein Verstand sagt mir, dass alles in Ordnung ist. Mein Gefühl sagt mir: „Trau dem Braten nicht!“ Wenn ich tief in mir hineinschaue, dann nehme ich wahr, dass ich in beiden Betriebssystemen lebe. Das Angstsystem wirkt aber stärker und automatisierter. Das Grundgefühl von Lebensfreude und Vertrauen ist das Ergebnis von Bewusstwerdung, Entwicklung, Geschenk und Arbeit.
Wie mag es sich wohl anfühlen, wenn das Verhältnis umgekehrt wäre? Ich schaue mir Berichte von Völkern an, die noch im Einklang mit der Natur leben und sehe den Unterschied zu mir. Ich schaue in deren Gesichter und entdecke unbändige kindliche Freude. Wie machen die das bloß? Was machen die anders als ich? Unverdientes Geschenk? Gnade? Wurden sie hineinge-

boren in eine heilere Welt ohne zerstörerische Medien und krank machende Zivilisation?
Es ist müßig, darüber zu spekulieren. Ich plädiere einfach für eine Intensivierung des Betriebssystems Lebensfreude. Ich gehe mit meiner Aufmerksamkeit weg vom Mangel hin zu dem, was mich stärkt. Und dazu lade ich dich ein für die nächsten Wochen. Und darüber hinaus. Ich finde, es ist ein Lebensprogramm.
Ich denke jetzt gerade an dich und fühle mich verbunden mit dir, wenn ich diese Zeilen schreibe. Ich sitze hier und neben mir steht eine Tasse mit duftendem Kaffee. Es ist hell genug, dass ich alles sehen kann. Meine Finger bewegen sich über die Tastatur und betanzen die Buchstaben. Auf der Straße pulsiert der Verkehr und meine Gedanken gehen hin zu einem Rezept von selbstgebackenem Brot. Mein Herz hüpf voller Freude und ruft: „Ja!" „Mehr davon!" „Nicht damit aufhören!" In meiner Phantasie sehe ich mich als kleinen Jungen und meinen Vater, der mit mir Flugzeug spielt und mich durch die Gegend schleudert. Seine starken Hände halten mich fest.
Mehr von diesen Gedanken. Mehr von diesem Lebensgefühl. Was kann ich gut? Wen und was liebe ich? Wofür danke ich? Welche Menschen mögen mich? Und welche mag ich? Und wenn meine Phantasie zu den dunklen Ereignissen des Tages gehen dann merke ich, wie ich wieder das Betriebssystem wechsle. Hin zur vertrauten Angst. Aber ich treffe eine Entscheidung. Ich kann wechseln von dem einen hin zum anderen Betriebssystem. Der Automatismus hört auf.
Die Worte von Jesus klingen in meinem Ohr: „Hab keine Angst! Vertraue Gott und vertraue mir!" Ich wünsche dir reiche Erfahrungen mit dem Betriebssystem Lebensfreude!

29 Nahrung für das innere Kind

Wann fühlte sich dein Leben einmal völlig unbeschwert an? Für einen Augenblick abtauchen in dem, was du gerade machst? Als Kinder konnten wir noch spielen. "Warte, bis der Ernst des Lebens beginnt!" warnten uns die Erwachsenen. Wir tauchten vielleicht verstört aus unserem Spiel auf und rätselten, was unsere Eltern damit meinten. Dann wurden wir erwachsen und vergaßen die Spiele und das Glück von damals. Es wird Zeit, das Verlorene wieder zu aktivieren! Dein inneres Kind braucht Nahrung! Wie wäre es mit einem kleinen Energieschub?

Balancieren auf der Bordsteinkante

Erinnerst du dich an das Balancieren auf der Bordsteinkante? Du breitest die Arme aus und setzt einen Fuß vor den anderen. Auf der einen Seite der breite und sichere Weg und auf der anderen Seite der Abgrund. Schaffst du noch den nächsten Schritt? Der Abgrund ist nicht tief. Du kannst ein wenig stolpern, aber nicht wirklich fallen. Dieses lustvolle Gefühl, das durch den ganzen Körper geht! Schwanken und sich dennoch halten. Flexibel und beweglich sein! Spaß haben beim Fallen. Sich ein wenig ärgern und wieder auf die Bordsteinkante. Sich lustvoll bewegen. Zu den Eltern schauen. "Schau mal was ich alles kann!" Balancieren als einen Vorgang purer Freude!

Heute erarbeite ich mit Kunden einen mühevollen Weg, wieder in die Balance zu kommen. Zu viel Arbeit und zu wenig Erholung? Wovon mehr und was weniger? Die Balance wiederfinden in einem mühevollen Veränderungsprozess. Darin besteht der erwachsene Alltag. Wie geht denn das noch mal mit dem Balancieren auf leichte Art? Du warst als Kind darin einmal ein Profi. Du hast es einfach gemacht. Hast dich auf die Bordsteinkante gestellt und die Arme ausgebreitet. Ein Glucksen im Bauch, einen Freudeflash durch den Körper jagen und dann los! Schritt für Schritt! Vielleicht könntest du in dieses Lebensgefühl zurückfinden wenn du dich einfach mal wieder auf die Bordsteinkante stellst und es machst. Das Gefühl wird sich schon wieder einstellen! Und wenn du es machst und das Gefühl dafür wiederkommt - was wird sich bei dir dadurch verändern? Wirst du dich selbst anders empfinden? Kannst du das Kind in dir wieder zum Leben erwecken? Und danach? Wie verändert sich dein Alltag dadurch? Möge mehr Freude in deiner Seele einziehen!

Fliegen

"Ich möchte fliegen! Spielst du mit uns Flugzeug?" Mein Onkel packte mich als kleines Kind dann an Hand und Fuß und schleuderte und drehte uns im Kreis. Die erste Achterbahnfahrt! Welch ein Lebensgefühl und welches Vertrauen hatte ich in diesen Erwachsenen. Der wird mich nicht loslassen. Aber ich lasse los! Ich mache mich ganz locker und breite den freien Arm und das freie Bein aus und lasse mich herumwirbeln. Ich schreie mir die Seele aus dem Leib und fühle mich lebendig wie nie. Noch einmal! Noch eine Runde! Es braucht keine Pause.

Erinnerst du dich an dieses Spiel zwischen Kind und Erwachsenen? Als wir größer und schwerer wurden ging das leider nicht mehr. Wir mussten andere Möglichkeiten suchen, diesen besonderen Kick zu erfahren.

Oder gehörst du zu den Kindern, die sich nie getraut haben. Du warst viel zu vorsichtig, viel zu ängstlich, dich auf solch ein Wagnis einzulassen. Bis heute geht es dir so, dass du dem Leben und den Herausforderungen skeptisch gegenüberstehst. Überall lauert die Gefahr. Der Tod ist allgegenwärtig. Vielleicht nicht in deinen Gedanken, aber im Körpersystem.

Vielleicht gehörst du aber auch wie ich zu den Menschen, die als Kinder gerne geflogen sind. Die es einfach geliebt haben. Aber irgendwann gab es einen Einbruch. Ein erstes Stolpern. Ein Schock, an den du dich nicht einmal erinnern kannst. Irgendetwas ist passiert. Und dann gibt es in dir zwei Bestrebungen.

Du möchtest eigentlich das Abenteuer, aber das Trauma hält dich davon ab.

Mir hat mal ein Freund gesagt, dass er nur dieses eine Leben jetzt hat. Und das Leben ist viel zu schade, es in Watte zu verpacken und vor Angst zu vergehen. Jetzt habe ich die Chance. Tot sein werde ich noch früh genug. Ich muss mich nicht so verhalten, als sei ich schon tot. Das Leben ist dafür da, das Abenteuer zu wagen.

Ich schließe die Augen und hole mir das Bild aus Kindertagen zurück. Wie sich das Fliegen angefühlt hat! Großartig! Ich denke an die Worte meines Freundes, dass das Leben ein Abenteuer ist. Dann kommt die nächste Aufforderung an mein Erwachsenenleben: "Machst du mit?" Ich spüre ein Ja und ein Zögern! Ich gebe der aufkommenden Angst nur einen kleinen Moment der Aufmerksamkeit und sage Ja zum Abenteuer. Sterben muss ich sowieso!

Matschen

Ich liebe es, den Hefeteig zu kneten! Voll mit den Händen hinein in Mehl und Wasser und ordentlich matschen! Die Finger verklebt, Mehlstaub auf dem Pullover und ein Glücksgefühl, das durch den ganzen Körper geht. Alle Aggressionen kann ich in den Teig hineinhauen. Ich kann diesen Teig förmlich verprügeln und er ist auch noch dankbar dafür.

Durftest du als Kind im Dreck matschen und Erde essen? Durftest du dir deine Kleidung versauen und man hat dich einfach in Ruhe gelassen? Dann bist du reich beschenkt worden. Auf alternativen Bauernhöfen sehe ich manchmal Schweine sich im Dreck suhlen. Ein Teil von mir möchte einfach mitmachen. Die Bibel erzählt davon, dass wir Menschen aus Lehm gemacht sind.

Du und ich, wir sind "Lehmlinge", "Erdgeschöpfe", "Wühler", "Schöpfer". Wir dürfen mit den Händen matschen und dabei Dinge erschaffen. Evolutionär, aus Zufall oder tief liegender Intuition. Einfach machen und im Machen entstehen lassen. Ohne zu werten! Nur aus Freude am Tun. Matschen ist so herrlich überflüssig!

Gehörst du zu den Menschen, die schon als Kinder lieber im sauberen Wohnzimmer spielten. Die sich nicht auf die Straße trauten? Am Rand vom Sandkasten saßen und hilflos mit der Schaufel herumfuchtelten in der Hoffnung auf Mama, die dich von diesem schrecklichen Platz wieder wegholen möge?

Vielleicht bist du ja ein verborgener Engel, der mit der Körperlichkeit doch so seine Schwierigkeit hat - damals als Kind und heute auch noch. Magst du mit den Händen essen oder doch lieber mit einem Werkzeug, so dass du dir die Finger nicht schmutzig machst. Hast du Angst vor Bakterien, Viren und Bazillen? Bist du ständig auf Alarm? Im roten Bereich?

Oder reibst du dir die Hände jetzt wo du schon lange erwachsen bist und hältst gerade die Augen auf, wo du mal wieder so richtig matschen kannst! Du kannst im Blumenkasten wühlen, in deinem Garten oder dir einen Knetteig erstellen. Einfach mal wieder matschen und die Erfahrungen machen, wie du dich als "Lehmling" anfühlst. Es setzt einfach Energien frei! Schon beim lesen und es sich vorstellen.

Hütten bauen

"Räum dein Zimmer auf! Zieh die Schuhe aus! Wasch dir die Hände! Schrei nicht so herum! Mach die Türen zu!" Solche und ähnlich Sätze geistern bis heute durch meinen Kopf. Worte meiner Mutter. Sie machte sich solche Sorgen um das Haus. Es sollte unbedingt sauber sein! Strom sparen! Keinen Dreck machen!

Als Kinder gingen wir in den Wald und bauten Hütten. Behausungen für ein paar Tage. Ein paar dicke morsche Äste zusammenschieben und mit Laub verkleiden. Fertig! Sich reinsetzen und Vater, Mutter, Kind spielen. In dieser Hütte durften wir schreien. Wir durften auf dem Boden sitzen und mussten uns keine Hände waschen. Aufräumen war völlig überflüssig und Türen gab es eh nicht.

Meine Hütte! Hier war ich König! Eigene vier Wände! Keine Kosten! Es gab keinen Erwachsenen, der etwas vorschrieb. Auch nicht erklärte. Wie schiebe ich Äste zusammen, so dass sie halten? Sie sind halt mehrmals zusammengebrochen bis wir es heraushatten. Wir durften experimentieren ohne dass die Erwachsenen sich einschalten konnten. Der Wald gehörte uns! Und wir waren Hüttenbauer!

Wie viele Verbotsschilder stecken heute in unserem Erwachsenenkopf! Was wir alles nicht dürfen! Als Staatsbürger, als Arbeitnehmer, als Kirchenmitglieder, als Vereinsangehörige! Manchmal schließe ich die Augen und gehe in Gedanken in den Wald meiner Kindheit. Ich schiebe ein paar Äste zusammen und lege Laub auf das Dach. Dann setze ich mich hinein in die Hütte und sage mir: "Hier bin ich König! Hier bestimme ich! Und so, wie ich es gemacht habe, so ist es genau richtig!"

Davon wünsche ich mir mehr für dich und mich: Dass der Blick nicht zuerst auf die Vorschriften und Verbote geht, sondern auf die Möglichkeiten und die Einladungen. Einfach wieder Hütten bauen!

Sandkastenspiele

Erinnerst du dich noch an deine ersten Sozialaktionen? Im Sandkasten! Deine Mutter hat dich ausgerüstet mit Sieb, Eimer und Schaufel. Sie hat dich in den Sandkasten gesetzt und dann durftest du mit den Nachbarskindern spielen. Alle mit ähnlichen Ausrüstungsgegenständen. Du hattest deinen Platz, deine Schüppe und deinen Radius. Manchmal ging es gut mit der Nachbarin und manchmal musstest du einfach deine Schüppe einsetzen um deinen Sandhügel zu verteidigen. Du hast Kuchen gebacken und jeder durfte mal probieren. Und wehe, es schmeckte nicht!

Jetzt bist du erwachsen, oder? Von wegen! Du sitzt an deinem Arbeitsplatz und um dich herum die Kollegen und Kolleginnen. Alle sind ausgerüstet mit Computer oder anderen Arbeitsgeräten. Jeder beansprucht einen Platz für sich und interagiert mit den Nachbarn. Du sorgst dafür, dass alle mit Kaffee versorgt sind und andere fragen dich, ob du gut geschlafen hast. Wie damals im Sandkasten. Andere Spiele vielleicht, aber mit ähnlichen Gefühlen. Verbundenheit und Harmonie, wenn alle einträchtig beisammen sind. Ärger und Frust, wenn es Kränkungen gibt.

Die ganze Welt, so könnte man sagen, ist doch ein einziger großer Sandkasten. Dort wird gespielt. Manche geben gerne ihre Schüppe und ihren Eimer ab und andere achten darauf, dass niemand sich an Sieb und Förmchen vergreift. Meins!

Wenn ich heute als Erwachsener "spiele" in der Erwachsenenwelt und es emotional hoch hergeht, dann schließe ich für einen Augenblick die Augen und versetze mich zurück in den Sandkasten. Alles nur ein Spiel! Nimm es nicht so wichtig! Du kannst auch aufstehen und dir einen neuen Platz suchen. Die Spielwiese ist groß genug! Und zugleich ist es schön auf dem "Marktplatz" Sandkasten. Einfach schön, mit anderen zusammen.

In Pfützen springen

Gummistiefel an, Regenjacke und ab auf die Straße. Wo ist die nächste Pfütze? Hineinspringen und herumspritzen. Dreckig lachen und jede Hemmung verlieren. Am Anfang klang noch die Stimme der Mutter im Ohr. "Mach dich nicht dreckig. Pass auf! Die Hose ist gerade frisch gewaschen!" Dann waren da die Pfützen entlang des Weges. Unwiderstehlich! Springen von

Pfütze zu Pfütze. Wie weit kommst du? Schnell ist die saubere Hose vergessen. Spritzen und andere Leute nass machen. Wie war das noch mal mit der guten Erziehung?

Als Erwachsener springe ich nicht mehr einfach so in Pfützen. Ich überlege und plane den Tag und meine Aktionen. Ich halte meine Kleidung sauber weil ich einen guten Eindruck hinterlassen möchte. Was sollen die Leute von mir denken. Ja genau! Was denken die Leute über mich! Finden sie mich albern oder kindisch? Meine Grenzen sind eng gesteckt. Nicht den Hauch von schlechtem Benehmen. Niemandem die Zunge herausstrecken! Die Kleidung sorgfältig ausgewählt, farblich abgestimmt und gebürstet. Im Berufsalltag immer!

Lebt die Pfützenspringeridentität noch in dir? Traust du dich ab und zu etwas zu machen, was du als Erwachsener einfach nicht tun dürftest? Ich schließe die Augen und stelle mir vor, wie ich in die nächste Pfütze springe und einfach dreckig lache. Die Welt um mich herum ist mir völlig egal. Die Leute sollen denken was sie wollen. Wofür hat der liebe Gott denn die Pfützen erschaffen? Damit ich hineinspringe. Ich werde nicht untergehen! Es ist ganz leicht. Es kostet kein Geld und bringt einfach so Spaß! Wer als Erwachsener wieder in Pfützen springen kann hat die Leichtigkeit wiedergefunden. Ob ein Psychiater bei Depressionen Pfützenspringen verordnen darf? Stell dir das doch mal vor. Du bist depressiv und gehst zum Arzt. Der schaut dich an und sagt. "Da ist die Pfütze und jetzt spring!" Hat das jemand schon mal probiert? In den Pfützen sammeln sich die Tränen der Welt. Sie können nicht in den Boden einsinken und die Erde bewässern. Tränen, die sich stauen. Wie bei einer Depression, oder? Wenn du in die Pfütze springst verteilt sich das Wasser und kann in den Boden eindringen. Ist fast wie weinen, wie der Trauer einen Raum geben, dass sie sich ausbreiten kann. Und dann? Dann ist es gut. Es gibt ja auch die Freudentränen in den Pfützen. Und Freudenpfützentränen verbreiten wäre einfach ein himmlisches Geschenk!

30 Tote Zeiten!

Gestern sprang mein Auto nicht an und ich musste mit dem Zug zur Arbeit fahren. Mit dem Auto wären es nur 45 Minuten gewesen. Mit Fahrrad, Bahn und Bus benötige ich 1,5 Stunden. Ich stehe am Bahnsteig. Der Zug verspätet sich. Ich warte zehn Minuten. In Hamm koppeln sich zwei Züge aneinander und ich sitze dort und warte wieder zehn Minuten. In Münster stehe ich am Busbahnhof und warte noch einmal zehn Minuten. So kommen dreißig Minuten Wartezeit zusammen. Lauter tote Zeiten!

Ich warte vor meiner Kaffeekanne bis das Wasser kocht. Manchmal kann ich etwas parallel in der Küche machen. Jetzt sitze ich an meinem Schreibtisch und rechne die toten Minuten des Tages zusammen. Minuten, wo ich warte. Minuten, wo nichts passiert. Sinnentleerte Minuten. Minuten, die sich unheimlich dehnen. Ich höre einer Predigt zu, die nur zehn Minuten dauert, sich aber wie eine Stunde anfühlt. Ich stehe beim Bäcker oder an der Kasse im Supermarkt und ich sehe die kostbaren Minuten meines Tages dahinfließen.

Ich lese ein paar Artikel aus dem Bereich von Zeitmanagement und erfahre, dass ich tote Zeiten auch nutzen kann. Emails schreiben an der Supermarktkasse. Im Zug meditieren. Statt in Stunden denken, lieber den Tag in Viertelstunden aufteilen. Also tote Zeiten vermeiden oder irgendwie sinnvoll nutzen mit kleinen Dingen.

Und dann kommen dennoch die toten Zeiten. Ich sitze im Wartezimmer beim Arzt und mag weder lesen noch meditieren. Gespräche führen mit den anderen Patienten finde ich auch nicht so spannend. Ich schlage buchstäblich die Zeit tot. Ich sitze mit meiner „Zeitklatsche“ da und schlage Minute um Minute tot. Ich komme einfach nicht dran. Immerhin kann ich die Zeit totschlagen.

Tote Zeiten? Ich sitze da und lese für meine Tätigkeit ein Buch oder einen Aufsatz. Der Text langweilt mich. „Es langweilt mich zu Tode“, sagen wir ja manchmal. Bei einer Fernsehsendung, einem Kinofilm oder einer Konferenz. Dann sitzen wir da und machen etwas, aber es fühlt sich sinnlos an. Wenn eine Tagung wirklich einen ganzen Tag dauert halte ich am Abend Rückschau und denke: „Das hätte ich mir schenken können.“ Tote Zeit! Oder du liest jetzt meinen Text und denkst: „Frustrierend! Kenne ich schon! Nicht besonders interessant!“ Du ärgerst dich, dass du die Zeit verplempert hast.
Toten Zeiten! Wir gehen in den Supermarkt und das Sonderangebot ist schon ausverkauft. Umsonst gelaufen. Du holst den Kuchen aus dem Backofen, der dir so viel Zeit gekostet hat und er ist verbrannt. Stundenlang stehst du am Herd für dein wunderbares Rezept und die Familie mault.
Noch mehr tote Zeiten? Du könntest ja mal Bilanz ziehen im Rückblick auf dein gesamtes Leben. Sprachen, die du gelernt hast und nicht anwendest. Kurse, die du besucht hast und wovon du nichts umsetzt. Freundschaften, die du pflegst, obwohl sie schon lange „tot“ sind. Auf wie viele tote Jahre kommst du?
Woher kommt eigentlich unsere Vorstellung, dass wir unsere Zeit sinnvoll nutzen sollten. Jede Minute an jedem Tag in jedem Jahr und ein ganzes Leben lang! Carpe diem! Da stimmt doch was nicht! An meinem Denken und an meiner Einstellung.
Ich sehe überall Uhren und Kalender. Ich trage dort meine Arbeitszeiten ein. Meinen Urlaub und meine Begegnungen. Im Smartphone, im PC und auf dem Papier.
Ich werde geboren an einem bestimmten Tag in einem bestimmten Jahr und nehme für ein paar Jahrzehnte teil am Erdenleben. Es kommt die Minute und der Tag, an dem ich diese Erde wieder verlasse. Die Zeit begleitet mich nicht nur, sondern sie gibt den Takt vor. Nicht bewusst in den ersten Jahren meines Lebens. Als Baby habe ich völlig unabhängig vom Wochentag geschrien. Da kannte ich die Zeit noch nicht. Aber irgendwann brachten meine Eltern mir bei, wie ich eine Uhr lesen muss und dass es wichtig ist, pünktlich zu sein und sich

die Zeit gut einzuteilen. Denn die Zeit ist Geld und die Zeit ist begrenzt.
Als kleines Kind hatte ich noch gedacht, dass ich einfach frei bin. Ich spielte, ich aß, ich schlief. Ich war Teil einer Familie. Bedürfnisse wurden erfüllt oder auch nicht. Dasein in der totalen Gegenwart.
Doch jetzt bin ich ein Wesen, dass einem Kalender und einer Uhr folgt. Die Uhr und der Kalender weisen mich hin auf tote Zeiten. „Mach mehr aus deinem Leben! Hol raus, was du rausholen kannst. Du weißt nicht, ob du morgen noch eine Möglichkeit hast!“
Ich sitze jetzt vor meiner Uhr und schaue sie an. Da laufen Sekunden-, Minuten-, und der Stundenzeiger und versetzen mich in einen Trancezustand. Und jetzt erzähle ich dir, was die Uhr zu mir gesprochen hat. Und wenn du dein Leben so ahnungslos wie bislang weiterführen möchtest dann liest du ab jetzt auf keinen Fall mehr weiter. Es wäre nicht gut für dich! Wenn du weiterliest, gehst du ein Risiko ein. Also überleg es dir gut! Folgendes hat die Uhr mir zugeflüstert:

„Du erlebst tote Zeiten? Gut, dass du sie erlebst. Spürst du den Druck? Du solltest ein sinnvolles Leben führen? Die Zeit ausnutzen? Etwas aus dir machen? Wenn du diesen Druck spürst dann habe ich erreicht, was ich wollte. Ich sage es dir kurz und knapp.
Ich bin die Herrin und du mein Sklave. Es ist doch so, dass du mir gehorchst, nicht wahr? Du stellst mich am Abend ein, damit ich dich am Morgen wecke. Und brav stehst du auf. Du kochst dir den Kaffee und frühstückst mit dem Blick auf mich. Ich stehe an deinem Bett, hänge an deiner Wohnzimmerwand, habe einen Platz an deinem Arm und auf deinem Smartphone. Frühstücke nur, aber behalte mich im Blick. Oder auch nicht. Du kannst mir sowieso nicht ausweichen. Ich klebe wie ein Parasit in deinen Zellen. Du wirst mich nicht los!
Ich arbeite übrigens für deinen Arbeitgeber. Der möchte möglichst viel von dir haben und dass du dich genau an die Zeiten

hältst. Ich habe mit ihm einen Vertrag geschlossen, dass du mindestens 140 000 Stunden zur Verfügung stehst. Nicht heute, aber insgesamt. Ich bin ständig präsent und achte darauf, dass du deinen Vertrag einhältst. Ich bin immer mit im Spiel. Es geht nie ohne mich! Selbst im Urlaub bin ich präsent und zeige dir ab dem ersten Tag, dass dein Urlaub bald schon vorbei ist. Ich sehe dir in die Augen und merke, wie du leidest. Du bedauerst, dass du nur zwei Wochen Urlaub hast. Du hättest gerne mehr davon. Ich verlängere um zwei Tage und sehe die Erleichterung in deinem Gesicht. Ich genieße meine Macht und deine Abhängigkeit. Wie du aufatmest bei zwei mickrigen Tagen! Ich bleibe Sieger. Du gehörst mir. Mir, der Zeit. Ich bin der Besitzer und du bist mein Eigentum. Ich lasse es dich nicht spüren. Du sollst mir ja freiwillig gehorchen. Das macht es mir leichter. Ich will dich ja nicht zu den Terminen prügeln. Am Ende stirbst du noch vor der Zeit, die dir biologisch vergönnt ist. Ich lese deine eigene Todesanzeige und dort wird ein Datum stehen. Von dann bis dann hast du mir gehört. Ich bestimme also auch noch das Erscheinungsbild auf deiner Todesanzeige. Oder hast du schon mal eine Anzeige gesehen wo stand: „Das war Matthias! Er war ein netter Kerl. Wir werden uns gerne an ihn erinnern. Mach es gut!" Nein, dort steht von wann bis wann! Je kürzer die Zeit, desto größer der Schrecken beim Leser. Dann reibe ich mir die Hände. Du wirst dein Tempo erhöhen!

Wenn du im Stau stehst, dann mache ich dir Druck! Ich kann zwar nichts machen und muss es aushalten. Aber ich kann dafür sorgen, dass du dir Sorgen machst. Dass du ein schlechtes Gewissen bekommst. Jeder Stau hilft mir dabei, dass du gehorsamer wirst. Stell dir doch einmal vor, dass es auf der ganzen Welt keine Uhr gäbe! Du würdest im Stau stehen und wärest völlig gelassen. Du müsstest ja nirgendwo pünktlich ankommen. Du würdest vielleicht nur zwei Stunden arbeiten anstatt sieben oder acht. Daran hat dein Arbeitgeber kein Interesse. Er möchte, dass der Betrieb so präzise abläuft wie ich, die Uhr.

Ich weiß, dass es eigentlich unmenschlich ist. Menschlicher wäre es, wenn du mit der Sonne aufwachst und dich dem Rhythmus des Lichtes und des Herzens überlassen würdest. Aber dann würde ich meine Bestimmung verlieren. Ich lebe davon, dass du mir gehorchst.
In den vielen Jahren meiner Existenz habe ich gelernt, ganz dezent im Hintergrund zu arbeiten. Du kannst mein Wirken vergleich mit der Geschichte vom Frosch im heißen Wasser. Wenn ein Frosch ins heiße Wasser fällt dann springt er vor Schreck sofort wieder heraus. Wenn er aber im kalten Wasser ist und ich langsam und stetig die Temperatur erhöhe wird er nicht springen. Inzwischen könnt ihr Menschen nicht einmal mehr ohne mich leben. Ihr verplant euer Leben und ich gebe den Takt vor.
Und dann sind da die geheimnisvollen toten Zeiten. Die sind gefährlich für mich. Wenn du nichts zu tun hast dann wirst du innerlich unruhig. Es kommt dir seltsam vor. Du möchtest etwas Sinnvolles tun. Ich laufe ja immer weiter und habe dich gut konditioniert. Du bist mein pawlowscher Hund. Nur, wenn die toten Zeiten kommen, dann könnte etwas geschehen, wovor ich Angst habe. Ich flüstere es dir jetzt ins Ohr. Komme näher.
Wenn du in einer toten Zeit in dich hineinspürst, dann könntest du bemerken, dass ich dich beherrsche. Du könntest aufwachen und dir sagen: „Genug!“ „Nicht mehr mit mir!“ Du könntest alle Uhren und Zeiten aus deinem Leben verbannen. Du würdest einfach tun was du wolltest. Dir wäre es egal, ob du noch zwei oder zwanzig Jahre Zeit zum Leben hättest. Du würdest angstfrei und gewissenlos werden und nach deinen inneren Impulsen leben. Du würdest nicht mehr berechenbare 40 Stunden für so und soviel Euro arbeiten sondern irgendwie und einfach so. Dein Arbeitgeber wüsste nicht mehr, was er dir bezahlen sollte. Du würdest ihm sagen, dass du gut gearbeitet hast und dir wünschst, dass er dich jetzt gut bezahlt. Alles würde mehr nach einem Gefühl oder zeitlosem Rhythmus laufen.
Ich würde meine Macht und Vorrangstellung verlieren. Und daran habe ich kein Interesse. Es läuft doch prima so, wie es läuft.

Nicht wahr? Es läuft und läuft und läuft. Ein kleiner Burnout gefällig? An die Verhinderung muss ich wohl noch arbeiten. Was wäre das Gegenteil oder der Gegenpol von Zeit? Hast du einmal darüber nachgedacht? Wenn du diesen Pol entdeckst, dann bin ich dich los. Daran habe ich kein Interesse. Und jetzt wach auf und arbeite weiter!"

Ich wache auf und stelle die Uhr beiseite. Ich tauche tief in meine toten Zeiten ein. Wie wäre es, wenn ich nicht die toten Zeiten betrachte mit einem Gefühl des Versagens, sondern die Zeit an und für sich ausschalte oder töte. Es gibt Augenblicke, wo die Zeit gar keine Rolle spielt. Ich denke an das, was ich liebe. Ich fühle es und plötzlich existiert die Zeit nicht mehr. Sie existiert einfach nicht mehr. Die Zeitformen von Vergangenheit, Gegenwart und Zukunft verlieren ihre Bedeutung. Zeit zeigt sich nur als Teil meiner menschlich begrenzten Denkweise. In diesem Zustand gibt es kein Gegenteil von Zeit. Auch keinen Gegenpol. Keine grenzenlos ausgedehnte Zeit.
Wenn ich in einer „toten Zeit" in mein Inneres eintauche werde ich mir meiner selbst bewusst. Ein wort- und gedankenloser Zustand. Worte und Gedanken bin ich los. Stille? Frieden? Verbunden sein? Ein Schweigen!
Vielleicht finde ich in den toten Zeiten das Gegenteil vom Tod. Lebendigkeit. Den Atem, der kommt und geht. Den Puls und den Herzschlag. Das alles kann ich wahrnehmen in toten Zeiten.
In den toten Zeiten komme ich zurück zu meinem natürlichen Zustand. Ich werde mir bewusst, dass es eigentlich keinen Zwang gibt. Das pure Leben an sich ist völlig zwanglos. Löwen teilen auch nicht ein nach Frühstück und Mittagessen. Die Uhr suggeriert mir nur, dass ich mich nach ihr richten muss. Beherrsche ich die Uhr oder beherrscht sie mich. Beherrsche ich den Alkohol oder beherrscht er mich. Beherrschen mich die Gefühle oder beherrsche ich sie?
Zugleich wird mir bewusst, dass auch das „Herrschen" und das „Beherrschen" zu einem Zwang werden kann, der mich unfrei macht. Wie wäre es, mit der Zeit zu spielen? Mit dem Alkohol zu

spielen? Mit allen „Herrschaften“ zu spielen! Vielleicht ist es ja möglich, in all den vielen „Herrschaftsräumen“ sich „Freiheitsräume“ zu ermöglichen. Und wenn die Zeit sich als Herrschaftsraum zeigt, dann könnte ich mich ab und zu mal einfach verweigern. In „tote Zeiten“ abtauchen! Mich darin innerlich lebendig fühlen und ein wenig ausdehnen. Jemanden an der Kasse vorlassen. Im Wartezimmer beim Arzt sich fühlen wie in der Sauna. Am Bahnsteig einfach nur herumstehen dürfen. Es gibt nichts zu tun!

31 Bist du schon wach oder noch in Hypnose?

Ich hatte einen eigenartigen Tagtraum. Ich stellte mir vor, dass ich sterbe. Im Augenblick des Sterbens war ich jedoch nicht tot, sondern äußerst wach. Es kam mir so vor, als ob ich nie zuvor wacher war. Eine intensive Form von Bewusstheit nahm ich in mir wahr, wie ich sie nie zuvor kannte. Ich blickte zurück auf mein körperliches und irdisches Leben und staunte über mich. Ich staunte darüber, dass ich den ganzen Weg wie in Trance gegangen sein musste. Habe ich wirklich so viele merkwürdige und überflüssige Dinge gemacht? Hatte ich tatsächlich so eigenartige Zwangsgedanken, die ich nie loswurde? Das hatte ich gefühlt? Das war mir wichtig? Dann schüttelte ich den Kopf und lachte, bis mir schwindelig wurde. Ich war froh über mein Aufwachen nach dem Tod und dankbar für diesen neuen Zustand von körperloser Lebendigkeit.

Jetzt kehre ich mit diesem Gedanken zurück in das Hier und Jetzt. Zurück zu mir und verbunden mit dir. Und ich stelle mir die Frage, wie wach bin ich denn wirklich in diesem Augenblick? Oder wie stark stehe ich unter Hypnose ohne dass ich es merke. In den ersten Monaten meines Lebens habe ich als Baby geschlafen. Ich bekam nichts mit von der Außenwelt. Ich hatte Hunger und das Bedürfnis nach Nähe wenn ich wach war. Aber den größten Teil des Tages und der Nacht schlief ich. Ein quasi dauerhypnotischer Zustand. Irgendwann bekam ich mehr mit. Ich erkannte das Gesicht meiner Mutter wieder. Ich habe geschrien und gemerkt, dass jemand darauf reagierte. Von Monat zu Monat und von Jahr zu Jahr wurde ich wacher und bekam mehr mit. Ich entwickelte eigene Fähigkeiten und beschränkte meinen Schlaf auf ein paar Stunden in der Nacht und einige Momente des Tagträumens. Auch bei automatisierten Arbeitsabläufen konnte ich parallel dösen. Aber ich fühlte mich jenseits hypnotischer Zustände.

Ich werde also immer wacher, je erwachsener ich werde, oder? Aber auch da gibt es Unterschiede. Ich erinnere mich noch

daran, wie ich das erste Buch von Eugen Drewermann las. Nach drei Jahren Theologiestudium das erste Fachbuch, in das ich völlig abtauchen konnte. Dann las ich C.G Jung und hatte den Eindruck von Tiefseetauchen in Erkenntnis. Ich bekam Heißhunger darauf, die Welt, das Leben, mich selbst intensiver zu erleben und zu verstehen. Da gab es sehr wache Phasen. Und dazwischen natürlich die Routinen des Alltags.
Ich wünsche mir mehr von diesen wachen Zuständen. Sich selbst spüren. Das Leben erkennen und verstehen. Verbunden sein. Schöpferisch tätig werden. Ein intensives Ja zu allen Gedanken und Gefühlen. Den Eindruck von Weiterentwicklung.
Das ist mein erster Blick auf den einen Pol eines mir innerlich vorgestellten Pendels. Dort befinde ich mich in einem erweiterten Zustand von Bewusstheit und Wachheit. Daneben erlebe ich auch das andere Ende des Pendels. Da gibt es den natürlichen Tiefschlaf, die Tagträumereien in einer Art Trance. Entspanntes Dösen und alle damit verbundenen Phasen, die der Erholung dienen. Das finde ich ganz natürlich und gesund.
Daneben gibt es aber anderen Bewusstseinsebenen. Ich möchte mit dir den vertieften Blick richten auf die hypnotischen Zustände. Sie befinden sich eigentlich nicht mehr im gesunden Wechsel von Wachen und Schlafen. Ich spreche von Zuständen, die mich mit Besorgnis erfüllen.
Ich gehe durch die Stadt und sehe draußen im Café eine Familie mit zwei Kindern. Alle sind in ihr Smartphone vertieft und bekommen vom Außen nichts mehr mit. Sie sind abgetaucht in eine virtuelle Welt und kommunizieren nicht mehr miteinander. Wenn es nur das Café wäre. Im Auto setzt sich die gespenstische Szene fort und im Haus wird nur noch das Nötigste gesprochen. Niemand leidet unter dem Verlust von Beziehung. Die Aufmerksamkeit auf das Smartphone absorbiert alles. Alle Gedanken und Gefühle. Alle Aufmerksamkeit. Wenn es sprechen könnte, was würde es sagen? „Ich bin dein neuer Gott! Ohne mich kannst du nicht leben! Du brauchst mich. Zu jeder Sekunde deines Lebens. Weißt du, wie oft du mich öffnest? Ich

habe unendlich viele Möglichkeiten für dich bereit. Ich bin dein Gott!“
Ich sehe ein Ehepaar vor einem Restaurant stehen. Der Mann schaut in sein Smartphone und liest dort etwas. „Ich schaue mal eben, ob ich was über das Restaurant finde.“ Es dauert und die Frau setzt sich auf die nächste Bank. Ich schaue auf die Uhr und nach fünf Minuten beschäftigt sich der Mann immer noch mit dem, was er dort liest. Manchmal tippt er. Dann runzelt er die Stirn. Dann lächelt er wieder. Und er blickt nicht mehr auf. Seine Frau hat er vergessen.
Je länger wir mit dem Smartphone leben, desto mehr geraten wir in eine Art Hypnose. Wir merken den unglaublichen Sog gar nicht mehr. Ich erinnere mich noch an die Anfangszeit dieses Gerätes. Ich saß mit zwei Kollegen in einem Restaurant und ein Kollege schaute alle fünf Minuten auf sein Smartphone. Durch diese Ablenkungen war er irgendwie nicht da. Er konnte sich nicht wirklich an unserem Gespräch beteiligen. Damals ärgerte ich mich noch riesig darüber. Heute resigniere ich. Bin dem sogar selbst erlegen wenn ich nicht aufpasse. Ich gehe zurück zu meinem Traumbild am Anfang und schüttle den Kopf nach meinem Tod. „In der ersten Hälfte meines Lebens war ich noch lebendig. In der zweiten war ich hypnotisiert vom Smartphone. Da habe ich nichts mehr mitbekommen.“
Es wird Zeit, dass wir aufhören, Onlinesklaven zu sein. Es gilt, wieder aufzuwachen und sich die Frage zu stellen. „Was möchte ich jetzt wirklich mit mir und von diesem Leben.“
Wenn ich aufmerksam durch das Leben gehe, dann stelle ich fest, wie stark wir hypnotisiert werden ohne dass wir es so richtig merken.
Ich gehe in den Supermarkt und schiebe wie in Trance meinen Einkaufswagen zu den vertrauten Produkten. Die Musik, die Farben, die Gerüche erzeugen in mir einen Nebel. Ich passe nicht mehr so richtig auf, was ich kaufe. Die Fülle erschlägt mich und versetzt mich zugleich in einen gedämpften Zustand. Sonst wäre ich völlig überfordert.

Ich gehe durch die Fußgängerzone einer Stadt und denke, die kenne ich doch. In jeder Stadt finde ich die gleichen Geschäfte. Und täglich grüßt das Murmeltier! Nach wenigen Augenblicken schalte ich ab und fühle mich wie ein Schlafwandler.
Ich habe vor sieben Jahren mit dem Fernsehen radikal aufgehört. Da gab es die ewig gleichen Nachrichten mit Skandalen, Unfällen und Wetterprognosen. Ich hätte um 20.20 Uhr schon nicht mehr sagen können, was heute in der Welt passiert ist. Ich muss während der Nachrichten lebendig geschlafen haben. Die Werbung zwingt mich dazu, dass ich mich mit ihr beschäftige, wenn ich einen Spot sehe. Ich sehe die Bilder und höre den lauten Klang. Und wieder fühle ich mich überfordert und schalte ab. Ständig muss ich abschalten und mich selbst hypnotisieren um mich zusammenhalten zu können. Werde ich vielleicht fremdgesteuert?
Wir werden ständig unterhalten und beschäftigt. Hier eine Nachricht. Da eine Information. Nie eine Pause! Was ist von all dem wirklich wichtig und von Bedeutung für mich? Wenn ich alles Überflüssige streichen würde, was bliebe noch übrig und wie würde es mir gehen?
Wenn ich mein Leben radikal vereinfache, könnte das Wunder geschehen, dass ich aus den hypnotischen Zuständen aufwache. Ich würde das Überflüssige einfach abschütteln und mich fragen: „Wer ist das, der sich da gerade schüttelt?“
Es geht mir nicht darum, sich gegen die Moderne zu stellen. Ich bin voll und ganz ein Teil davon. Mir geht es um das, was es manchmal bewirkt. Zugleich brauche ich für hypnotische Zustände kein Internet. Ich erlebe Paare in ihren Beziehungen, Menschen am Arbeitsplatz, und letztlich mich selber im Alltagsablauf mit all den scheinbaren Verpflichtungen nicht immer ganz bei mir selbst.
Mir erzählt ein Paar, wie so ein typischer Konflikt abläuft. Die ersten Sätze haben mit einer realen Situation zu tun. Aber nach ein paar Sätzen wiederholen sich bestimmte Gesprächsmuster. Am Anfang scheint es noch ein waches Gespräch zu geben und irgendwann ergibt sich eine Art Automatisierung von immer

gleichen Sätzen. Da wäre es doch gut, wenn so ein Paar für einen Moment innehält und einer sagt: „Will ich das jetzt? Will ich so weitermachen? Kann ich da aussteigen?“ Wenn ein Paar lernt, an einer bestimmten Stelle auszusteigen, wird es wach.
Wenn ich durch die Fußgängerzone gehe dann kann ich das im hypnotischen Trott machen oder mit einer kleinen inneren Distanz in der Beobachterposition. Ich lenke meine Aufmerksamkeit gezielt irgendwohin. Ich beschließe, jetzt nichts im Außen an mich herankommen zu lassen. Ich beobachte gezielt eine ganz bestimmte Situation. Ich wähle aus. Und es gibt ein ICH, das auswählt. Die Werbung, das Internet, das Smartphone und ähnliche Aufdringlichkeiten möchten, dass wir damit verschmelzen. So geben wir uns auf und werden den Dingen gefügig.
Für das Fernsehen bin ich nicht mehr verführbar. Für einen Buchladen schon. Da könnte ich mich hingeben und würde nicht wieder auftauchen. Weißt du, wo du verführbar bist und ab wann du in einen hypnotischen Zustand gerätst? Beobachte dich einmal und staune, wie oft am Tag und bei welchen Anlässen das geschieht.
Beim Anblick eines Blumenmeeres. In einer Bäckerei. Beim Liebe machen. Beim Joggen. Beim Erzählen. Da gibt es auch einen Punkt der wunderbar ist. Das Erleben in der absoluten Hingabe. Da finde ich dann den Punkt der eigenen Weiterentwicklung. Sich hingeben und es zugleich wach und bewusst erleben.
Das berührt auch eine zutiefst spirituelle Frage. Es gibt ein Ich, das sich seiner selbst immer mehr bewusst werden kann. Es wacht auf aus der kindlichen Hypnose und stellt fest, dass es in Gott ist. Da gibt es ein Erstaunen. „Ach, ich bin ja grenzenlos. Ich bin ewig. Ich bin in Gott. Gott ist in mir. Das um mich herum kann ich nutzen, aber ich brauche es nicht.“ Und? Bist du schon wach oder noch in einer Hypnose?

32 Unsere urmenschlichen Qualitäten

Ich möchte dich daran erinnern, wer du immer schon warst, jetzt voll und ganz bist und wer du außerdem werden könntest.
Hast du schon mal afrikanische Frauen gesehen, wie anmutig sie ihr Gepäck auf dem Kopf tragen? Welch eine Eleganz und Ausstrahlung!
Oder wie manche ein Gefühl für das Kneten von Hefeteig haben oder ein unglaublich gleichmäßiges Strickmuster hinbekommen. Wunderbare körperliche und handwerkliche Fähigkeiten.
Hast du schon mal darüber nachgedacht, welche Qualitäten die Menschen so auf die Welt bringen, die nie beachtet werden? Fähigkeiten, die jeder von uns mehr oder weniger besitzt und wie selbstverständlich einbringt. Fähigkeiten, die uns als Menschen auszeichnen und uns Würde geben. An dieser Stelle möchte das gerne würdigen und wertschätzen bei dir und bei mir! Magst du hören?

Wir Herzensgestalter!

Du kannst dein Herz formen und deinem Herzen Gestalt geben. Schließe deine Augen und denke an eine Situation, die dich traurig macht. Beobachte dein Herz. Verändert es sich? Meines wird kleiner und eher wässrig und salzig. Ich sehe es wie durch einen Tränenschleier. Wenn ich die Tränen wegwische gewinnt es wieder seine Alltagsform.
Jetzt denke an eine Situation, die dir unendlich viel Freude bereitet. Was geschieht nun? Mein Herz wächst und wächst. Es dehnt sich aus und das gesamte Universum findet darin Platz. Mein Herz wird zum Herzen der Welt.
Das alles geschieht nur mit Hilfe meiner Gedanken und meiner inneren Bilder. Und ich spüre dabei mein Herz klopfen. Mal regelmäßig und mal auch ganz aufgeregt. Normalerweise schlägt es so vor sich hin den ganzen Tag. Es arbeitet völlig autonom. Aber es lässt sich von mir gestalten. Wie Ton. Ich knete ihn in meiner Hand oder ich singe meinen Herzensraum

groß. Du und ich – wir sind Herzgestalter. Wir haben diese Begabung, weil wir Menschen sind. Wenn du und ich uns diese Welt voller Liebe und Größe denken und befühlen – was wird wohl geschehen mit Hilfe unserer Schöpferkraft?
Ich lade dich ein! Richte in deinem Herzen die Schöpferkraft auf den Frieden in dir, mit deiner Familie, deiner Arbeitswelt und in der großen Politik. Schaue nicht Nachrichten über den Krieg und lass dein Herz dabei klein werden und verkümmern. Nutze die Kraft in dir und erschaffe dort mehr Frieden. Du wunderbare Herzensgestalterin und du schöpferischer Herzensgestalter!

Wir Erfahrungsteiler!

Ich teile mit dir meine Erfahrungen. Manchmal gibt es eine Resonanz. Dann nickst du mir zu und gibst mir zu verstehen: „Ja, das kenne ich auch. Schön, dass du das mit mir teilst. Ich dachte immer, ich sei der einzige!“
Wenn jemand mit mir seine Erfahrung teilt berührt es mich und weitet meinen Raum. Es gibt so viele schöne Momente, die ich teilen darf. Im Urlaub wurden in unserer Ferienwohnung vier Zilpzalps flügge. Sie flatterten aufgeregt hin und her, rutschten an Gartenstühlen herunter und plötzlich saß so ein Vögelchen vor meinen Füßen. Ich traute mich kaum zu atmen. „Du bist so klein und hilflos. Ich werde mich nicht bewegen, damit du nicht erschrickst. Ich tu so, als sei ich ein Baum – mit Augen.“ Diese Hilflosigkeit hat mein Herz berührt. Aber auch der Mut – einfach herumzuflattern und sich ins Leben zu wagen. Das geschützte Blätterdach des Baumes verlassen. Sichtbar werden für neue Freunde und mögliche Feinde. Ich fühle meine eigene Hilflosigkeit in so manchen neuen Situationen. Ich bin wie dieser kleine Vogel, der gerade mit dem Leben beginnt. Und ich bin zugleich schon ein alter Hase. Als alter Hase sehe ich dann manchmal andere noch ältere Hasen und Häsinnen. Ich sehe sie an und denke: „Ach, du bist ja wie ich auch noch so ein kleines Vögelchen voller kleiner Ängste – und zugleich ein alter Hase!“

Wenn du Erfahrungen teilen kannst, so dass andere berührt werden, besitzt du eine wunderbare Gabe! Du erzählst von deinem Reichtum und wirst dir dessen mehr und mehr bewusst. Und du vermehrst den Reichtum mit den anderen durch dein Teilen. Du kostbare Erfahrungsteilerin und du tieffühlender Erfahrungsteiler!

Wir Verständniserzeuger!

Ich habe ein ganz großes Verständnis für dich. Du erzählst mir deine Geschichte. Ich fühle mit. Es schwingt hin und her. Was ist jetzt passiert? Und dann? Und wie hast du dich dabei gefühlt? Und danach – wie hat sich das verändert? Was hast du da gedacht. Was hast du gemacht und was hättest du viel lieber gemacht.

Dann gleiche ich die Bilder ab mit meinen Vorerfahrungen. Mit meinen potentiellen Ängsten und Freuden. Es gibt ein Wiedererkennen: „Das kenne ich auch! Ich bin nicht allein!“ Du erzählst mir dein Erlebnis und während du erzählst erzeugst du bei mir Verständnis. Du besitzt diese Gabe, mein Verständnis zu vergrößern. Dadurch weitest du mein Herz. Auch das Erzählen deines Leides macht mich nicht kleiner. Es weitet mein Verständnis. Ich werde größer. Eigenartig, nicht?

Manche erzählen mir etwas und in mir spüre ich kein Verständnis. So sehr ich mich auch anstrenge. Ich empfinde kein Verständnis. Ich bekomme auch noch ein schlechtes Gewissen. Der erzählt mir von seinem Leid und ich fühle mich distanziert und kalt. Was geschieht da wohl nur? Wenn mir jemand von seinem Leben erzählt und ich spüre kein Verständniswachstum, dann grabe ich so ein Loch unter der Geschichte. Ich gehe in meine eigene Verständnislosigkeit und stecke in einem Gedanken. „Ach so ist das! Wenn ich es fühlen würde, dann würde es sich ja total schrecklich anfühlen. Schmerzhafte Gefühle sind wirklich schmerzhaft.“ Und plötzlich springt mein Verständnis an! Da gibt es etwas unter der harten Schicht des Verstandes. Und weißt du, es ist so wunderbar, dieses Geschenk zu entdecken bei sich selbst und auch bei dir – du prächtige Verständniserzeugerin und du begabter Verständniserzeuger!

Wir Genesungsbegleiter!

Ich habe von den Genesungsbegleitern gelesen. Ehemalige Psychiatrieklienten mit überstandener Krise begleiten akut Betroffene auf ihrem Heilungsweg. Sie sind den Weg selber gegangen und Betroffene. Ärzte sprechen als Experten und die Genesungsbegleiter sprechen als Selbsterfahrene. Mir gefällt das Wort und mir gefällt die Idee, die dahintersteckt.
Stell dir vor, dass du zum Arzt gehst und auf dem Praxisschild steht: „Genesungshelfer". Das steht auch vor der Praxis des Psychotherapeuten und der Logopädin. Es steht auf dem Schild der Eheberatung und der Erziehungsberatungsstelle.
Und stell dir vor, dass du auch so jemand bist. Du bist von deinem Wesen her ein Genesungsbegleiter. Der Mensch, mit dem du unterwegs bist, glaubt an sich selbst. Ist für sich selbst verantwortlich und entscheidet sich für das Leben. Und du unterstützt mit einem freundlichen Wort, einer ermunternden Geste, einem liebevollen Blick. Wir sind ja alle mehr oder wenig traumatisiert. Wir kommen mit heilen Anteilen auf die Welt und mit Anteilen, die genesungsbedürftig sind. Wie wohltuend, wenn ich das nicht ganz allein machen muss. Klar, da gibt es die vielen berufenen und bezahlten Profis mit ihren Doktortiteln und Diplomen.
Daneben aber gibt es dich und mich. Du kannst dich sogar selber in deiner eigenen Genesung begleiten. Der gesunde Anteil in dir begleitet den bedürftigen. Eine Umschreibung dafür, dass du liebevoll und zugewandt mit dir selber umgehst. Du weißt ja schließlich am besten, was deine Seele vermisst und was sie braucht, um sich zu entfalten.
Hast du diesen Anteil in dir schon entdeckt? Magst du ihn zum Erblühen bringen? Ich sehe dich vor mir mit deinen warmen

Augen, deinen behutsamen Händen und deiner einfühlsamen Liebe. Was bist du nur für eine begabte Genesungsbegleiterin. Ich sehe in dir einen unglaublich reifen Genesungsbegleiter!

Wir Gesundheitsförderer!

Wir sind umgeben von Dingen, die uns krank machen. Pestizidrückstände auf Nahrungsmittel, Feinstaub und Abgase in der Luft, allergieauslösende Stoffe in den Nahrungsmitteln, Handystrahlen, Kriegspropaganda in den Medien, schlechte Laune, Überforderung bei der Arbeit, familiäre Dauerkrisen und vieles mehr. Manchmal wundere ich mich, dass die Menschheit noch nicht ausgestorben ist. Eigentlich müssten wir schon tot sein. Wir sind es aber nicht. Viele von uns leben noch.
Wir sind ja auch umgeben von Dinge, die uns gesund erhalten. Nahrungsmittel im natürlichen Zustand, heilsame Kräuter, frischer Sauerstoff, liebevolle Zuwendung von Familienmitgliedern, Wertschätzung für geleistete Arbeit, Vertrauen in sich selbst und in eine wohlmeinende Welt.
Du kannst krankmachende Zustände verstärken durch dein Denken, Fühlen und Handeln. Und manchmal machst du das auch, so wie ich. Zugleich sehe ich dich und mich aber viel lieber als Gesundheitsförderer. Ich richte meine Aufmerksamkeit auf dich und mich und sehe diese vielen Anteile, die gesundheitsförderlich sind. Du förderst und unterstützt mich in meinen gesundheitlichen Bestrebungen. Du gibst mir Hinweise und Tipps, wie ich mich besser ernähren kann. Welches Wasser ich trinken soll. Wo ich gut einkaufen kann. Ich profitiere von deiner Kompetenz und staune, was du alles weißt. Was du gelesen und selber ausprobiert hast. Vor allem spüre ich, dass ich dir wichtig bin. Du förderst meine Gesundheit damit ich nicht vorzeitig sterbe. Du möchtest noch lange mit mir zusammen sein. Durch dein Fördern sagst du mir durch die Blume: „Du, ich mag dich. Du bist mir kostbar und wichtig. Ich möchte noch lange mit dir zusammen sein und dich gesund zu erleben tut mir selber gut!“

Und ich selber denke und fühle genauso. Als Gesundheitsförderer sorge ich dafür, dass es von der Liebe mehr gibt. Ich komme in meine Schöpferkraft! Je länger ich an dich denke und dich mit meinem geistigen Auge anschaue, desto mehr entdecke ich bei dir diese Qualitäten – du intensive Gesundheitsförderin und du so wohltuender Gesundheitsförderer.

Wir Heilsamwirker!

Wie stellst du das nur an, dass ich mich in deiner Nähe so wohl fühle. Wie machst du das nur? Manchmal bin ich mit Menschen zusammen, da hoffe ich, dass sie schnell wieder gehen. Sie tun mir nichts. Sie behandeln mich nicht schlecht. Sie schauen mich auch freundlich an und sind mir bestimmt wohlgesonnen. Dennoch möchte ich nach kurzer Zeit gehen.
Aber bei dir ist das anders. Ich freue mich schon auf dich, bevor du da bist. Du musst geheimnisvolle Heilkräfte in dir tragen. Du verdienst dein Geld nicht einmal als Heiler. Du breitest keine Hände aus und kennst energetische Heilverfahren. Du hast nichts mit Esoterik am Hut und hast kein einziges Ratgeberbuch gelesen.
Aber schon, wenn ich an dich denke läuft mir ein warmer Schauer über den Rücken. Und wenn ich in deiner Nähe bin gehen alle Körperzellen in eine tiefe Entspannung. Bei dir kann ich so was von loslassen. Du bist einfach wirksam, ohne dass du etwas gemacht hast. Ist das bei dir eine natürliche Begabung? Bist du dir dessen überhaupt bewusst?
Du bist einfach unglaublich wirksam. Sogar auf großer Entfernung!
Ohne dich und alle anderen Heilsamwirker sähe unsere Welt viel dunkler aus. Sie ist es aber nicht, Gott sei Dank! Deine Liebe und Anerkennung und Aufmerksamkeit gibt mir heute Kraft und Zuversicht – du wunderwirkende Heilsamwirkerin und du vertrauender Heilsamwirker!

Wir Raumgeber!

Ich kenne ein paar Menschen, die rücken mir immer näher, wenn ich mit ihnen zusammenstehe. Da kommt der Kopf näher und näher und ich weiche instinktiv zurück. Das hilft aber nicht. Diese Menschen haben ein völlig anderes Nähe- oder Distanzgefühl. Sie mögen den „Hautkontakt". Wange an Wange! Bei solchen Menschen freue ich mich über den Tisch, den ich dazwischenschieben kann.
Und dann gibt es Menschen, die vom ersten Moment an von sich etwas erzählen. Sie haben gerade heute noch etwas Unglaubliches erlebt. Das erinnert sie an etwas anderes Unglaubliches, das sie auch noch erzählen müssen mit den vielen unglaublichen Gefühlen und Folgen, die dann folgten. Ich schaue auf die Uhr und dieser Mensch spricht schon zwanzig Minuten. Ich richte mich ein in meiner Ecke und warte noch ein Weilchen auf die Chance, auch meine Unglaublichkeiten erzählen zu dürfen. Aber ich komme nicht dran. Keine Chance! Manchmal erschrecke ich mich über mich, wenn ich dieser „Raumeinnehmer" bin.
Diese Worte waren aber nur die Vorbereitung für das, was ich dir wirklich sagen möchte. Ich komme zu dir und du bist so erfrischend anders. Du hast genau im Gespür, wie nahe du kommen kannst. Nicht zu weit weg und nah genug. Du achtest darauf, dass ich für mich genug Raum habe. Und du passt auch auf, dass niemand anders mir meinen Raum stiehlt. Bei einer Party drehst du dich dann so, dass ich gut beschützt bin und du meinen Raum verteidigst. Mit deiner Körperhaltung und deiner Mimik machst du allen anderen klar, dass du meinen Raum respektierst und dass du es von den anderen auch erwartest. Weißt du um diese Fähigkeit? Bist du dir dessen bewusst? Und zugleich darf ich bei dir entspannt erzählen. Du räumst mir den Platz ein und hebst nicht sofort die Hand um auch erzählen zu können. Oder stoppst mich, indem du mir ins Wort fällst. Du schaust mich an und deine Augen sagen: „Erzähl! Wie interes-

sant!“ Und zugleich spüre ich, dass du selber gut auf einen Raum achtest. Du gibst mir Raum, ohne dass dein Raum enger wird. Wie machst du das nur du geheimnisvolle Raumgeberin. Du kraftvoller Raumgeber!

Wir Willkommenheißer!

Die Menschen sind so unterschiedlich! Ich komme in eine Gruppe und manche Menschen sind einfach mit sich selbst beschäftigt. Sie schauen auf ihr Handy, erledigen irgendetwas oder sind in Gedanken versunken. Manche sind nur körperlich da. Ich glaube, dass ich manchmal auch so bin und wirke und ich finde das ganz in Ordnung.
Dann kenne ich aber Menschen, die schaue ich an und sie schauen mich an und das Gesicht drückt so viel Wärme, Nähe und Freude aus. Es sagt: „Herzlich willkommen!“ Dafür braucht es nicht mal Worte. Ich spüre eine unmittelbare körperliche Auswirkung. Alles in mir entspannt sich. Ich kann loslassen. Ich bin willkommen. Ich darf hier sein. Da freut sich jemand auf mich.
Wenn ich eingeladen werde zu einem Fest, dann gehe ich ja davon aus, dass ich willkommen bin. Manche Feste jedoch finden statt, ich bin da, und trotzdem komme ich nicht in diesen wunderbaren Bejahungszustand. Ich darf essen und trinken und es ist reichlich da. Auch die Musik stimmt und es gibt nichts zu meckern. Und trotzdem fehlt dieses Willkommensgefühl. Das auszudrücken kann wohl nicht jeder. Bei manchen merke ich eine gewisse Form von Bemühen und Anstrengen und ich kann das gut würdigen.
Aber manche haben da einfach eine Begabung. Sie verkörpern es mit ihrem ganzen Dasein! Und das finde ich so wunderbar! Und jetzt erinnere ich mich an meine Besuche bei dir. Wie ich geklingelt habe und du hast mir die Tür geöffnet. Du hast nicht einfach nur höflich gelächelt. Deine Augen haben gestrahlt und

ich fühlte mich sehr eingeladen. Danke dafür! Du begnadete Willkommenheißerin und du hinreißender Willkommenheißer.

Wir Gedankensortierer!

Manchmal gehen meine Gedanken völlig durcheinander. Da gibt es so viele Aufgaben, die ich gleichzeitig erledigen muss. An so vieles soll ich denken. So viele Abläufe gibt es zu planen. Ich darf nichts vergessen. Wenn es zu viel wird verliere ich einfach den Überblick. Ich kann nicht mehr unterscheiden, was wichtig ist und was ich hinten anstellen könnte. Wenn ich gut drauf bin, dann schwimme ich in tausend guten Gedanken. Wenn ich schlecht drauf bin dann versinke ich in einem Meer von Grübeleien. Hilfe! Wer zieht mich aus meinem Gedankenkarussell wieder heraus?
Dann begegne ich dir und erzähle dir von meinem aufregenden Leben und den vielen Überlegungen in mir. Den positiven und auch den bedrückenden. Und du? Du stellst mir ein paar einfache Fragen. Du gibst einen kurzen Kommentar. Du hältst für einen Augenblick meinen Arm fest und schaust mich freundlich an. Und wie von Zauberhand lichtet es sich in meinem Kopf. Es gibt auf einmal eine Überschrift. Eine Sortierung. Eine Wichtigkeit. Ein Abfalleimer. Ein Abstellregal. Es wird klar! Und ich wundere mich, warum ich darauf nicht von selber gekommen bin. Du hast eigentlich nur gefragt: „Matthias, und was davon ist jetzt wirklich wichtig?“ Zuerst wollte ich energisch: „Alles!“ sagen. Aber du hattest „wirklich“ gesagt, nicht wahr? Dein „wirklich“ hat mir geholfen beim Sortieren. Es war eben nicht alles wirklich wichtig.
Wie machst du das nur? Kannst du das bei dir selbst auch? Kannst du deine eigenen Gedanken auch so gut sortieren? Oder brauchst du dafür manchmal Menschen wie mich? Es ist gut, wenn wir uns da gegenseitig unterstützen können, nicht wahr? Wenn ich an dich denke kehrt Ruhe ein in meinem Verstand. Es

muss einfach an dir liegen du fantastische Gedankensortiererin und du klarer Gedankensortierer.

33 Zum Schluss

Ich mag es, wenn es eine Essenz gibt. Wenn ich ein Buch gelesen habe mit vielen Worten und Gedanken frage ich zum Schluss nach dem Kern. Was nehme ich mit und was wird von nun an meinen weiteren Weg begleiten. Hast du für dich einen Kerngedanken bei mir gefunden? Hat dich eine Idee berührt? Gab es einen winzig kleinen Impuls, bei dem du hängen geblieben bist?
Wenn ich dir zum Schluss noch etwas mit auf den Weg geben darf dann folgende Wünsche: Mögest du in der Freundlichkeit dir selbst gegenüber wachsen. Mögest du in allen Widrigkeiten immer zugleich ein Geschenk sehen. Mögest du für dich viel bejahen können von dem, was du erlebt hast. Mögen deine vielen Traumata und Kränkungen sich in Salbe verwandeln. Möge deine innere Freude immer tiefer werden. Mögest du mehr und mehr spüren, womit du verbunden bist und was dich trägt. Mögest du die Liebe leben können und mit deiner Quelle mehr und mehr verbunden sein. Mögest du mit allem, was dir geschieht, an einem bestimmten Punkt dein Einverständnis geben können. Mögest du entdecken, wie reich gesegnet du bist. Mögest du zugleich einen guten Zugang zu dir selbst haben und mit anderen Menschen und der Schöpfung verbunden bleiben. Mögest du in einer großen Fülle sein!

Inhaltsverzeichnis